사라진 근대사 100장면

몰락의 시대

일러두기

1. 본문에 나오는 날짜는 모두 양력입니다. 세계사와 시대 비교를 위해 한국천문연구원 홈페이지에 맞춰 양력으로 환산했습니다. 주석에 나오는 날짜는 1차 사료에 나오는 '음력'입니다. 1895년 음력 11월 16일 이후는 갑오개혁에 의해 조선도 양력을 채택했습니다.

2. 출처 표기가 없는 사진은 필자가 촬영한 사진입니다.

3. 출처를 본문과 함께 읽어야 할 인용문은 ⟨●⟩표로 주석을 달고 본문 아래 각주로 처리했습니다.

4. 근세 중국 지명 및 인명 표기는 국립국어원 규정 대신 독자에게 익숙한 기존 관행을 따랐습니다. 예컨대 위안스카이 → 원세개, 쑨원 → 손문, 량치차오 → 양계초 등.

5. 일부 장면은 졸저 《땅의 역사》(상상출판)와 《매국노 고종》, 《광화문 괴담》(이상 와이즈맵)에서 인용, 보충했습니다.

6. 본문에 인용된 《매천야록》은 국사편찬위원회 번역본입니다.

7. 최대한 오류가 없도록 노력했지만 향후 오탈자와 날짜, 출처에 오류가 발견되면 유튜브 '박종인의 땅의 역사' 채널 '커뮤니티' 포스트를 통해 정정하겠습니다.

진실을 밝혀내는 박종인의 역사 전쟁

사라진 근대사 100장면

1

몰락의 시대

박종인 지음

와이즈맵

아름다운 가짜와
신성한 팩트

불온한 역사서

이 책 제목은 '사라진 근대사 100장면'이다. 부제는 '이거 보고 공부하면 시험 다 떨어지는' 근대사 강좌다. 그런데 대학 합격, 공무원 수험 시험에 합격한 다음에는 꼭 읽어라. 그래야 똑바른 대학생이 되고 나라를 생각하는 경찰과 공무원으로 살 수 있다. 그때는 시험에 붙으려고 외웠던 교과서 속 역사는 다 잊어버려도 좋다. 아니 잊어버려라. 도발적인가?

근대라는 시대는 지금 우리가 살고 있는 현대와 곧바로 연결된 시대다. 그만큼 21세기 대한민국을 결정적으로 만든 시대다. 초중고 학교에서도 이 시대에 대해 많은 시간을 들여 학생들을 가르치고 사회에서도 수많은 강좌와 서적들이 이 시대에 관해 이야기한다. TV 방송 예능프로그램에는 자칭타칭 역사 강사라는 사람들이 나와서 교양 역사를 연예인들에게 가르친다. 들어보면, 감동적이다. 감동할 정도로 사실과 다르다.

역사의 동력, '지성'과 '교류'

아무리 열심히 노력해도 안될 놈은 안된다. 미안하지만 세상은 그렇다. 착한 사람이 항상 잘산다면 왜 도덕을 배우는가. 잘사는 놈들 가운데 나쁜 놈들이 부지기수니까 학교에서 도덕을 가르친다. 하지만 아무리 가르쳐도 나쁜 놈은 줄어들지 않고 착한 사람은 대개 손해를 본다. 반복하지만, 미안하게도 세상은 그렇다.

역사를 움직이는 동력은 지성이다. 지성이 시대를 만든다. '지성이면 감천' 할 때 그 지성至誠이 아니라 '지성知性'이다. 지식과 이성이다. 정성을 다한다고 하늘이 감동하지 않는다. 머리를 써서 문제 해결에 성공해야 새로운 시대로 나아갈 수 있다. 그래야 하늘이 감동한다. 지성至誠이 아니라 지성知性이 하늘을 감동시킨다.

이 말이 중요하다. '지성이면 감천'이라는 말에는 도덕률적인 기대가 숨어 있다. 무능력해도 착하게 노력하면 성공한다는 아니 성공해야 한다는 비과학적인 명제다. 세상에, 착한 나라가 승리하던 그런 역사를 본 적이 있는가. 청소년기에 학교에서 배운 역사는 바로 그 희망적 역사관을 담고 있다. 하지만 현실 역사는 도덕과 상관없다.

역사는 정의롭지 않다. 정의가 항상 이긴다면 역사를 배울 이유가 없다. 그냥 대충 살아도 그게 정의다. 하지만 이기는 놈은 힘센 놈이다.

그래서 역사를 공부하고 감시해야 한다. 기억해야 하고 학습해서, 되도록이면 미래에는 착한 놈이 센 놈으로 위풍당당하게 살 수 있도록 만들어야 한다. 착함과 강함은 같은 말이 아니다.

학교에서 가르쳐준 역사에는 정의로운 한국(고구려, 신라, 백제, 고려, 조선, 대한민국을 통틀어서)이 정의롭지 못한 외세에 대항하는 투쟁기가 가득하다. 교과서에 따르면 한민족은 '평화를 사랑하는 민족'이고, 이 땅에 명멸한 나라들은 '널리 인간을 이롭게 하기 위해 만든 나라'다. 미안한데, 틀렸다. 이 땅의 숱한 한국들은 '국력이 약해서 영토 확장 전쟁을 치르지 못한 나라'였고 그래서 '사회에 필요한 노예를 전쟁으로 확보하지 못하고 자국민을 노비로 부린 나라'였다.

남의 땅과 노동력에 욕심을 부리지 못할 정도로 약했던 이유가 있다. 지성知性 부족이다. 지성은 고인 물에서 자라지 못한다. 내 몸에 영양이 부족하면 영양제를 먹듯, 지성을 길러내는 영양분은 외부에서 온다. 지식과 정보를 외부로부터 수입하는 작업을 '교류交流'라고 한다. 외부와 교류가 없으면 지성은 성장할 수 없다. 지성과 교류. 이 두 가지가 역사를 움직이는 근본 동력이다. 근대를 맞던 조선에 그 두 가지가 없었다.

근대라는 시대

오랜 시간 유럽은 신神이 지배했다. 더 오랜 세월 아시아는 주술과 도덕에 지배당했다. 중동과 아프리카는 내 능력 밖이니 공부를 더 한 뒤 얘기하겠다.

신과 주술과 도덕률을 탈출한 시대가 근대近代다. 신이 아니라 인간이 스스로 운명을 개척하고, 주술과 도덕이 아니라 이성으로 국가와 사회를 변화시킨 시대가 근대다. 망망대해 속 섬들처럼 단절됐던 각 국가가 교류를 통해 네트워크를 형성하게 된 시대가 근대다. 전前근대적 눈으로 보면 근대는 잔혹하고 냉정하다.

대개 사람들은 18세기를 근대시대 시작으로 본다. 유럽에서 시민혁명과 산업혁명이 벌어진 시대다. 첫째, 수직적인 전근대적 사회 시스템이 '공동체'라는 수평 시스템으로 재편되는 시기다. 각 공동체 혹은 각 국가 지도층이 근대를 맞이한 방식에 따라 이후 역사가 달라졌다. 유럽은 산업혁명과 시민혁명을 통해 자본주의와 민주주의 사회로 진화했다. 대량생산은 공동체에 부를 선물했고 공동체는 그 부를 더 늘리고 보호하기 위해 국력을 강화시키며 경쟁적으로 발전했다. 그사이 사회 내, 국가 간 불평등이 심화되고 이를 해소하려는 세계적 작업도 진행 중이다. 특정 신분에 집중됐던 각종 특권이 공동체에 분배되기 시작했다.

둘째, 유럽과 아시아가 본격적 교류를 시작한 때도 이 시대다. 그 유럽과 아시아가 경제적으로 역전되는 시대도 바로 이 근대다.

부와 군사력과 공동체 그리고 교류. 근대가 가지고 있는 특징이다. 하지만 나라별로 근대를 맞이하거나 만들어가는 방식에 차이가 있었다. 어떤 나라는 근대가 완성됐고 어떤 나라는 아직도 근대적 지성과 교류가 제대로 이뤄지지 않고 있다. 즉 아직도 어떤 나라는 전근대적으로 살고 있다는 뜻이다.

이 땅의 근대

한국은 언제 근대가 시작됐을까? 19세기 후반까지 나라 문을 잠갔던 조선은 바로 그 19세기 말부터 근대를 만나게 된다.

그리고 수백 년 동안 간직했던 전근대적 시스템과 가치가 한꺼번에 붕괴됐다. 인류가 탄생한 이래 벌어진 모든 변화는 외부 충격에서 시작됐다. 성리학적 세계관에 갇혀 살았던 조선왕국은 조선보다 일찍 근대로 접어든 외국 사상에 의해 그 세계관을 깨뜨리고 근대를 지향하기 시작했다.

주술과 종교를 벗어던지고 합리적인 이성으로 세계를 바라보는 세계관을 '근대적 지성' 혹은 '근대정신'이라고 한다. 그 근대정신은 무서울 정도로 충격이었다. 조선은 쓰나미처럼 덮친 이 근대정신을 통해 조선왕국이 가지고 있던 모순을 깨닫기 시작했다.

그 결과 조선에서도 모순된 시스템을 버리고 인류 보편적 가치를 위한 근대 시스템을 추구하려는 지식인들이 나타났다. 또 많은 지식인들은 외국과 비교를 통해 조선이 궁궐 수비대가 새끼줄로 허리띠를 만들 정도로 가난한 나라라는 사실을 깨달았다. 하여 다른 나라처럼 '생산'을 하고, 다른 나라처럼 새로운 사회 시스템을 만들기 위해 많은 선각자들이 근대정신을 실천에 옮겼다. 새 세상을 만들겠다는 열정과 의지가 19세기 말 근대를 받아들인 조선 지식인사회에 타올랐다.

수학 공식을 달달 외워도 수학을 잘하지 못하듯, 조선 지식인들은 실전實戰 경험 없이 근대를 받아들였다. 남보다 늦게 깨달은 근대정신은 조선에 그리 성공적으로 적용되지 못했다. 근대를 거부하는 반발도 거칠었다. 결국 조선은 남의 나라 식민지가 되고 말았다. 무척 아쉽고 안타까운 장면이다. 나는 그런 실패한 근대를 겪고 탄생한 대한민국이 참으로 위대하다고 생각한다.

지상천국 조선과 숨겨진 진실

이제 시험 합격을 꿈꾸며 읽었던 국사 교과서를 보자. 교과서에는 '지상천국 같았던 조선을 간악한 일본이 침략해 장밋빛 미래를 깨뜨렸고', '처참하게 파괴된 나라를 전쟁 후 위대한 대한국인의 힘으로 일으켜 세웠다'라고 적혀 있다. 조선은 도덕적이었으며 찬란했다. 그런데 그 위대한 도덕국가가 사악한 일본제국에 멸망했다. 많이 들어보지 않았는가? 이게 교과서에서 배운 우리네 근대사다. 교과서에는 파편화돼 있는 사건들이 감동적으로 나열돼 있다. 다음은 현실에는 있었는데 교과서에는 은폐된 몇몇 사건들이다. 요즘 말하는 '있었는데 없었습니다' 식의 개그 같은 서술이다.

- '세종이 한글을 만들었다'는 있는데 '최초의 국한문 혼용 신문을 만든 사람은 일본인 이노우에 가쿠고로'라는 말은 없다.

- 프랑스 지식인들이 총단결해서 《백과전서》를 출간했을 때 조선 국왕 영조는 '망원경은 태양을 감히 들여다보는 무례한 도구'라며 깨뜨려버린 사실은 없다.

- '문예부흥을 일으킨 위대한 군주 정조'라고는 적혀 있는데 그 정조라는 인물이 '성리학 이외 학문은 철저하게 탄압하고 사상 검열을 한 지식 독재자였다'는 사실은 없다.

- 청일전쟁 때 "철수하겠다"는 일본군을 고종이 소매를 붙잡고 가지 말라고 애원했다는 사실은 적혀 있지 않다.

- '명성황후를 간악한 일본인이 잔혹하게 죽였다'는 있고 '동시대 많은 조선인들이 민비 암살을 시도했다'는 없다.

- '고종이 헤이그밀사를 파견했다'는 있는데 이보다 10년 전 고종이 민영환을 러시아에 보내서 '조선은 러시아 보호국이 되기를 원한다'고 애원한 사실은 없다.

- '을사조약을 고종이 결사반대했다'라고는 적혀 있는데, '을사조약 직전 고종이 일본 공사 하야시로부터 뇌물 수수'라는 사실은 없다.

- '고종이 조약 체결을 두고 이토 히로부미와 담판을 벌였다'라고는 적혀 있는데, 정작 조약 체결 뒤 '고종이 "절대 돌아가지 말고 나를 위해 일해달라"고 이토 히로부미 소매를 붙들고 늘어진 사실'은 적혀 있지 않다.

- '한일병합조약이 1910년 8월 29일 공포됐다'는 있는데, '순종 황제 즉위기념일인 8월 27일을 마지막으로 기념하고 나서 공포하게 해달

라고 조선 정부가 부탁해서 연기됐다'는 사실은 없다.

그렇다. 다 참말이다. 하지만 누가 믿기나 하겠는가? 나라도 안 믿는다. 나라도 위에 나열한 '사실'들을 들으면 화부터 내고 가짜 역사라고 반격할 것이다. 하지만 미안하다. 다 사실이다.

저따위 일들이 벌어진 이유가 결국은 '지성과 교류'가 없었던 탓이다. 나라 문을 걸어 잠그고 500년을 살다 보니 다른 나라와 국가 수준을 비교할 기회가 전무했다. 그러다 보니 조선 권력층은 자기네 지성이 최고인 줄 착각했고 조선이 지상낙원인 줄 착각하고 이를 백성에 강요하며 나라를 관리해 왔다. 그게 맞겠거니 하고 살던 백성들은 가랑비처럼 스며든 근대정신을 통해 모순을 깨닫게 됐다.

이렇게 해결되지 못한 채 쌓여왔던 국가와 사회 사이 모순이 폭발한 시대가 조선의 근대였다. 이런 사실을 숨긴다고 조선이 찬란해지나? 이런 사실을 은폐한다고 '착한 조선 나쁜 일본'이 납득이 되나? 총 한 방 안 쏘고 사라져버린 나라가 이해가 되나?

이 책을 쓴 이유, 팩트Fact

누가 뭐래도 지금 우리가 살고 있는 대한민국은 위대한 나라다. 다시 말하지만 나는 대한민국에 태어나 함께 대한민국의 미래를 만들고 있다는 사실에 무한한 자부심을 느낀다.

하지만 이 대한민국이 조선이라는 옛 국가를 계승한 나라라는 주장에는 동의하지 않는다. 터무니없는 말이다. 모순 가득한 조선을 신속하게 폐기하고, 그 나라가 행하지 못한 근대화를 이뤄냈기에 지금 대한민국이 존재한다. 대한민국은 공화국이며, 조선 백성이 아니라 우리 공화국 시민들이 만들어왔고 만들어가야 할 나라다. 여기에 전근대 왕국 조선이 낄 자리는 없다.

폭발하는 지성과 격렬한 교류를 통해 지구가 광속으로 움직이던 그 근대의 나날에, 조선이 맞이했던 근대를 이 책에 기록했다. 도대체 무엇을 대한민국이 폐기해버리고 작별했기에 지금의 대한민국이 존재하는가에 대해 썼다.

1776년 유럽과 미국에서 며칠 차이를 두고 벌어진 증기기관 발명과《국부론》출판과 미국독립선언이 어떻게 그들을 바꿨는가. 하필이면 왜 에펠탑 준공과 고부군수 조병갑 부임이 같은 날 있었는가. 영국 군함 알세스트호는 어떻게 세인트 헬레나 섬으로 가서 나폴레옹에게 '갓 쓴 조선 남자 그림'을 보여줬는가. 프랑스 신부 베르뇌는 왜 간이 배 밖으로 나와서 백주 대낮에 한성 거리를 활보하며 전도를 하다가 붙잡혔는가…. 세계사와 씨줄 날줄처럼 촘촘하게 엮인 조선 근대사 민낯이 이 책에 들어 있다.

영국 학자 아이작 뉴턴의 사과에서, 해방되던 1945년 8월 15일 오후 1시 경성운동장에서 거행된 조선 왕공족 이우의 장례식과 대한민국 건국까지 총 100장면이다. 모두 교과서에 나오지 않고 그래서 필자 자신을 포함해 우리 대부분이 모르고 있던 장면들이다. 이들 장면이 사실은 조선 근대사 혹은 멸망사를 결정한 변수들이다. 교류하지 않는 고인 물에서 작동하지 않는 지성을 부여잡고 살아온 대가다.

역사는 미래를 위한 거울이라고들 한다. 거울이 더러워서야 어디 비춰보겠는가. 앞에 언급했지만 한 번 더 강조해 본다. 역사는 정의롭지 않다. 정의가 항상 이긴다면 역사를 배울 이유가 없다. 그냥 대충 살아도 그게 정의다. 하지만 언제나 힘센 놈이 이긴다. 그래서 역사를 공부하고 감시해야 한다. 왜 착한 놈이 지고 나쁜 놈이 이겼는지 기억하고 학습해서, 착한 놈이 센 놈으로 위풍당당하게 살 미래를 만들어야 한다.

돈 벌겠다는데 뭐라고 할 말은 없지만, 유튜브나 예능프로그램에 나와서 가짜 역사를 판매하는 행위는 금지했으면 좋겠다. 대한민국 미래에 도움은 되지 않는다. 그런 업자들은 제발 공부를 해서 제정신 차리기 바란다. 이름 좀 나서 책도 팔릴 테니까 살림에 보탬은 될지언정 역사에는 아주 해악스럽다.

내가 오래도록 일해온 언론업계에 내려오는 말이 있다.

팩트Fact는 신성하다

팩트를 믿는다. 선도 아니고 악도 아니고 팩트를 믿는다. 그게 힘이다. 독자 제현께서는 이 책을 통해 가짜가 아닌 진짜 역사를 읽고, 미래를 만들 영양분으로 삼았으면 좋겠다. 읽으면서 화는 나겠지만, 그게 힘이다. 출판사 와이즈맵과 필자가 눈에 불을 켜고 확인했지만 크고 작은 실수가 틀림없이 있으리라고 확신한다. 독자 제현의 지적과 재확인을 거쳐 오류가 없을 때까지 바로잡겠다.

　김원한 그리고 박영규. 나와 내 형제를 평생 길러주고 지혜를 가르쳐준 엄마와 아버지다. 내가 나이 들어보니 새삼 더 고맙다.

2024년 여름 박종인

2장 | 대원군 시대 1864~1873

3장 | 고종 - 민씨 시대 1873~1885

6장 | 제국 시대 1897~1910

7장 | 식민과 해방 1910~1945

1장

영정조 시대

1724~1800

영정조 시대 연표

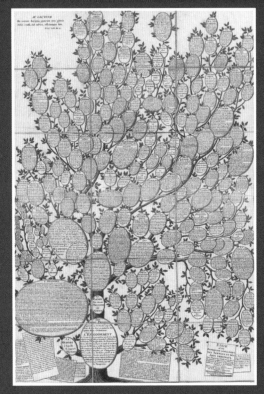

1771년 여름, 조선 국왕 정조는 왕실을 비방하는 책을 유통시킨 서적 외판원들을 경희궁 앞으로 소집했다. 벌거벗은 채 나뒹구는 이들 책쾌冊儈와 상역象譯들은 "그런 책은 뜬소문에 불과하다"는 보고에 죽음을 면했다. 1772년 프랑스 파리에서는 《백과전서》가 출간됐다. 이 전집에는 근대를 향한 지성의 네트워크, '과학과 예술의 계보'를 그린 '지식의 나무' 삽화가 들어 있었다. 거미줄처럼 얽힌 저 계보를 따라 유럽은 체계적인 방법으로 근대를 향해 걸어갔다. 그렇다, 시작은 '교류하는 지성'이었다.

01

영조의 국정지표와
아이작 뉴턴의 사과

1726년 11월 6일
[영조, 3대 국정지표 발표]

1726년 4월 15일
[아이작 뉴턴이 말하는 '만유인력의 사과']

세계사와 지성사와 경제사 세 가지 맥락으로 근대사를 들여다보는
《사라진 근대사 100장면》, 영정조 시대 이야기로 막을 엽니다.

흔히 영조와 정조가 조선을 통치했던 18세기를 조선의 르네상스
라고 합니다. 강력한 왕권을 토대로 산업이 발전하고 조선 고유의 문
화와 예술, 학문이 진흥된 시대라는 거죠. 조선 전기에 세종대왕이 있
다면 후기에는 영조와 정조라는 걸출한 군주가 나라를 이끌었다고
말하기도 합니다. 이 시대, 특히 정조라는 왕을 영웅으로 만든 TV 드
라마나 소설도 많이 나와 있습니다. 어떤 정치가들은 아예 정조를 본
받아 정치를 하겠다고 공언하기도 합니다. 그런데, 그 18세기 영정조
시대 진짜 얼굴은 조금 달랐습니다. 생산과 지성과 교류라는 기준으

로 이제 이 시대 주요 장면들을 구경해 보겠습니다.

　1726년 11월 6일입니다. 등극한 지 2년이 된 조선 국왕 영조가 국정지표를 발표합니다. 선왕인 경종 위패를 종묘에 모시고 돌아온 직후입니다. 국정지표는 3개였습니다.

　첫째, 계붕당戒朋黨 **붕당을 경계한다.** 당파싸움을 하지 말라는 겁니다.

　둘째, 계사치戒奢侈 **사치를 경계한다.** 면옷도 따뜻하니 비단옷을 입지 말라는 지표입니다.

　셋째, 계숭음戒崇飮 **술을 경계한다.** 한 마디로 금주령입니다. 술은 사람을 미치게 하는 약, 광약狂藥이라고 선언합니다.

　영조는 나라가 이를 실천에 옮기는 일은 '과인寡人' 그러니까 왕인 자기에게 달려 있다고 선언하고 신하들에게는 자기 말을 거스르지 말라고 경고합니다.[1]

　자, 이 3대 국정지표가 바야흐로 근대라는 바다에 진입하는 조선에 제시된 길입니다. 영조는 50년 넘도록 조선을 다스리며 이 국정지표를 실천했습니다.

　얼핏 보면 굉장히 청렴하고 도덕적이고 근엄한 정책입니다. 그런데 이는 근대라는 문을 여는 인류사에 완전히 역행하는 정책이었습니다. 지구 반대쪽으로 가볼까요?

　영조가 세 국정지표를 발표하기 7개월 전인 1726년 4월 15일 영

뉴턴의 사과. /위키피디아

국 과학자 아이작 뉴턴이 자기 집에 놀러 온 고고학자 윌리엄 스터클
리William Stukeley와 자기 집 정원을 산책합니다. 사과나무 아래에서 차
를 마시며 뉴턴이 이렇게 말합니다.

"딱 이런 날씨였어요. 이 사과가 왜 항상 아래로 떨어질까 궁금해졌죠.
왜 옆으로도 아니고 위로도 아니고 항상 지구 중심을 향해 떨어질까?
나는 틀림없이 지구가 잡아당긴다고 생각했어요." [2]

뉴턴은 16세기 코페르니쿠스가 유럽에 불씨를 던진 과학혁명을 완
성한 사람입니다. 과학혁명에는 이성이라는 근대정신이 엔진으로 작
용했습니다. 1687년 〈프린키피아Principia〉라는 논문을 통해 뉴턴이 발
표한 중력, 즉 만유인력의 법칙은 이후 유럽인들이 산업혁명을 이뤄
내는 데 큰 공헌을 합니다. 뉴턴은 영조가 3대 국정지표를 발표하고

4개월이 지난 1726년 3월 20일 죽었습니다.

만유인력의 법칙과 함께 뉴턴이 발견한 법칙이 또 있습니다. '3대 운동의 법칙'이라고 합니다. '관성의 법칙' '가속도의 법칙' '작용과 반작용의 법칙' 이렇게 세 가지입니다. 지금 우리가 일상생활에 사용하는 모든 기계와 과학도구는 이 세 가지 자연법칙을 이용해 만들어진 생활용품들입니다. 여기에는 도덕이나 철학, 윤리 같은 형이상학적인 율법이 끼어들 구멍이 없습니다. 깡패도 자동차를 타고 신부, 목사, 스님도 자동차를 탑니다. 법칙과 자연과 기계에는 선도 없고 악도 없습니다.

기업이 생활용품을 만드는 이유가 뭘까요? 경제입니다. 이윤을 남기기 위해서입니다. '이윤' 그러면 근대적인 말로 들립니다. 하지만 이문 혹은 마진이라고 하면 시대를 초월한 본능적인 단어가 됩니다. 석기시대에도 조개껍질이나 잘 깎은 돌로 물건을 교환했죠. 경제활동을 지금 시각으로 재단하지 말라고 얘기하는 사람들이 있습니다. 각각 시대상황을 감안해야 한다는 거죠. 틀린 말입니다. 경제 행위가 없던 시절은 없었습니다.

술을 금하고 사치를 금함으로써 영조시대 50년은 마진을 남길 상품 생산이 금지되고 더 높은 부가가치를 창조할 수 있는 고급 생산기술 개발 작업도 정지돼버렸습니다. 1734년 1월 25일 영조는 왕실 비단 생산을 금지시킵니다.[3] 금실로 수놓은 비단 옷감도 금지됐습니다. 영조는 왕실에서 비단을 생산하는 기계 문직기紋織機를 아예 폐기해버립니다. 무늬비단 제조 기술은 조선이 망할 때까지 복원되지 못합니다. 여자들은 화려한 가체加髢를 버리고 족두리를 써야 했습니다.[4]

가체 금지령은 너무나도 비현실적인 조치였는지라 결국 7년 뒤인 1763년 12월 13일 영조는 금지령을 해제합니다. 실록에는 이렇게 기록돼 있습니다. "법령만 부질없이 어지러이 고치는 꼴이 되고 말았다."[5]

1754년 영조는 값비싼 청화안료를 쓰는 청화백자 제작을 금지하고 질 낮은 철화백자만 생산하라고 명합니다.[6] 청화백자를 금지한 이 영조는 세자 시절 왕실용 그릇 제작기관인 사옹원 책임자 도제조였습니다. 1755년 영조는 금주령을 강화합니다. '앞으로 제사상에 술 대신 예주醴酒를 올리라'는 겁니다.[7] '예주'는 식혜입니다. 식혜에도 술 주[酒]가 있으니 식혜를 올리고 제사주는 금하라는 어명입니다.

비단 수입 금지, 가체 착용 금지, 음주 금지 등등등. 황량한 시대가 돼버렸습니다. 영조는 국정지표 이행 여부를 일일이 점검하다가 스트레스가 쌓인 날이면 신하들과 차를 마시며 신세를 한탄했습니다. 차 이름은 '송절차松節茶'입니다. 그런데 이 차를 마시면 영조는 늘 취해버렸다고 합니다.[8] 이름만 차였고 실제로는 술이었다는 이야기입니다. 조선의 근대는 그렇게 가난한 위선으로 시작됐습니다.

02

어사 박문수의 군함과
태평성대 건륭제

1744년 4월 9일
[박문수, 군함 건조 비용 거부당함]

장면 01 에서 봤듯, 근대의 바다에 발을 담갔을 때 조선은 가난이라
는 나락에 빠져들 수밖에 없는 나라였습니다. 국부國富 창출에 기반
이 되는 '소비'를 부도덕한 행위라며 위축시켰으니까요. 임진왜란 때
파괴되고 실종된 각종 생산시설과 기술은 영조 때까지도 회복되지
못한 상태였습니다. 청화백자 제조기술이 없어서 제작 자체를 금지
하고 질 낮은 철화백자를 쓰라고 할 정도였지요(지금 대한민국은 이 포
스트모던한 철화백자 작품을 자랑하게 됐으니 참 아이러니입니다).

영조가 즉위하고 11년 뒤인 1735년 아이신교로 홍리愛新覺羅弘曆가
청나라 6대 황제로 등극합니다. 건륭제라고 합니다. 나이는 영조보다
일곱 살 어립니다. 건륭제 시대 청나라는 전설 속 3황5제 시대 이후

최전성기를 누렸습니다. 영토도 사상 최대였고 경제도 최고였습니다. 유럽에서 온 선교사와 과학자, 건축가가 황실을 드나들던 국제적인 나라였습니다. 태평성대였으니 굳이 조선을 침략할 이유가 없었습니다. 일본 또한 유럽과 교류하며 도자기 수출과 교역으로 막대한 부를 축적하고 있었습니다. 굳이 국가 예산과 국민 생명을 낭비하며 전쟁을 할 이유가 없었습니다. 한마디로 동아시아는 태평성대였습니다.

영조가 국정지표를 선언하고 18년이 지났습니다. 훗날 암행어사로 이름을 날린 박문수가 황해수사로 임명됐습니다. 황해수사는 황해도 해군 부대장쯤 됩니다. 부임해 보니 청나라 어선들이 출몰해서 조선 어부들과 밀수 행각을 벌이고 있는 게 아닙니까. 1744년 4월 9일 부

박문수 초상. / 천안박물관

대장 박문수가 조정에 SOS를 칩니다.

"청나라 어선이 여름만 되면 근해에 몰려와 조선사람과 밀수 행각을 벌입니다. 청나라 밀수꾼을 단속하려면 속도 빠른 배, 비선飛船 20척이 필요한데 본 부대는 비선 건조 예산이 부족하니 관찰사 예산과 황해도 관군 예산을 전용하게 해주사이다."⁹

영조가 버럭 화를 냅니다. "충무공 이순신은 전쟁 와중에도 능히 군함을 제작했다. 황해도 옹진이 아무리 못살아도 그렇지, 돈 400냥이 없다는 말이냐? 당장 진상을 조사한 뒤 박문수더러 직접 돈을 마련해 배를 만들라고 일러라."

그러자 수사 담당관인 형조참판 이주진이 "황해도는 비옥한 전라도와 달리 어민세가 5,000냥도 되지 않는다"고 변호합니다. 있는 대로 화가 난 영조가 고함을 지릅니다. "네가 감히 병영 예산을 비교해서 임금한테 변호를 해?" 형조참판 이주진도 수사 대상이 되고 말았습니다.

한 달이 지난 5월 10일 고집불통 박문수가 이번에는 상소문을 올려 정부 예산 배정을 다시 요청했습니다. 영조는 "해군 부대장 주제에 어명을 따르지 않는다"며 허락하지 않습니다. "체모體貌와 관련된다"가 이유였습니다.¹⁰ '체모'는 체면을 뜻합니다. 허락하면 임금 체면이 구긴다는 뜻이지요.

국제적인 평화 무드 속에서 조선은 기억상실증에 걸려 있었습니다. 왜란과 호란 직후 반짝했던 유비무환 정신은 간 곳 없고 체면만 남았습니다. 황해도도 가난하고 나라도 가난했으니, 경비정 한 척 없는 황해도 해군은 밀수꾼들을 속수무책으로 보고만 있었지 않았을까

싶습니다. 군함 제작 예산 배정을 거부했던 어느 어전회의 장면이었습니다.

망원경을 깨뜨린 영조와 디드로의 《백과전서》

1745년 6월 11일

[영조, 무례한 망원경을 깨뜨리다]

1746년 4월

[디드로, 《백과전서》 편집장 선임]

한 공동체가 오랫동안 가지고 있는 사상과 철학과 기술은 쉽게 변하지 않습니다. 서문에서 말씀드렸듯, 인류가 탄생한 이래 벌어진 모든 변화는 외부에서 들어온 충격에서 시작됐습니다. 신문물과 새 사상을 수용하고 외부와 비교하는 과정에서 변화가 일어납니다.

1742년 어느 날입니다. 프랑스 파리에 사는 가난한 작가 드니 디드로Denis Diderot에게 인생을 바꿀 제안이 들어옵니다. 브리아송이라는 저명한 출판인이 템플 스테니언Temple Stanyan이라는 영국 정치인이 쓴 《그리스의 역사Grecian History》(1707)라는 책 번역 작업을 의뢰합니다. 극빈생활자였던 디드로는 즉각 의뢰를 받아들이고 이 그리스 역사서를 프랑스어로 번역합니다. 1745년 4월 프랑스 왕실로부터 독립출판권을 받은 서적상 앙드레 르 브르통André Le Breton이 디드로에게 더 파격적인 제안을 합니다. 1728년 영국인 이프렘 체임버스가 쓴《백과사전Cyclopaedia, or Universal Dictionary of Arts and Sciences》번역 작업을 해달라는 제안입니다. 1746년 이 제안을 받아들인 디드로는 1747년 정식으로 편집장에 선임됩니다.

그리고 세상을 바꿉니다. 단순한 번역을 넘어 유럽대륙에 유통되고 있던 모든 지식과 정보를 체계적으로 수집하고 분류한 거대한 지식생태계를 만듭니다. 디드로가 선언합니다.

'지식 습득 수단은 세 가지다. 관찰과 사유와 실험이다. 관찰을 통해 사실을 수집한다. 사유는 그 사실들을 결합한다. 실험은 이 결합된 사실을 검증한다. 자연에 대한 관찰은 근면 성실해야 한다. 사유는 심오해야 하며 실험은 정확해야 한다. 이 세 가지 도구가 결합되기는 쉽지 않다. 그래서 창조적인 천재는 드물다.'[11]

주술과 권위가 아닌 실증과 논리가 지배하는 시대, 근대가 열립니다. 번역에 참여한 필진은 중세를 버리고 근대를 맞기 위한 시대정신을 만들어갑니다. 디드로, 달랑베르, 볼테르, 몽테스키외, 루소 같은 당대 최고의 계몽주의자들, 이들은 '백과전서파'라 불립니다. 1751년 7월 1일 마침내 첫 권이 출판됩니다. 제목은《백과전서 혹은 과학, 예술, 기술에 관한 체계적인 사전Encyclopédie, ou dictionnaire raisonné des sciences, des arts et des métiers》입니다.

영국에서 탄생한 새 사상체계가 대륙으로 유입되면서 유럽을 근대

1751년 7월 1일 출판된 《백과전서》 첫 권.
/위키피디아

정신으로 무장시키게 된 사례입니다. 이제 조선으로 가볼까요?

디드로가 《백과사전》 번역 제안을 받기 1년 전인 1745년 6월 11일 영의정 김재로가 영조에게 묻습니다. "관상감이 북경에서 책과 측후기, 규일영(망원경)과 지도 따위를 구입한 적이 있습니다. 지난번에 궐내에 들여보낸 뒤 책은 절반만 반환됐습니다. 다른 기계와 지도도 쓸 곳이 있는데 돌아오지 않았습니다."

영조가 대답합니다.

"망원경은 일식日食 관찰에는 효과가 있다. 하지만 태양을 똑바로 쳐다보는 행위는 아름다운 일이 아니다. 망원경을 그냥 놔두면 좋지 못한 무리들이 위를 엿보는 버릇을 들이게 되는지라 내가 명하여 깨뜨려버렸다. 책과 지도도 물에 풀어서 글을 다 지워버렸다."[12]

어렵게 북경 현지에서 수입해 온 근대 기물과 근대정신을 '예의에 어긋나는 일들'이라면서 파괴하고 지워버렸다는 이야깁니다. 이에 대해 신하들은 '모두 찬탄하였다'라고 실록에 적혀 있습니다. 이보다 3년 전인 1745년 영조는 일식 제사를 위해 규일영 관측을 허용한 적이 있습니다.(1742년 5월 1일《영조실록》) 그리고 군사용 망원경도 사용을 허용했지요. 하지만 영조는 이날 이후 '감히 태양을 올려다보는' 규일영은 허가하지 않습니다.

외부로부터 유입되던 충격은 그렇게 최고위층에서 차단되고 조선은 근대를 목격하거나 경험할 기회를 놓쳐가고 있었습니다. 기회를 놓치는 일이 쌓여가면서, 조선은 전근대라는 구덩이에서 쉽게 빠져나오지 못합니다.

자그마치 124년이 지난 1869년 8월 8일 열일곱 살짜리 왕 고종이 경복궁 근정전 월대에 올라 소복을 입고 구식救蝕 제사를 올립니다.[13] 구식은 일식과 월식을 불길한 재난으로 규정하고 하늘에 용서를 구하는 의식입니다. 태양과 달은 탐구 대상이 아니라 여전히 숭배와 경외해야 할 존재였습니다. 물론 전근대 사회 어디에서든 일식과 월식은 수천 년 동안 공포를 부르는 현상이었습니다. 문제는 그 공포가 극복된 시기입니다.

마지막 구식행사 13년 뒤인 1881년 11월 11일 왕세자 교육담당 비서인 서연관 이상수가 고종에게 상소를 올립니다. "서양 이론을 배운 천문가들이 일식을 사람 일과는 관계없다고 합니다. 나라가 패망할 시초를 열어놓은 일이니 엄하게 쫓아내소서." 고종이 답합니다. "그대 상소를 접하니 나도 모르는 사이에 두렵구나."[14] 조선 지식계는 전 지구적인 근대화 시기까지 공포를 벗어나지 못했습니다.

옆 나라 일본은 어땠을까요? 1834년 조총 장인들이 모여 살던 일본 구니토모에서 구니토모 잇칸사이國友—貫齋라는 장인이 굴절망원경을 개발합니다. 잇칸사이는 이 망원경으로 태양을 관찰해 흑점 지도를 작성하고 달을 관찰해 분화구 지도를 작성합니다. 아래 그림이 바로 그 그림입니다. 중국은? 이미 12세기 북송 휘종이 조령을 내립니다. "일식과 월식은 자연현상이니 재난과 이변이라 하기에는 부족하다(言此定數 不足爲災異, 언차정수 부족위재이)."[15] 디드로가 말한 '관찰'과 '사유'와 '실험', 이 근대를 맞이하는 자세가 참 달랐던 나라들입니다.

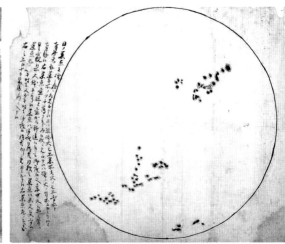

구니토모 잇칸사이가 그린 월면과 태양 흑점. /위키피디아

04

"우리는
명나라의 아들이로다"

1749년 5월 9일
[영조, 명나라 계승 선언]

임진왜란 이후 병자호란이 벌어지고 조선은 오랑캐 청에 항복합니다. 오랑캐 말발굽에 짓밟히던 대륙에서는 1644년 명이 멸망합니다. 1662년 명 황실 잔당인 남명南明이 망했습니다. 결국 대륙은 '오랑캐' 청나라가 주인이 됐죠. 그사이 조선에서는 효종이 죽고 현종이 죽고 숙종이 왕이 됐습니다.

전쟁 냄새는 사라지고 태평성대가 왔습니다. 1704년 2월 14일입니다. 숙종이 느닷없이 어전회의에서 이리 한탄합니다.

"명나라가 망한 지 올 4월로 60년이다. 숭정 황제가 나라를 잃으니 울음이 솟구친다. 백성들이 그 은혜를 잊지 않게 하려면 어떻게 해야 되겠는가?"[16]

조선 건국 때부터 고질병이었던 '사대事大'를, 60년 전에 망하고 귀
신이 돼버린 명나라에까지 해야겠다는 한탄입니다. 조선 후기 사대
주의는 '천자국 명나라' 권위를 앞세워 권력을 강화하려는 국내 정치
적 의미가 더 강합니다. 숙종과 영조 때는 왕과 노론들이 서로 사대
주도권을 차지하기 위해 투쟁을 벌입니다.

두 달 뒤 숙종은 창덕궁 후원에 임시제단을 만들고 숭정제에게 전
격적으로 제사를 올립니다. 1644년 반군에 의해 자금성이 함락되고
숭정제 의종이 자살한 4월 22일 밤 12시 30분이었습니다. 제문은 이
렇게 시작합니다.

'조선국왕 신臣 이돈李焞이 감히 대명의종렬황제大明毅宗烈皇帝에 밝게
고하나이다.'[17]

'이돈李焞'. 《조선왕조실록》에 딱 한 번 등장하는 현직 왕 이름입니
다. 왕이 등극하면 그 왕과 한 글자라도 이름이 같은 사람은 강제로
개명을 당하는 엄한 시절이었죠. 그 귀한 이름이 실록에 등장하는 희
귀한 일이 벌어졌습니다. 황제 유령 앞에서는 조선 왕이 아니라 그저
신하일 뿐이라는 고백입니다. 황제에게 제사를 지내는 왕에게 대들
지 말라는 경고이기도 합니다.

1705년 1월 16일, 숙종은 후원 깊숙한 곳에 제단을 만들고 '대보
단大報壇'이라고 명명합니다. '큰 은혜에 보답하는 제단'이라는 뜻입

창덕궁 북쪽 기슭에 있는 대보단 흔적. 1749년 5월 영조는 대보단에서 조선이 명나라를 계승했다고 선언했다.

니다. 4월 2일 숙종은 대보단에서 임진왜란 때 군사를 보내준 만력제 신종 제사를 올렸습니다.

진정한 계승, 그리고 책봉

1739년 청 황실이 펴낸 '명사明史'가 1749년 조선에 수입됐습니다. 책에는 병자호란 때 명나라 황제 의종이 원군을 보내려 한 사실이 기록돼 있었습니다. 그 '은혜'를 보답하기 위해서 4월 17일 영조는 만력제 신종을 모시던 대보단에 숭정제 의종 신위를 추가합니다.[18] 의종 또한 '조선을 구하려 한 천자天子'니까요. 숙종 때 의종에게 제사를 올렸지만 위패는 따로 없었습니다. 정식으로 제단에 모신 황제는 아니었습니다.

5월 9일 영조는 명 태조 홍무제 또한 모셔야 한다고 주장합니다. 성리학자인 신하들이 온갖 논리로 영조에게 반대하죠. 홍무제 주원장은 맹자와 주자를 천시하고 왕권을 강화한 전형적인 전제군주였으니까요. 그런데 좌참찬 원경하가 맞장구를 칩니다. "홍무제가 조선朝鮮이라는 국호를 하사하시고 면복冕服을 내리셨으니 조선은 곧 기자箕子의 옛 칭호입니다. 이 칭호를 주신 것이 어찌 백세에 잊을 수 없는 은혜가 아니겠습니까." 영조가 눈물을 흘리며 말합니다. "고황제가 조선朝鮮이라는 두 글자로 우리 국호를 내렸으니 그 은혜를 어찌 차마 잊어버리겠는가?"[19]

그리고 영조가 선언합니다.

"황조에 향화가 끊어졌기 때문에 세 황제를 우리가 모시려는 것이다."

중원 문화가 오랑캐에 의해 파괴돼 제사를 올릴 사람이 없으니 이를 조선이 계승한다는 선언입니다.

1749년 5월 9일. 그날 조선은 황제를 받드는 오랑캐에서 정신적인 명나라 계승국으로 스스로를 격상시킵니다. 조선은 조선이면서 동시에 명나라가 됐습니다. 동시에 왕은 황제에 버금가는 존재가 됐습니다.

1776년 4월 22일, 중화를 계승한 영조가 죽었습니다. 손자 정조가 즉위합니다. 일곱 달이 지난 1776년 12월 7일 청나라로 떠났던 사신이 칙서를 들고 돌아옵니다. 칙서에 이렇게 적혀 있습니다.

'황제가 특별히 허락하여 조선 국왕을 이어받게 한다.'[20]

명나라 황제들에게 비밀리에 제사를 지내는 왕이, 오랑캐 황제 건륭제 칙서를 받고서야 정식 왕이 되는 기이한 세상이 열렸습니다. 정조는 명나라를 계승한 중화의 아들 자격으로 오랑캐 황제 책봉 칙서를 받은 첫 번째 왕입니다.

1796년 4월 10일, 젊은 관료 정약용이 시를 씁니다.

'이 나라에만 은나라 해와 달이 떠 있네 / 중원 땅에는 한나라 의관 지킨 사람 하나 없다네'[21]

대륙은 오랑캐 땅이며 오직 조선에만 옛 중화가 살아 있다는 이야깁니다. 이 시는 당시 국왕 정조가 쓴 시에 대한 답시입니다. 정조가 쓴 시는 이렇습니다.

'산하의 북쪽 끝까지 제후국 모두 망했어도 / 우리 동방만 제물과 제주를 올리는구나 / 만절필동 그 정성 힘써 좇아나가리'[22]

만절필동萬折必東. 황하가 만 번 구부러져도 동쪽으로 흐르듯, 명나라를 향한 마음은 변함없다는 뜻입니다. 이날은 정조가 대보단에서 명나라 세 황제에게 제사를 올린 날이었습니다. 시대事人의 극단을 목격한 날입니다.

대보단 제사는 고종 때인 1894년 6월 13일 홍무제 제삿날까지 계속됩니다.[23] 이 해에 동학농민전쟁이 터지고 일본군이 경복궁을 공격하고 청일전쟁이 터집니다. 나라는 전쟁터로 변합니다. 그 직전까지 조선 왕은 명나라 황제에게 제사를 지냈습니다. 이게 내 나라인지 남의 나라인지 모르겠습니다.

05

책쾌 학살 미수극과
유럽에 솟은 '지식의 나무'

1771년 7월 13일
[서적외판상 집단 처형 미수]

1772년
[프랑스 《백과전서》 완간]

1771년 7월 13일 여름날 아침입니다. 태양볕 아래 경희궁 중간문인 건명문 앞에는 남정네들이 우글거립니다. 모조리 발가벗고 두 손을 뒤로 묶인 채 엎드려 있습니다. '거의 죽게 된 자가' 대충 100명 정도 됩니다. 이 남자들 직업은 서적외판원, '책쾌冊儈'와 통역관, '상역象譯'입니다. 건명문 한가운데에 영조가 앉아 있습니다.[24] 도대체 무슨 일이?

청나라에서 출판된 《강감회찬》이라는 책이 문제였습니다. 이 책에는 자그마치 고려 말 이성계와 정적 관계이던 이인임이 이성계 조상이라고 적혀 있었지요. 보고를 받은 영조는 책을 읽은 자, 책을 판 자를 모두 색출하라고 명합니다. 그래서 책을 수입해 온 사신, 통역관,

유통시킨 외판원 책쾌들까지 목이 달아나고 유배를 당합니다. 7월 12일 영조는 직접 건명문 앞에서 책을 읽은 사람들을 국문鞫問한 뒤 목을 베라고 판결합니다. 가족들은 노비로 만들어 섬으로 보내라고 명령합니다.[25]

그런데 목을 베기 전 정득환이라는 사람이 《강감회찬》은 물론 《청암집》이라는 책이 또 있다고 자백합니다. 똑같이 이인임이 전주 이씨 왕실 조상이라고 적혀 있다고 합니다.

그래서 다음 날 한성 사대문 안에서 영업 중이던 역관과 책쾌 전원이 체포돼 궁궐에 자빠져 있게 된 겁니다. 감히 임금 명령을 어기고 불온서적을 감춰뒀다는 혐의로요. 영조 주변에는 형 경종을 감과 게장으로 죽이고 왕이 됐다는 소문이 계속 떠돌고 있었습니다. 그래서 영조는 죽을 때까지 권력에 대한 콤플렉스에 시달렸습니다. 조금이라도 자기 권력에 흠집이 가는 일은 참지 못하는 사람이었습니다.

서점 없는 나라

그래서! 이제 바야흐로 대학살극이 벌어질 찰나. 약방제조 채제공이 부랴부랴 긴급 보고를 올립니다. "알고 보니 《청암집》은 존재하지 않는 책입니다. 없는 책을 찾아내도록 하시니 전하께 번뇌만 더할 뿐 어떻게 찾을 길이 있을 수 있겠습니까?" 전날 목을 벴던 사내가 책 제목을 착각하고 자백했다는 이야깁니다. 그래서 발가벗은 사내들은 죽음을 겨우 면했지요.

이 사건을 계기로 영조가 내린 각종 조치는 이러합니다. 첫째, 중국 서적 수입 금지령. 둘째, 책쾌와 거래한 공무원은 무기금고형. 셋째, 책쾌와 거래한 사대부는 양반 명단인 청금록靑衿錄에서 삭제.[26] 그렇게 책쾌는 영업 금지 조치를 당했습니다. 아예 접촉 금지령이 떨어졌으니 책쾌는 눈도 마주칠 수 없는 불온한 집단이 돼버렸습니다. 영조는 이 책쾌들을 곤장을 치고 강제징집해 수군으로 보내라고 명합니다.[27]

단순히 직업 하나가 사라졌다는 뜻이 아닙니다. 정보와 지식 시장이 사라졌다는 뜻입니다. 조선에는 서점이 없었습니다. 책을 사고파는 서점이 없었다니까요! 1529년 중종 때 대사간 어득강이 서점을 만들자고 건의했지만 의정부에서는 "우리나라 풍속에 일찍이 없었던 일"이라며 반대합니다.[28] 1551년 명종 때도 사헌부 장령 윤춘년이 서점을 설치하자고 건의합니다. 그 윤춘년을 실록 사관은 이렇게 평가합니다. '서점은 건국 후 200년간 없던 법이다. 윤춘년이 새로 법을 만들어 자기 권세를 높이려고 하는구나.'[29]

그래서 조선 사람들은 외판원들에게 의지해 지식과 정보를 습득했습니다. 사대부들은 책쾌를 통해 필요한 책을 구입했고, 살림이 궁할 때는 몰래 팔곤 했습니다. 그런데 1771년 여름 그 지식과 정보 유통 책임자들이 참극을 당한 겁니다.

《백과전서》 완간

한 해가 지난 1772년 유럽에서는 앞 장에서 말씀드렸던 프랑스 《백과전서》가 완성됩니다. 본문 17권과 도판집 11권, 모두 28권짜리 대작입니다. 1780년판 《백과전서》에는 '과학과 예술의 계보'라는 삽화가 들어가 있습니다. 흔히 '지식의 나무'라고 부릅니다. 백과전서파는 이 그림을 자기네 상징물로 생각한 모양인지, 책 크기에 비해 굉장히 크게 인쇄해 삽입했습니다. 거미줄처럼 맞닿은 저 계보를 따라 유럽은 '체계적인 방법으로' 펼쳐진 근대를 향해 걸어갑니다. 정보와 지식이 있어도 유통이 돼야 의미가 있습니다. 조선은 그런 첨단 정보가 자라날 나무가 없었습니다.

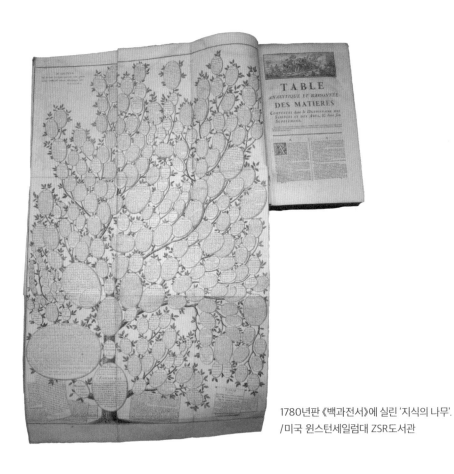

1780년판 《백과전서》에 실린 '지식의 나무'.
/미국 윈스턴세일럼대 ZSR도서관

숙종 때인 1719년 조선통신사 멤버로 일본을 방문했던 신유한은 《해유록海遊錄》이라는 기행문을 남깁니다. 책쾌 학살극이 터지기 52년 전입니다. 1719년 12월 14일 자 일기에는 이렇게 적혀 있습니다.

'오사카는 서적의 많음이 실로 천하 장관이다.'

일기가 이어집니다.

'김성일의 《해사록》, 류성룡의 《징비록》, 강항의 《간양록》에는 두 나라 사이 비밀이 많이 기록돼 있는데 모두 오사카에서 출판됐다. 적을 정탐한 일을 적에게 일러바치는 것과 무엇이 다른가. 국가 기강이 엄하지 못하여 역관들 밀무역이 이와 같으니 한심한 일이다.'[30]

한심한가요? 한심하다고 하는 이 외교관이 한심하지는 않을까요?

06

《고금도서집성》과
지식의 독점

1777년 4월 1일
[《고금도서집성》 전질 수입]

조선에서 책쾌들이 죽다 살아나고 5년이 지납니다. 1776년 영조가 죽고 정조가 즉위합니다. 호학군주라고 불릴 정도로 학문을 좋아하던 왕입니다. 물론 그가 좋아하던 학문은 오로지 성리학 하나밖에 없긴 하지만요. 그해 말 정조는 청나라로 사신단을 파견합니다. 파견한 목적 가운데에는 청 황실이 만든 거대한 전집 구입이 포함돼 있었습니다.

이듬해 돌아온 사신단이 기쁜 소식을 전합니다. "지금 《고금도서집성古今圖書集成》이 실려 오고 있나이다"[31]

《고금도서집성》은 51년 전인 1726년 청나라 옹정제 때 완성된 5,020권짜리 백과사전입니다. 동서고금의 정보를 체계적으로 수집한 전집입니다. 실록에는 1777년 4월 1일 귀국한 조선 사신단이 《고금도서집성》을 찾아내고 은화 2,150냥을 지불했다'고 기록돼 있습니다.

전임 권력자인 영조와 다른 행동이지요? 지식을 사랑하고 지식을 알아볼 줄 아는 군주입니다. 《고금도서집성》이 실려오고 있다는 보고를 들었을 때 정조는 얼마나 기뻤을까요.

정조는 이 책을 죄다 뜯어내고 제본을 다시 하라고 명합니다. 그래서 두 권 늘어난 5,022권이 됐죠. 5,022권 앞표지에 '도서집성' 네 자를 규장각 관료 조윤형이 썼습니다. 함께 근무하던 이덕무는 "최소한 도서집성 네 자는 왕희지보다 낫다"고 놀립니다. 네 글자를 5,000번 넘도록 썼으니까요.[32]

사실 정조가 원했던 책은 《고금도서집성》이 아닙니다. 정조는 《사고전서四庫全書》라는 전집이 출간됐다는 뉴스를 듣고 사신단에게 이 책 구입명을 내린 거였죠. 자, 청나라로 가볼까요?

때는 책쾌들이 죽다 살아나고 반년이 지난 1772년 1월 4일입니다. 청나라에서 건륭제 황명으로 《사고전서》 편찬작업이 시작됩니다. 사고전서는 역대 중국왕조에서 편찬된 모든 책들을 '창고 네 개가 가득 찰 정도로 모아놓은' 총서입니다. 한 해 동안 문헌 수집이 이뤄지고 1773년 이 책들을 편찬할 '사고전서관'이 설치되지요. 1781년 《사고전서》가 완성됩니다. 간행된 서적은 모두 3,458종, 7만 9,582권입니다.

사신단이 떠날 무렵에는 아직 미완인 상태였습니다. 게다가 황제명으로 진행 중인 프로젝트라 민간에서는 구입이 불가능했습니다. 청나라 관리를 통해 구입이 불가능하다는 사실을 확인한 사신단이 대신 구입한 책이 《사고전서》 원본 격인 《고금도서집성》입니다.

그런데 심각한 문제가 있습니다. 규장각에 보관한 저 방대한 지식은 오로지 군주 정조와 친위 관료인 규장각 각신에게만 열람이 허용됐습니다. 5,000권이 넘는《고금도서집성》또한 규장각에 보관됐고, 정조와 규장각 각신만 열람할 수 있었습니다. 규장각 각신은 규장각 출신 학자 가운데 정조가 고르고 고른 극소수 친위 학자들입니다.

1778년 규장각 검서관 이덕무가 사신단원으로 청나라에 갔다가 빠져 있던 몇 권을 찾아냅니다. 정조가 기뻐하며 특별히 각신이 아닌 이덕무에게도 열람을 허락합니다. 이덕무는 '손수 그 5,000여 책을 열람해 평생 안목을 저버리지 않게 되었다'고 회고합니다.[33]

훗날 정약용이 수원 화성을 건설할 때 도입한 각종 기중기 원리도 이《고금도서집성》에서 나왔습니다. 그런데 정약용이 직접 찾아낸 게 아닙니다. 전집을 다 읽은 정조가 이 가운데《기기도설》이라는 책을 특별히 꺼내주며 '도르래를 이용해 기중기를 만들라'고 명해서 이뤄진 일입니다.[34]

여기서 떠오르는 단어가 '독점'입니다. 정조가 사랑했던 학문은 성리학이었고, 그 사랑은 남에게 나눠주지 않은 독점된 사랑입니다. 무슨 소리일까요. 지식의 생산과 정보의 유통이 마비됐다는 뜻입니다. 패기만만한 젊은 군주가 나라를 일신하면서 내세운 기치는 지식 경영이었습니다. 그런데 그 지식이 군주와 주변 세력에게 독점당한 채 공동체로 전파될 기회가 없었다는 뜻입니다.

1778년 이덕무와 함께 북경에서 서점가를 구경했던 북학파 박제가가 이렇게 씁니다. '북경 서점가에 가보았다. 주인이 매매 문서를 뒤지느라 잠시도 쉴 틈이 없었다. 우리나라 책쾌들은 책 한 권을 끼

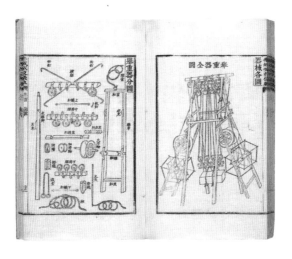

《화성성역의궤》 거중기전도. 정조가 준《고금도서집성》《기기도설》을 보고
정약용이 만든 기계다. /국립중앙박물관

고 사대부가를 두루 돌아다니지만 때로는 몇 달이 걸려도 팔지 못한
다. 중국이 문명의 숲임을 알겠노라.' [35]

1862년 철종 때 홍한주라는 문인이 쓴 책《지수염필》에 이런 대목
이 나옵니다.

'사신들이《고금도서집성》을 사올 때 북경 서적상이 웃으며 말했다.
"이 책이 나온 지 50년이 넘었는데 학문을 높인다는 귀국이 이제야 사
가오? 일본은 나가사키에서 한 질 에도(도쿄)에서 두 질을 이미 사갔소
이다." 사신단은 창피하여 답을 하지 못하였다.' [36]

마비된 유통과 독점이 만든 질투요 아쉬움입니다.

07

박제가의 《북학의》와 애덤 스미스의 《국부론》

1776년 3월 8일

[제임스 와트 '증기기관' 상용화]

1776년 3월 9일

[애덤 스미스 《국부론》 출간]

1776년 7월 4일

[미국 독립선언]

1778년 11월 17일

[박제가 《북학의》 완성]

조선에 《고금도서집성》이 수입되고 1년이 지난 1778년 11월 17일 박제가가 《북학의北學議》를 완성합니다.[37] 박제가는 그해 5월 채제공을 단장으로 한 사신단[38] 수행원으로 북경을 다녀왔습니다. 이 사신단 멤버로 갔던 이덕무가 《고금도서집성》에서 빠진 책을 사서 돌아오지요. 북경에서 박제가는 까무러칩니다. 아니, 까무러치기 직전에 그가 책을 씁니다. 그 책 제목이 《북학의》입니다. 머리말에서 박제가가 이렇게 선언하지요.

청나라 화가 나빙이 그린 박제가. 원본은 추사 김정희 연구가 후지츠카 치카시가 소장하고 있었는데, 도쿄 대공습 때 불타고 사진만 남아 있다.

'지금 백성 생활은 날이 갈수록 곤궁해지고 국가 재정은 궁핍해지고 있다. 사대부가 구제하지 않고 팔짱을 낀 채 바라만 보고 있을 것인가? 모른 척하고 과거 습속에 젖어 편안히 안락을 누릴 것인가.'[39]

맞습니다. 박제가는 오랑캐 나라 청나라 수도에서 깨닫습니다. 조선 백성은 곤궁해지고 재정이 궁핍해지고 있었습니다. 지식인과 권력자들은 국부 창출 대신 수직적인 성리학 질서 유지에 온 힘을 기울여왔지요.

1776년 6월 10일, 영조가 수원에 행차했는데, 그때 기마병 가운데 말이 없는 병사가 8명, 발 받침대가 없는 병사가 4명, 새끼줄로 발 받침대를 만든 병사가 11명이었답니다. 영조는 이 보고를 받고 "놀랍구나"라고 한마디 하고 맙니다.[40] 황해도 해군부대에 군함은 알아서 만들라고 한 나라도 영조 때 조선입니다 장면02 . 그런데 박제가가《북학의》를 쓴 1778년, 조선왕국은 '궁궐 수비대가 새끼줄 허리띠를 두르고' 경비를 서는 더욱 가난한 나라로 변해 있었습니다.[41] 귀국하자마자 박제가는 놀라 까무러칠 정도로 화려한 북경과 거지굴 같은 한성 풍물을 석 달에 걸쳐《북학의》에 자세하게 기록했습니다.

도대체 왜 이런 차이가 생겼을까요.

박제가에 따르면 상공업을 진흥하지 않는 조선 경제 시스템과 이를 방관하는 '사농공상'이라는 신분제가 문제였습니다. 그때 조선 지식인들은 물건을 만들고 팔아서 돈을 버는 행위를 부도덕하다고 비난합니다. 부귀를 사치라고 비난합니다. 오로지 검소함만을 최고 미덕으로 생각합니다. 박제가가 예언합니다.

"조선은 그 검소함 탓에 반드시 망한다."

박제가는 상공업과 무역을 통해 조선이 가난에서 탈출해 선진 청나라처럼 부강해질 방법을 제시합니다. 도로를 만들고 수레를 만들고 물건을 생산하고 물건을 팔고 외국과 무역을 해서 부자가 되자고 합니다.《북학의》는 위선적 도덕 대신 직업적 평등과 근대 경제 시스템을 강조한 첫 저술서입니다. 1778년 11월 17일은 그 책이 완성된

날입니다. 시간이 되면 《북학의》를 꼭 읽어보시기 바랍니다.[42]

요약하자면 《북학의》는 북쪽 청나라에게서 사상과 제도를 배워 부국강병을 이루자는 책입니다. 비록 성리학적 세계관을 벗어나지 못한 한계는 있었지만 조선 500년 사상 전무후무했던 중상주의 사상이었습니다.

박제가 같은 생각을 가진 사람들을 '북학파'라고 합니다. 그 북학파에는 이런 사람들이 있었습니다. 홍대용, 박지원, 이덕무, 류금, 이희경, 유득공, 박제가, 이서구, 서유구. 이들은 1760년대 서울 종로에 살면서 함께 시를 쓰는 시회詩會 모임을 만듭니다. 종로 탑골공원에 지금도 남아 있는 원각사지 10층석탑 주변에 살았다고 해서 '백탑파白塔派'라고 불립니다. 당시 권세를 휘두르던 노론 가문도 있었고, 박제가나 이덕무처럼 차별받는 서얼 출신도 있었습니다.

하지만 백탑파에게 신분은 문제가 되지 못했습니다. 시와 철학. 이 두 가지가 이들 사이 우정을 맺어준 사슬이요 열쇠였습니다. 나이 차에도 불구하고 서로를 '헐뜯는' 농담도 서슴지 않던 친구들입니다. 이들 가운데 연암 박지원이 북학파 으뜸으로 꼽힙니다. 탁월한 식견과 글재주가 모두를 존경하게 만들 정도였으니까요.

외부로부터 충격을 받을 때에야 세상이 변하는 법입니다. 백탑파 가운데 청나라를 다녀왔던 사람이 홍대용, 박지원, 이덕무, 박제가 등등이었습니다. 시詩로 뭉쳤던 백탑파는 이들을 통해 서서히 세상을 바꾸려는 중상주의 집단으로 성장합니다.

증기기관, 국부론, 미국혁명

유럽에서는 그 변혁 의지가 폭풍처럼 대륙을 휩쓸었습니다. 백탑파 혹은 북학파가 요동치고 있던 1776년 어마어마한 일이 벌어집니다. 1776년 3월 8일 스코틀랜드 글래스고대학 기능공 출신인 제임스 와트가 증기기관 상용화에 성공합니다. 20년에 걸친 연구 개발 결과입니다. 영국 버밍햄에서 발행되던 〈버밍햄 가젯Birmingham Gazette〉은 3월 11일 월요일 자 신문에 이렇게 보도합니다. '지난 금요일 8일 여러 과학계 인사들은 와트 씨가 팁턴Tipton에 있는 블룸필드 탄광에서 선보인 일관되고 강력한 기계에 흥분했다.'[43] 탄광에 가득 찬 물을 순식간에 빼내는 증기기관 펌프가 최초로 선을 보인 날입니다. 현장에 있던 과학계 인사만 흥분시키고 끝난 기계가 아니었습니다. 증기기관은 이후 강력한 동력이 필요한 모든 산업분야 아니 이 세계를 혁명적으로 바꿔버립니다.

하루가 지난 3월 9일 역시 글래스고대 교수 출신인 애덤 스미스가 쓴 《국부론The Wealth of Nations》이 출판됩니다.[44] 《국부론》은 국부國富의 근원을 탐구하는 고전 경제학의 기초서입니다. 태동하기 시작한 자본주의와 시장 원리를 처음으로 규명한 책이며, 시장은 '보이지 않는 손'으로 상징되는 시장경제 원리가 움직인다고 선언한 책입니다. 세상을 움직이는 동력은 도덕률에서 시스템과 자본과 생산으로 대체됩니다.

그리고 4개월 뒤인 1776년 7월 4일, 1620년 잉글랜드 왕실의 탄압에 반발해 신대륙을 찾았던 청교도 후손들이 156년 만에 독립을 선

《국부론》 초판본 속표지. /Royal Collection Trust

언합니다. 만인은 평등하며 이에 반하는 정부는 언제든지 폐지할 수 있다는, 국가와 시민사회가 분리된 존재임을 천명한 충격적 선언입니다.

산업혁명과 시민혁명 그리고 다가올 근대 경제시스템을 분석한 혁명적 서적. 근대를 알리는 세 가지 사건이 하루 사이, 넉 달 사이에 동시다발적으로 폭발합니다. 서로 짜고 친 고스톱이 아닙니다. 근대라는 시대에 필요한 지적知的, 물적物的 기반을 두고 여러 사람들이 저마다 치열하게 고민한 결과였지요.

조선 지식인들도 마찬가지였습니다. 18세기 후반 청나라라는 외부 문물에 충격을 받고서 국내 모순을 외면하지 않고 새 시대를 준비하던 사람들, 그들이 백탑파며 북학파였습니다. 그런데 홍대용도 박지원도 권력세계 주변인이었습니다. 다른 북학파 역시 권력과 거리가 먼 서얼 출신들이었습니다.

세상을 변혁하는 방식이 혁명이라면 '무력'이 필요합니다. 그 방식이 개혁이라면 '권력'이 필요합니다. 북학파는 무력 없는 선비요 권력 없는 주변인이었습니다. 성리학이 쌓아놓은 두껍고 높은 지적 울타리를 벗어날 수 있었다면 이들은 조선을 뒤흔들 변혁세력이 됐을지도 모릅니다.

08

지성의 파멸 선언 '병오소회'와 '칸세이 이학의 금'

1786년 2월 20일
〔 국정개혁토론회 '병오소회' 〕

1790년
〔 일본, 부분적 학문의 자유 허용 〕

　박제가가 《북학의》를 저술하고 6개월 뒤인 1779년 5월 12일, 정조는 규장각에 검서관 제도를 신설합니다. 오로지 서얼이라는 불우한 신분만을 대상으로 만든 자리입니다.[45] 주 업무는 규장각 각신을 보좌한 문서 교정과 필사였습니다. 정원은 4명입니다. 북학파 선비 4명, 이덕무와 박제가, 유득공과 서이수가 검서관에 임용됩니다. 보조직에 불과했지만 궁궐 안에서 학문과 권력을 구경하고 간여할 수 있다는 생각에 이들은 큰 희망을 품고 입궐했습니다. 이덕무는 이렇게 기록합니다.

　'네 검서관이 꼬리를 물며 열흘에 한 번 숙직할 만큼 일은 고됐지만[46] 지존至尊께서 좋은 벼슬을 내리셨으니 과거 급제와 다를 바 없다

며 과거 응시도 하지 않고 일했다.'[47]

그리고 7년이 지납니다. 1786년 정월 22일 정조가 창덕궁 인정문에서 문무 관리들로부터 신년 국정개혁안을 보고받습니다. 양력으로는 1786년 2월 20일입니다. 지위 고하를 막론하고 보고서를 제출한 사람은 324명이었고 제출된 안건은 500건이 넘었습니다. 목축과 세금에서 무역과 학문에 이르기까지 숱한 개혁안이 쏟아졌습니다. 병오년이어서 '병오소회丙午所懷'라 이름 붙인 개혁안들입니다.

8년 전 《북학의》에 부국강병책을 쏟아부었던 검서관 박제가가 기회를 놓칠 리가 없습니다. 박제가가 올린 병오소회는 이러합니다.

'지금 나라의 큰 폐단은 가난이다. 다른 나라는 사치로 인하여 망한다지만 우리나라는 반드시 검소함으로 인하여 쇠퇴할 것이다. 비단옷을 입지 않으니 비단 짜는 기계가 없다. 여인들은 일이 끊겼다. 물이 새는 배를 타고 목욕시키지 않은 말을 타고 찌그러진 그릇에 담긴 밥을 먹고 진흙더미 집에서 지내니 온갖 제조업이 끊겼다. '세상이 나빠져서 백성이 가난하다'고 하는데, 이는 나라가 스스로를 속이는 짓이다.'

박제가는 부국책으로 '중국과 통상을 하고' '서양인을 고용해 기술을 익히고' '사대부에게 장사를 허용하자'고 주장합니다. "일본과 티베트, 자바섬과 몽골까지 전쟁이 사라진 지 200년이 됐으니 나라를 잘 정비하면 10년 뒤 조선왕국 거적때기 초가집은 화려한 누각으로 바뀌리라"고 예언합니다.[48] 그리고 박제가는 "하루 휴가와 필경사 10명만 주시면 폐부에 담긴 생각을 다 쏟아내겠다"고 요청합니다.[49]

정조가 내린 답변은 이렇습니다. "여러 조목으로 진술한 내용을 보니 네 식견과 취향을 볼 수 있구나."[50]

개혁안 채택을 거부한다는 뜻입니다. 이날 정조가 채택한 개혁안 가운데 대사헌 김이소와 대사간 심풍지가 내놓은 개혁안이 들어 있습니다. 두 사람은 이렇게 주장합니다.

"북경에서 사오는 책들은 우리 유가儒家의 글이 아니니 부정한 서적이다. 사교邪敎가 유행하는 이유는 바로 이들 서적 탓이다."(대사헌 김이소) "기강이 문란해지고 법이 해이해졌다. 사신들이 그 나라 사람들과 따로 만나 대화를 하고 편지와 선물을 주고받는다."(대사간 심풍지)

정조가 바로 답을 내립니다. "금지할 뿐만 아니라 아예 금지법안을 마련하라."[51] 희한하게도 정조 말이 끝나자마자 비변사가 즉석에서 금지법안 8조목을 내놓습니다.

'중국 사람들과 개인적 왕래 금지' '필담 금지' '선물 및 편지 금지' '적발 시 압록강 도강 후 처벌' '요망한 이단 서적 수입 금지 및 적발 시 분서焚書' 그리고 '적발 실패한 의주 부윤은 처벌'.

법률 하나가 이렇게 뚝딱하고 나올 수 있을까요? 어딘가 짜고 친 듯한 냄새가 나지 않나요?

이상한 냄새는 더 있습니다. 정조가 병오소회 제출을 명한 날은 닷새 전인 1786년 2월 15일입니다. 병오소회 하루 전날인 2월 19일 정조는 중요한 인사 발령을 냅니다. 자리는 대사헌과 대사간입니다. 대사헌은 공무원 감찰과 고발을 맡은 사헌부 수장입니다. 대사간은 간쟁을 책임지는 사간원 수장입니다. 정조는 형조판서와 이조참판을 이 두 자리에 임명합니다. 누굴까요?

바로 아까 중국과 교류 금지를 개혁안이라고 내놓은 심풍지와 김이소입니다.[52] 조정에서 가장 '말발'이 센 자리에 측근을 앉혀놓은 뒤, 자기가 하고 싶었던 말을 그들 입으로 대신 하게 만든 거지요.

병오소회 보고회가 끝나고 심풍지와 김이소는 각각 동지경연사와 형조판서로 발령납니다.[53] 말하자면 정조가 연출한 '병오소회' 드라마가 종료되면서 역할도 종료됐다는 뜻입니다. 박제가를 비롯해 부국富國을 위한 개혁안을 제시한 사람이 있었으나 정조는 채택하지 않았습니다. 도대체 시대에 역행하는 이런 발상이 왜 나왔을까요?

서학西學, 천주교가 사회문제가 되던 때였습니다. 한 해 전인 1785년 3월 명례방(서울 명동)에 사는 김범우라는 사람 집에서 사대부 가문 사내들이 천주교 집회를 정기적으로 갖다가 적발된 사건이 있었습니다. 이승훈, 이벽, 정약전, 정약종, 정약용 같은 쟁쟁한 남인 선비들이 대거 체포됩니다.[54] 정통 성리학 국가에서 서양 종교에 심취한 사대부가 떼로 적발되자 조정은 발칵 뒤집힙니다. 게다가 정약용은 정조가 신임하던 관료였으니까요. 이를 '추조 적발사건'이라고 합니다. 1800년 정조가 죽고 이듬해 정약용이 포항을 거쳐 강진으로 유배당한 빌미도 이 사건에서 비롯됐습니다.

정조는 스스로 군사君師, 군주이며 스승이라고 자부했던 사람입니다. 체포된 사대부로 인해 자신의 정치적 위상이 흔들릴까 고민합니다. 이 사건이 정치적으로 커져서 남인 세력에게 화가 미칠까 두려움도 있었죠. 마침내 정조는 이들을 죽이는 대신 성리학 체제를 보호하고 천주교 전파를 원천봉쇄하기로 결정합니다. 그래서 심풍지와 김이소 입을 빌려 서학 전래 진앙지인 북경으로부터 성리학 이외 학문은 일체 유입 금지령을 내린 거지요.

거듭 말씀드리지만, 지구상 모든 변화는 새로운 정보와 사상에서 나옵니다. 정조시대는 그 변화가 가장 필요했던 시대였고, 변화를 위한 외부 학문이 진입 준비를 완료한 시대였습니다.

앞 장면에서 만났던 백탑파 기억나십니까. 그 새로운 시대에 가장 치열하게 준비된 집단이 그 백탑파고 북학파였습니다. 병오소회는 백탑파와 그들이 준비하던 미래에 대한 파멸 선언이었습니다. 나중에 보실 장면 13 에서 자세하게 말씀드리겠습니다.

지식의 유통, 일본

병오소회 4년 뒤 일본으로 가볼까요? 1790년 에도 막부도 주자학을 뺀 다른 학문을 이단으로 규정하고 교습을 금지합니다. 이를 '칸세이寬政 이학異學의 금禁'이라고 합니다. 칸세이는 당시 일본이 쓰던 연호입니다. 주자성리학은 질서를 중시하는 이념입니다. 태평성대를 누리고 있던 에도 막부 또한 통치를 위해 조선처럼 성리학을 중시하는 정책을 채택한 거죠.

그런데 중요한 차이점이 있습니다. 실용적인 학문은 폐기하지 않았다는 사실입니다. '이학의 금'이 유효한 1790년대 막부는 금지했던 서양 서적 수입을 다시 허가합니다. 1811년 역법 및 측량기관인 천문방에 서양 서적 전문 번역기관인 '만서화해어용蠻書和解御用'을 설치합니다. '오랑캐 책蠻書'이라고 거만하게 붙였던 이름은 이후 '양서조소洋書調所'로, '개성소(開成所: 활짝 열어서 이루는 곳)'로 변경됩니다. 개성소는 양학 양성을 지향하는 국가적 노력의 상징이 됐고 전국 방방곡곡에서 등용된 인재를 집결시켰습니다.[55]

이 개성소가 훗날 일본 최고의 대학 도쿄대학 전신입니다. 학문과 지식과 정보를 국가가 관리는 하되 획일적인 통제는 없었기에 일본은 쉽게 근대로 접어들 수 있었습니다.

한 나라는 최고 권력자가 나서서 여론을 조작하며 지식과 학문을 통제합니다. 바다를 사이에 두고 한 나라는 겉으로는 사상 통제를 내걸었지만 실용과 실질을 위한 지식과 정보는 적극적으로 도입합니다.

이 시대는 한일 두 나라에서 엄청난 저작과 편찬이 왕성하게 이루어진 시기입니다. 과도하리만치 많은 지식이 생산됐지만 불행하게도 조선에서는 지식이 생산만큼이나 대량으로 유통되지 못했습니다.[56] 근대가 떠오르는 새벽, 조선과 일본 두 나라 지식 유통 방식이었습니다. 그 나라들에게 차원이 다른 시대가 닥쳐오고 있었습니다. 나중에 보시겠지만, 그 역사적 종착지는 무척 다릅니다.

09

부활한 가체 금지령과
은폐된 차별

1788년 8월
[프랑스 삼부회 소집]

1788년 10월 31일
[2차 가체 금지령]

1788년 8월 프랑스

먼저 유럽 이야기입니다. 백과전서파가 힘들여 전파한 계몽사상은 시민 권리와 평등사상에 대해 공동체가 눈을 뜨게 된 계기였습니다. 장면 03 그 결실이 프랑스혁명입니다.

1788년 8월, 루이16세 정부는 147년 만에 '삼부회(États généraux)' 소집을 결정합니다. 삼부회는 성직자와 귀족, 시민 대표로 구성된 국가 세금 징수 결정회의입니다. 1302년 필리프4세가 소집한 이래 절대왕정이 확립된 1614년 이후 한 번도 소집된 적이 없는 유명무실한 제도였습니다. 국가 세금은 왕실이 그냥 결정해 왔다는 뜻입니다. 프랑스라고 조선과 다를 바 없었습니다.

그때 프랑스 재정은 파탄 상태였습니다. 영국을 건제하기 위해 미국 독립혁명에 정부 예산을 퍼부은 데다 왕실은 사치로 금고가 비었죠. 게다가 1685년 '퐁텐블로 칙령'이라는 법으로 개신교도 위그노들을 탄압하면서 경제는 악화일로를 걷고 있었습니다. 위그노파는 상공업에 종사하던 대표적인 근대 시민이었습니다. 퐁텐블로 칙령 이후 20만 명이 넘는 위그노들이 전 재산을 싸들고 영국과 독일, 네덜란드는 물론 신대륙 미국으로 빠져나가버렸죠. 순식간에 프랑스 재정을 받쳐줄 세원稅源이 고갈되고 맙니다.

1787년 11월 7일 재정난을 견디지 못한 루이16세는 위그노 신앙을 인정하는 '관용 칙령'을 발표합니다. 위그노는 신을 믿을 자유를 얻었습니다. 하지만 인간 세상을 다스리는 군주에게 '빚'은 여전히 남아 있었습니다.

세금으로 이 빚을 메꿔야 합니다. 그때까지 세금을 내본 적이 없는 성직자와 귀족은 납세를 거부합니다. 결국 새로운 역사 주역이 된 시민에게 세금이 전가됩니다. 시민사회 불만이 폭증합니다. 1788년 8월 여론에 떠밀린 루이16세 정부는 세금에 관한 회의를 열겠다고 공포하죠.

이게 삼부회입니다. 시민들은 147년 동안 없었던 삼부회 대표 선출작업에 돌입합니다. 계몽주의 확산을 통해 평등사상에 눈을 뜬 시민사회가 시스템을 통해 권리를 실현하는 시대가 다가오고 있었습니다. 과연 이들은 아무 저항 없이 권리를 성취할 수 있었을까요? 바야흐로 유럽은 혁명 전야로 돌진하는 중입니다.

1788년 10월 조선

루이16세가 관용칙령을 발표하기 일주일 전인 1788년 10월 31일, 조선에서는 특이한 일이 벌어집니다. 영조 때 무산됐던 가체 금지령을 손자 정조가 부활시킨 겁니다. 이날 정조가 마련한 법률은 '가체 신금사목加髢申禁事目'입니다. 그해 11월 24일 서울을 시작으로 전국에 시행된 이 법은 신분 고하를 막론하고 가체는 금지하고 대신 장식 없는 족두리를 쓰며 이를 위반하면 그 여자 집 가장家長을 '통렬하게 다스린다'고 규정했습니다.[57]

여자 머리 스타일 하나를 놓고 국왕까지 나서서 두 번이나 금지령을 내렸습니다. 이 정도면 사치 풍조 근절 이상의 의도가 숨어 있다고 봐야 합리적입니다. 사목은 모두 아홉 가지입니다. 그 가운데 중요한 항목은 이러합니다.

'남의 머리든 자기 머리든 가체를 금한다.'
'가체 대신 족두리를 쓴다.'
'족두리에는 일체 치장을 금한다.'
'사치스러운 족두리는 임대 및 매매를 금지한다.'
'평민과 천민은 자기 머리 가체를 허용한다.'
'하급 궁녀는 자기 머리 가체를 하되 가리마로 등급 표시한다.'
'위반 시 그 가장을 통렬하게 다스린다.'

자, '족두리에 치장을 금지하고' '하급 궁녀는 가리마로 등급을 표시하고' '위반자는 그 가장家長을 매섭게 처벌한다'.

갑자기 가체는 하급 신분 여자들 전유물로 전락합니다. 거리에서 혹여 마주치는 그녀가 가체를 얹고 있다면 그녀는 틀림없이 평민이거나 천민입니다. 또 가체 위에 가리마가 붙어 있으면 그녀는 하급 궁녀입니다. '가리마'는 머리카락 방향을 가르는 그 가리마가 아니라 네모나고 납작하게 생긴 차양입니다. 뭐가 됐건, 천한 여자들은 미모를 뽐낼 자유를 얻으려면 저급한 자기 신분을 적나라하게 공개해야 했습니다. **사치풍조 금지를 내건 노골적인 신분제도 강화.** 이게 정조가 가체를 다시 금한 진짜 의도입니다.

미인도 속 가체(신윤복〈미인도〉).
/간송미술관

남자는 어땠을까요? 남자는 갓입니다. 한류가 한창인 21세기 조선 갓은 세계적으로 유명합니다. '모자의 나라'라고 불릴 정도죠. 갓은 머리에 쓰는 부분은 말총으로 만듭니다. 챙은 대나무로 만들죠. 손품이 많이 드는 물건이라, 갓도 가격이 만만치 않았습니다.

갓은 남자에게 훌륭한 사치품이요 신분을 상징하는 액세서리였습니다. 어느 틈에 조선 초 양반들만 쓰고 다니던 갓을 일반 서민들도 따라 쓰기 시작합니다. 그러자 양반들은 서민보다 챙을 더 넓고 크게 만들어 쓰면서 신분을 구분하려 했습니다. 경쟁적으로 갓 높이와 챙 지름이 자라나죠. 그래서 효종 때인 1657년에는 '문을 출입할 때 방해가 될 정도로 갓 높이와 너비가 커지는 사태'까지 벌어집니다.[58]

그러자 이번에는 갓 액세서리 경쟁이 벌어집니다. 갓끈을 화려하게 달고 다니는 게 유행이 됩니다. 이미 세종 때에도 화려한 갓끈이 유행해 이를 금한 적이 있습니다.[59] 연산군 때도 중종 때도 갓끈 규제령이 내렸지만 막을 수 있는 일이 아니었습니다. 본능이니까요.

그런데, 자세히 뜯어보면 이 '사치'는 아랫사람에게만 적용되는 규정입니다. 종합법전인 '경국대전'에는 이렇게 규정돼 있습니다. '1품~3품 갓끈은 금옥金玉으로 한다.'[60] 4품 이하에게만 금과 옥으로 만든 갓끈을 금지한다는 말입니다.

정조가 내린 사치 갓끈 금지령도 마찬가지입니다. 이렇게 명하지요.

"사치 풍조가 나날이 심해져서 문관, 음관, 무관이나 당상관을 막론하고 호박 갓끈이 아니면 쓰지를 않는다. 이 어찌 복장으로 신분의 귀천을 나타내는 뜻이겠는가."

정조는 4품 이하 당하관에게만 호박 갓끈을 일체 금해버립니다.[61]

그렇습니다. 조선이라는 공동체에서 사치 풍조가 만연했다고 하는 계층은 '신분이 낮은' 계층에 한정돼 있습니다. 당상관 이상에게는 이 '사치'라는 개념이 적용되지 않습니다.

더 평등한 남자, 덜 평등한 여자

────────────

그런데 여자들은 사치를 명목으로 한 겹 더 심한 차별과 규제에 얽매입니다. 재질이 뭐가 됐든 남자들은 갓끈을 맬 권리를 빼앗기지 않았습니다. 그런데 여자는 가체가 아예 금지되고, 아무런 장식 없이 허연 족두리만으로 미모를 자랑해야 하는 신세로 전락합니다.

정조가 '가체신금사목'을 발표하던 날, 아랫사람이 이렇게 제안합니다. "족두리 위에 남편 직위에 따라 은과 금과 옥으로 귀천을 표시한다면 사치한 풍습과 분수에 넘치는 제도는 없애려고 기약하지 않아도 절로 없어질 것입니다." 정조는 이를 반대하면서 족두리에 장식을 하면 안 되는 이유를 자그마치 여덟 가지나 댑니다. 두 가지만 볼까요?

'여자 방에 관리가 함부로 들어갈 수 없으니, 여자들이 옥과 금 따위로 족두리를 장식하면 어찌 단속하겠는가.'
'1, 2품만 장식을 하게 하면 3품 이하 명망 있는 사대부 아내들은 어떡하라는 말인가.'[62]

단속이 어렵다는 핑계로 아예 조선 여자 전원이 장식을 금지당합니다. 고위 신분 여자도 스스로 신분을 자랑할 수 없는 존재가 돼버립니다. 미적 과시라는 본능을 추구할 자유도 박탈당하고 맙니다. 신분제 사회에서 학습받은 사회적 본능과 자연이 준 본능이 모조리 불법이 돼버립니다. 신분에 따라 사치 판단 기준이 달랐던 시대였습니다. 여자들은 남자보다 더 차별받았던 그런.

　동서고금을 막론하고 도덕적인 선善을 빙자해 사회 모순을 감추려는 시도는 늘 존재했습니다. 지금도 마찬가지지요. 가체 금지령과 족두리 대체령이 그러합니다.

10

바스티유 함락과
복권된 사도세자

1789년 7월 14일

[프랑스혁명]

1789년 12월 2일

[사도세자묘 이장]

"아닙니다 폐하, 혁명입니다"

먼저 유럽 대륙 이야기입니다. 1789년 5월 5일 지루한 줄다리기 끝에 프랑스 국왕 루이16세는 삼부회를 소집합니다. 그런데 기득권자인 귀족과 성직자는 표결 방식을 신분별 1표로 결정합니다. 그러면 귀족과 성직자가 2가 되고 평민은 1이 됩니다. 평민에게 불리하죠. 당연히 시민들은 거부합니다. 그리고 자기들 동의 없이는 세금 징수 불가를 선언하죠. 루이16세는 이들을 무력으로 저지하려고 합니다. 이에 반발해 일어난 사건이 프랑스혁명입니다.

1789년 7월 14일, 불리한 결정에 분노한 시민들이 바스티유감옥을 습격합니다. 군중과 수비대 사이에 격렬한 총격전이 벌어집니다. 군중은 98명이 죽고 수비대는 1명이 죽었습니다. 절대적으로 불리한 충돌이 끝나고, 군중은 수감 중이던 죄수들을 해방시킵니다.

정치범이 우글거릴 줄 알았던 감옥에 뜻밖에 죄수는 7명밖에 없었습니다. 게다가 이 가운데 4명은 위조지폐범, 1명은 가족이 집어넣은 변태성욕 귀족, 1명은 자기를 율리우스 시저라고 생각한 미치광이 아일랜드 사내 제임스 화이트James Whyte, 자기가 루이15세 암살미수범이라고 주장하지만 사실은 게을러빠져서 가족이 집어넣은 타베르니에Tavernier라는 사내가 전부였습니다.[63] '사디즘'으로 유명한 사드 백

바스티유 습격. /프랑스 까르나발레 박물관

작marquis de Sade도 갇혀 있었는데, 며칠 전 낌새를 눈치챈 사드는 "학살극이 벌어진다!"라고 바깥에 고함을 지르다 습격 며칠 전 샤랑통 Charenton 정신병원으로 이감됐죠.

정치범 해방을 기대했던 군중은 맥이 빠집니다. 그래서 군중들은 수염이 길게 자란 미치광이 화이트를 절대왕정에 저항한 정치범인 양 앞세워 베르사유궁전까지 행진을 벌입니다.[64] 바스티유 사령관 드 로네이와 군인 6명을 참수해 그 목을 장대에 걸어 함께 행진했죠. 한나절 화이트를 잘 써먹은 군중은 다음 날 화이트를 사드가 수용된 샤렌턴 정신병원에 가둬버렸습니다. 바스티유가 함락됐다는 소식이 베

감옥에서 해방되는 죄수들. /프랑스국립도서관

르사유궁전으로 날아갑니다.

루이16세가 묻습니다.

"반란인가(C'est une révolte)?"

측근인 리앙쿠르 공작이 대답합니다.

"아닙니다, 폐하, 혁명입니다(Non, Sire, c'est une révolution)!"[65]

혁명입니다. 조직화되지 못했고 거칠었고 무지 탓에 엉망진창이었지만 프랑스혁명은 그 전과 이후 시대를 나누는 사건입니다. 큰 줄기로 보면 이보다 근대 인류사에 영향을 끼친 사건은 드뭅니다. 왕가에 집중돼 있던 권력은 공화로 분산됐고, 국가 생산력 용도 또한 근대를 향한 공동체로 방향을 바꿉니다. 절대지존인 왕권은 허물어지고 있었습니다. 과거와 차원이 다른 시대가 도래했습니다. 권력을 어느 전제군주가 아닌 공동체가 공유하는 그런 시대.

"나는 사도세자의 아들이니라."

바스티유가 함락되고 한 달 보름이 지난 8월 31일, 조선 국왕 정조에게 상소문 한 장이 올라옵니다.

"죽음을 무릅쓰고 아뢰나이다. 영우원永祐園 안부를 걱정하느라 깊은 궁중에서 눈물을 뿌리신 것이 얼마인지 모르며, 봄비와 가을 서리에 조회에 임해서도 자주 탄식하셨다는 것을 여러 번 들었나이다. 무덤을 옮기소서."[66]

정조가 말합니다.

"내가 어리석게도 지금까지 가슴 속에 담아 두고 답답해하기만 한 문제였다."

갑자기 정조가 흥분합니다. "내가 원래 가슴이 잘 막히는데, 지금 가슴이 막히고 숨이 가빠 말이 나오지 않는다. 잠시 쉬도록 하자." 냉철한 학자요 노련한 정치가가 왜 질식할 정도로 흥분했을까요. 실록에는 이렇게 기록돼 있습니다. '즉위 초부터 이장할 뜻을 가졌으나, 너무 신중한 나머지 세월만 끌어온 지가 여러 해 되었다.'[67]

영우원은 경기도 양주 배봉산에 있는 아버지 사도세자 묘를 뜻합니다. 정조는 즉위 한 달 전인 1776년 3월 24일 난생처음으로 아버지 묘에 참배하고 '목이 메어 좌우를 감동시킬 정도로 눈물을 흘렸습니다.'[68]

당시 조선 엘리트들이 신봉하는 풍수에 따르면, 수은묘는 좋은 묫자리가 아니었습니다. 봉분 뗏장이 말라 죽고 청룡혈이 휑하니 뚫려 있는가 하면 정자각 기와에는 뱀이 살았습니다. 어릴 적 친아버지 죽음을 눈앞에서 목격한 정조는 사도세자 복권을 평생 목표로 삼고 살았습니다. 그런데 아버지가 불길한 자리에 묻혀 있는 겁니다.

1762년 7월 12일, 영조가 뒤주에 가둬놓은 세자가 8일 만에 죽습니다.[69] 영조는 세자를 양주 배봉산에 묻고 '사도思悼'라는 시호를 붙입니다. 1년 반 뒤인 1764년 3월 22일, 영조는 사도세자 아들 이산(李祘, '이성'으로도 읽습니다)을 세손에 책봉하고 이렇게 묻습니다.

"혹 사도세자 일을 말하는 자가 있다면 옳은 일이냐, 그른 일이냐?"

세손이 답합니다. "그른 일이옵니다."

거듭 묻습니다. "그렇다면 군자냐 소인이냐?"

손자가 답합니다. "소인입니다."

영조는 옆에 있는 사관에게 이 대화를 실록에 기록하라고 지시합니다.[70]

사도세자 죽음의 원인을 따지고 들면 찬성했던 당파, 반대했던 당파는 물론 뒤주에 가둬버린 영조 본인 행위의 정당성도 문제가 됩니다. 그래서 영조는 손자에게 사도세자 죽음에 대해 더 이상 왈가왈부하지 말라고 공개리에 엄명을 내렸습니다.

11년 뒤인 1775년 영조는 세손 이산에게 대리청정을 지시합니다. 겁에 질린 사도세자 살해 찬성파는 세손이 당정도 국정도, 조정 일도 알 필요 없고 모든 정치는 자기들이 다 하겠다고 주장합니다.[71] '삼불필지지설三不必知之說'이라고 합니다. 삼불필지를 주장했던 좌의정 홍인한은 아예 왕명을 적어내리는 승지 앞을 가로막고 왕명을 듣지도 글을 쓰지도 못하게 막아버리기도 합니다.[72]

영조가 죽고 1776년 4월 27일, 정조가 왕위에 올랐습니다. 즉위하던 그날 정조가 이렇게 선언합니다.

"아, 나는 사도세자의 아들이니라."[73]

사도세자 친아들이 자기를 조선 왕이 아니라 눈앞에 머리를 조아리고 있는 신하들이 죽인 아비의 아들이라고 선언합니다. 죽음을 찬성했던 관리들에게는 사형선고와 같았습니다. 정조는 "사도세자를 추숭하자고 한다면 영조 유언에 따라 형률로 논죄하겠다"며 이들을 일단 안심시킵니다. 하지만 이후 정조가 벌인 행동은 말과 무척 다릅니다.

5월 7일 정조는 그때까지 관리자가 없던 사도세자 묘에 관리인을 두라고 지시합니다. 다음 날 그때까지 수은묘로 불리던 무덤을 '영우원永祐園'으로 격상시킵니다. 그날 정조는 시호 또한 사도思悼에서 '장헌莊獻'으로 바꿉니다.[74] 무인武人 기질을 지닌 총명한 사람이라는 뜻입니다. 사실 '사도'라는 시호는 '追悔前過曰思, 年中早夭曰悼(추회전과왈사, 연중조요왈도)', '자신의 과오를 반성하고 일찍 죽었다'는 뜻입니다. 영조가 아들에 대한 미움을 가득 담아 지은 이름이지요.

5월 24일 정조는 자기 대리청정을 극렬 반대했던 홍인한을 여산으로 유배 보낸 뒤 사약을 먹여 죽여버립니다.[75] 갈등을 우려해서인지 사도세자 복권을 주장한 사람들도 함께 처벌합니다.

국가를 사적으로 운영한 권력

자, 즉위 일성으로 자기가 사도세자 아들이라고 밝힌 왕입니다. '죄의 대가로 일찍 죽은' 아비 시호를 바꾸고 13년을 '신중에 신중을 기하며 기다리다가' 마침내 이장하기로 결정한 왕입니다. 그렇습니다. 비극적인 아비 죽음으로 인해 왕으로 선택된 어린 세손 이산은 즉위 전부터 아버지 복권이 최우선 국정과제였습니다.

이장 요청 상소에 한동안 휴식을 취한 뒤 정조 스스로가 이렇게 말합니다.

"즉위한 처음부터 간절한 나의 일념이 오직 이 일에 있었다." [76]

그리고 정조가 말하지요. "즉위 후 14년 동안에 오직 올해만 모든 운이 길한 해라 (요즘) 안정을 찾지 못하였느니라."

자그마치 햇수로 14년, 만 13년 동안 올해가 오기만을 기다렸다는 뜻입니다. 거침없이 정조 말이 이어집니다. "새 못자리는 천 년에 한 번 만날까 말까 한 수원으로 결정하였다."

자, 몸을 가누지 못할 정도로 흥분한 데 이어 올해가 최고 길년이라는 언급 그리고 천년에 하나 있을 길지 수원이라는 언급까지, 어설픈 시나리오에 맞춰 움직이는 장면이 그려지지 않는지요. 이장을 요청한 상소는 정조와 뒤에서 합의된 상소일 확률이 100%입니다. 상소문을 올린 금성위錦城尉 박명원朴明源은 영조 셋째 딸 화평공주 남편, 그러니까 정조 고모부입니다. 며칠이라도 기다렸다가 이장 준비를 지시라도 했다면 모르겠습니다. 하지만 이날 장면은 누가 보더라도 13년을 기다린 권력자 행동으로는 어색하기 짝이 없습니다.

결국 3개월 뒤인 11월 21일 사도세자 아니 장헌세자 유해를 담은 영가靈駕가 배봉산을 떠납니다. 12월 2일 천장이 완료되고 정조는 새

못자리 이름을 현륭원顯隆園으로 개칭합니다.[77] 훗날 1899년 스스로 황세가 된 고종이 원園을 왕이 묻힌 릉陵으로 격상시키고 이름을 융릉隆陵으로 고칩니다. 장헌세자는 황제로 추존됩니다.[78]

1789년 여름 태양은 유럽과 조선에서 서로 다른 방향으로 움직이고 있었습니다. 비록 거칠고 미숙했지만 프랑스 혁명은 분명 새로운 세계를 찾고 있었습니다. 조선에서는 국왕 정조에 의해 학문과 사상, 정치와 권력 모든 분야에서 정조만을 위한 세상이 창조되고 있었습니다.

11

정조의 현릉원 식목과 민둥산과 식목일

1790년 3월 16일
[정조, 현릉원 식목 지시]

1790년 3월 16일 정조가 명을 내립니다. "현릉원 식목 사업이 시작되었다. 일에 대한 걱정에 잠시도 마음을 놓지 못하겠다. 내년 봄얼음이 풀린 뒤 각 읍에서 심은 나무 가운데 온전한 나무, 고사한 나무를 조사해 보고하라."[79]

그렇습니다. 넉 달 전 아버지 사도세자를 천장한 현릉원에 조경사업을 개시하라는 어명입니다. 이미 천장 당일 정조는 무덤 뒷산에 올라가 풍경을 둘러보고는 명을 내립니다. "이 산의 이름이 화산花山이니만큼 꽃나무를 많이 심는 것이 좋겠구나."[80]

1790년 3월 17일 현릉원 조림사업이 삽을 뜹니다. 4월 15일 현릉원 본부와 9개 지역 조림팀, 자원봉사팀 성과를 취합해 조림사업단에서 경과보고서를 올립니다. 한 달 남짓한 기간 심은 나무는 자그마치 소나무 106만 5,400그루, 잡목 101만 8,896그루, 합계 208만 4,296 그루였습니다. 묘목만 아니라 각종 나무 씨앗도 파종을 했는데, 1790 년에 파종한 씨앗은 도토리 170석 8두, 소나무씨 10석 등이었습니다.[81] 정조가 죽기 1년 전인 1799년까지 현륭원과 현륭원 주변에 심은 나무는 모두 525만 2,466그루였습니다. 수원 화성을 설계한 정약용은 파종한 씨앗까지 계산해 모두 1,200만 9,712그루를 식목했다고 보고했습니다.[82]

《조선왕조실록》에는 '식목'이라는 단어가 85회 나옵니다. 성종 때인 1470년 10월 20일 '잡목을 심어서 산맥을 보호하게 하자'는 예조판서 건의[83]를 제외하고는 나무 자체를 위한 조림용 식목 사업은 눈에 띄지 않습니다. 방어용 목책과 숲, 목장 울타리용 식목과 홍수 방비용 제방 같은 용도로 나무를 심자고 했을 뿐이죠. 우리가 식목이라고 부르는 그 조림 개념은 조선에 존재하지 않았습니다.

그런 나라에서 10년 동안 1,200만 그루가 넘는 나무를 심었으니 대단하지요. 그래서 정조는 '식목植木 군주'라고 불립니다.

당시 현륭원 넓이는 300헥타 그러니까 90만 평이 조금 넘습니다. 여기에 조림사업단이 첫 3년 동안 심은 나무는 290만 그루였습니다.

그런데 21세기 대한민국 기준으로 조림을 위해 필요한 면적 대비 나무 수는 1,000평당 1,000그루라고 합니다. 이를 정조 때 나무 개수와 비교하면 90만 그루만 심으면 충분히 숲을 이룰 수 있었다는 뜻입니다.[84]

정조는 그 3배가 넘는 290만 그루를 심었습니다. 이도 모자라 10

년 동안 끝없이 나무를 심고 씨앗을 뿌렸습니다. 그 총합이 1,200만 그루입니다. 도대체 이 나무들은 어디로 사라졌을까요?

나무가 무슨 죄

문제는 기술입니다. 낙후된 양묘養苗 기술이 문제였습니다. 당시 기록을 보면 심은 묘목 가운데 죽지 않고 살아난 나무는 평균 16.6%에 불과했습니다. 이 숫자를 착근률着根率이라고 합니다. 착근률을 20%로 가정해도 1,200만 그루 가운데 240만 그루만 겨우 살아남았다는 계산이 나옵니다.

문제는 또 있습니다. 양묘장이 없던 조선시대, 현륭원 식목사업을 위해서 조림사업단은 '대소 고을을 헤아려 일정 구역을 정해주어 나무를 캐다가' 심었습니다.[85]

이쪽 나무를 저쪽으로 옮겨 심기. 이게 현륭원 조림사업에 숨은 비밀입니다. 왕릉은 푸른 숲을 소유하게 됐지만 그 바깥은 그만큼 헐벗게 됐다는 뜻이지요. 실록에 나와 있는 '식목'은 90%가 바로 이 '왕릉 숲' 조성과 관련된 내용입니다.

산림학자 전영우는 이렇게 결론을 내립니다.

'우리들이 개혁 군주라고 알고 있는 영정조는 산림 자원 고갈 문제에 무능했다. 특히 아버지 사도세자를 위한 현륭원에 11년 동안 1,200만 주의 나무를 심어서 '조선의 식목 군주'로 알려진 정조는 나라 전역의 산림 황폐에는 별다른 대책을 강구하지 못했다. 산림학계나 역사학계는 정조가 현릉원에 심은 물량에만 주목했을 뿐 양묘 기술이 없어서 식재지 인근에서 어린나무를 캐다가 옮겨 심어야 했고, 활착 성공률이 20% 내외였기에 서너 배나 더 많이 심었던 사실은 간과했다.'[86]

"내 고향 붉은 산"

이제 본질적인 이야기를 해볼까요? 옆 사진은 1907년 주일독일대사관 무관 헤르만 잔더가 조선을 여행하면서 찍은 사진입니다. 장소는 서울 무악재입니다. 겨울입니다. 길 양쪽을 보시면 나무가 한 그루도 없습니다. 다음 페이지의 사진은 역시 잔더가 촬영한 북한산입니다. 마치 전쟁이 한창인 아프가니스탄 산악지대 같지 않은가요? 구한말 조선을 찾은 외국인이 한입처럼 쏟아내는 말이

무악재. /국립민속박물관

'조선은 민둥산'이라는 증언입니다.

1932년 김동인이 쓴 《붉은 산》이라는 소설에는 이런 장면이 나옵니다. 주인공인 '삵'이 죽음 앞에서 내뱉는 독백입니다.

"'보구 싶어요, 붉은 산이 그리고 흰옷이!'(중략) 그는 마지막 힘을 혀끝에 모아가지고 입을 열었다. "저기 붉은 산이, 그리고 흰옷이, 선생님 저게 뭐예요!" 나는 돌아보았다. 그러나 거기는 황막한 만주의 벌판이

북한산성 중성문. /국립민속박물관

전개되어 있을 뿐이었다.'[87]

만주를 떠돌던 조선인 건달이 죽음 앞에서 떠올린 '고향' 이미지는 '붉은 산'이었습니다. 풀 한 포기 없이 흙과 바위 가득한 민둥산. 역사가들은 현륭원 식목 사업에 투입된 어마어마한 물량만 따지며 '전방위적으로 위대한 정조'라는 이미지를 만들어냈습니다.

그렇다면 도대체 조선 산하는 왜 이따위로 헐벗었을까요.

온돌의 역설

주범은 '온돌'입니다. 종범은 숲에 신경을 쓰지 않은 역대 왕과 정부들입니다.

임진왜란을 전후해 갑자기 지구가 추워집니다. 온 지구가 '소빙기小氷期'에 접어듭니다. 조선도 마찬가지입니다. 경신대기근(1670~1671), 을병대기근(1695~1699) 같은 초대형 가뭄도 소빙기가 원인입니다. 벼가 익지 않고 여름에 눈이 오는 이상한 일들이 수시로 벌어진 시기입니다. 숙종 때인 1686년 10월 12일에는 남해안에 있는 진주에 눈이 내려 제비와 참새가 얼어 죽었다는 기록도 있습니다.[88]

조선 전기까지 고려 풍습대로 입식문화를 유지하던 조선사회가 순식간에 좌식문화로 바뀝니다. 구들장을 설치하고 온돌 난방을 하게 된 거지요. 연료는? 땔감입니다. 산에 지천으로 널려 있는 나무들입니다. 북쪽 민간에서 사용하던 온돌이 순식간에 남쪽과 사대부집과 궁궐을 파고들었고, 그 속도보다 더 빠르게 온 산들을 대머리로 만들어 버렸습니다.

1727년 12월 21일, 즉위 3년째인 젊은 영조가 회고합니다.

"내 어릴 때에는 백악산이 푸르고 울창하여 아름다웠다. 그런데 지금은 모래와 돌뿐이다."[89]

그때 영조는 서른세 살이었습니다. 아무리 올려잡아도 영조가 말한 '내 어릴 때'는 이보다 20년 전 정도입니다. 그러니까 '순식간에' 울울창창하던 백악산이 사막으로 변했다는 뜻입니다.

그 민둥산들이 무차별하게 흘려보낸 토사가 청계천에 쌓여 서울은 악취가 나는 더러운 도시로 변합니다. 그래서 영조는 준설공사를 통해 청계천에 쌓인 모래와 오물을 덜어내지요.

나라에서는 건축과 선박 건조에 필요한 소나무숲을 조성하고 이에 대해 엄격하게 규제했습니다. 이를 봉산封山, 금산禁山이라고 합니다. 하지만 봉산과 금산에 심는 나무는 소나무 한 종류였고, 이를 제외한 다른 산에는 특별한 규제가 없었습니다.

현륭원 천장을 하던 날 총감독인 채제공이 정조에게 이렇게 보고합니다. "오늘 아침 짙은 안개가 자욱하게 끼었으나 유독 수도각(隧道閣: 관이 묻힐 자리에 만든 임시 건물) 안쪽만은 한 점 안개도 없었습니다. 따뜻하기가 온돌방과 같으니 길한 기운이 스며 있습니다."[90]

'온돌'처럼 따뜻하다는 말은 덕담입니다. 하지만 이 온돌이야말로 조선을 민둥산으로 만들어버린 주범입니다. 추운 겨울이 되면 조선사람은 모조리 산으로 가서 살아 있는 나무를 땔감으로 만들어 태워버렸으니까요. 지금 사람이 들어갈 수 없는 정도로 빽빽한 대한민국 숲은 기적입니다. 그 기적을 이뤄낸 우리는 정말 대단한 사람들입니다.

천황 기념일에서 시작한 식목일

이제 조금 기분 언짢을 이야기입니다. 기적을 만든 날, '4월 5일 식목일' 이야기입니다. 1909년 일본 도쿄대 임학과 출신인 사이토 오토사쿠齊藤音作라는 사람이 대한제국 농공상부 임정과장으로 부임합니다. 그때 대한제국은 통감부 체제 하에 일본 통제를 받고 있었습니다.

사이토는 통감부 당국 식수장려책이 탁상공론에 그친다고 판단합니다. 그래서 1910년 5월 5일 융희제 순종이 황실 제사용 곡식 경작

지인 동대문 밖 동적전東籍田에서 친경식親耕式을 행할 때, 식수식植樹式도 포함하자고 통감부에 제안합니다. 그해 8월 한일병합이 되고 이 듬해 총독부 식산국 산림과장이 된 사이토는 기념식수사업을 벌이자고 제안합니다. 당시 총독 데라우치 마사타케는 이를 승인하지요. 데라우치 시절 총독관저 정원사였던 카와치 이치河內春一는 이렇게 말합니다.

"(데라우치 마사타케) 총독은 무변일장武辨一張하게 살아왔지만, 나무가 없는 산을 보고 '조선을 부강하게 하는 길은 나처럼 대머리인 곳에 조림하는 것이야. 대머리가 되는 것은 싫어'라며 식림을 권했습니다. 왜성대가 울창한 숲으로 변한 것도 총독의 업적입니다."[91]

그리하여 1911년 4월 3일, 제1회 기념식수식이 거행되고 해방 때까지 연례행사가 됩니다. 왜 4월 3일일까요? 사이토가 제안한 사업이 '병합의 대업을 영구히 기념할 방법으로서 진무천황神武天皇 기일인 4월 3일을 전후한 식수사업'이었기 때문입니다.[92] 1936년 죽은 사이토 오토사쿠는 서울 망우리 묘지에 묻혀 있습니다. 비석에는 '齋藤音作之墓' 여섯 글자와 십자가가 새겨져 있습니다.

한국학중앙연구원이 펴낸 《한국민족문화대백과사전》의 '식목일 제정 유래' 항목을 소개합니다.

식목일: '신라가 당나라의 세력을 한반도로부터 몰아내고, 삼국통일의 성업을 완수한 677년(문무왕17) 2월 25일에 해당되는 날이며, 또한 조

선 성종이 세자·문무백관과 함께 동대문 밖의 선농단에 나아가 몸소 제를 지낸 뒤 적전籍田을 친경親耕한 날인 1493년(성종 24) 3월 10일에 해당되는 날'.

억지입니다. 이 두 날짜는 지금 우리가 쓰고 있는 그레고리력에 따르면 양력 4월 5일이 맞습니다. 하지만 그레고리력은 서기 1582년에 도입됐고 이전 양력 역법은 율리우스력입니다. 율리우스력에 따르면 677년 음력 2월 25일은 4월 2일이고, 1493년 음력 3월 10일은 3월 27일입니다.[93]

지난 2022년 5월 2일 당시 대한민국 대통령 문재인이 서울 코엑스에서 열린 15차 세계산림총회 개회식에 참석해 기조연설을 합니다.

"한국 국민들은 식민 지배와 전쟁으로 산림이 파괴된 아픔을 실제로 경험했다."

전쟁으로 산림이 파괴된 사실은 진실입니다. 식민 지배로 민둥산이 됐다는 이야기는 사실이 아닙니다. 앞 백과사전 설명만큼 억지입니다. 역사를 읽으면 때로는 마음이 아픕니다. 민둥산과 푸른 숲의 진실에 관해서는 더 그러합니다. 양묘 기술 없이 물량공세로 숲을 만들라고 하던 정조 모습이 어른거립니다.

12

신해박해와
그들만의 리그 도산별과

1791년 12월 3일

[신해박해 시작]

1792년 4월 16일

[도산별과]

조선 최초의 천주교 박해

"형문을 당할 때 피를 흘리고 살이 터지면서도 찡그리거나 신음하는 기색을 보이지 않았고, 말끝마다 천주의 가르침이라고 하였습니다. 심지어 왕명과 부모 명을 어길 수 있어도 천주의 가르침은 사형의 벌을 받는다 하더라도 바꿀 수 없다고 하였으니, 확실히 칼날을 받고 죽는 것을 영광으로 여기는 뜻이 있었습니다."[94]

1791년 12월 2일, 전라관찰사 정민시가 정조에게 보고합니다. 윤지충과 권상연이라는 전라도 진산 선비가 저지른 범죄에 대한 중간

수사 보고입니다. 진산은 지금 충청도 금산입니다. 두 사람이 청에서 수입한 《천주실의天主實義》와 《칠극七克》을 읽고 서학西學 즉 천주교를 믿게 됐고, 제사를 폐지하고 조상 위패를 불태워버렸다는 '충격적인' 보고입니다. 《천주실의》는 예수회 선교사 마테오 리치가 쓴 천주교 교리서, 《칠극》은 스페인 선교사 판토하가 쓴 '7대 죄악에 승리하는 방법론'입니다.

서울에 살던 윤지충은 북경에서 천주교 견진성사를 받고 돌아온 뒤 낙향합니다. 그리고 집안 사당에 모셨던 조상 위패를 '이마에 진땀 하나 흘리지 않고'[95] 불태워버리죠. 그리고 1791년 어머니 상을 당하자 가톨릭식 장례를 치릅니다. 외삼촌인 권상연도 조카를 따라 자기 집 위패들을 불태워 땅에 묻어버립니다.

난리가 터집니다. 이미 천주교는 황해도와 강원도 지역을 중심으로 보급되고 있었습니다. 그런데 이때까지 천주교 확산을 수수방관했던 정치권이 윤지충 사건을 당쟁으로 발전시켜버립니다. 당파로 따지면 남인南人을 중심으로 서학 공부가 확산되던 때였습니다. 정약용이 그러했고 정약용 매형인 이승훈이 그러했습니다. 훗날 정약용은 자기는 천주교 신도가 아니라고 부인했지요.

위패를 불태운 윤지충 또한 바로 그 남인이었습니다. 좌의정 채제공을 비롯해 중앙 정계에 남인이 대거 진입해 있던 그때, 노론은 남인 박멸의 기회로 삼습니다. 노론은 연루된 자들을 모조리 처형하라고 요구합니다.

"그들도 사람인데 어찌 그리 심한 악행을 저질렀겠는가." 수사 과정에서 남인인 채제공은 반신반의하며 윤지충을 변호하려 합니다.

하지만 두 사람이 저지른 행동은 사실이었습니다. 다음 날인 12월 3일, 윤시충과 권상언은 참수형으로 저형됩니다. 닷새 동안 거리에 목이 내걸렸습니다. 천주교 교리를 담은 책들은 불살라졌고요.[96] 두 사람은 참수형을 신앙에 대한 대가로 묵묵히 받아들입니다. 이를 '신해박해辛亥迫害'라고 합니다.

정조가 말합니다. "정학正學이 나날이 황폐해져 가고 있지만 이처럼 도리를 없애는 일이 있을 줄은 생각도 못 하였다." '정학'은 성리학을 뜻합니다. 정조는 천주교 서적을 소지한 자는 자수하여 광명 찾고 숨은 자는 찾아내 그 집 가장과 함께 무겁게 처벌하라고 엄명합니다. 그리고 이렇게 덧붙이지요.

"이제 사학邪學 문제는 결말지었으니 다시 이러쿵저러쿵하지 말라."

의미심장한 말입니다. 윤지충 사건을 핑계로 남인을 박멸해버리고 말겠다는 노론에게 던진 경고입니다. 쉽게 풀면 이런 뜻입니다. '노론 너희들이 남인들을 다 죽이겠다고 덤비는 거 내가 다 안다. 하지만 이 사건으로 천주교를 사악하다고 결론지었고, 당사자들은 다 죽였다. 그러니 입 다물라.' 그렇습니다. 정조는 인명 희생을 줄이고 이 사건이 정치적으로 이용당할 가능성을 없애버린 겁니다.

조치가 '정치적으로 너그럽게' 마무리됐으니 대안이 필요합니다. 노론들 불만을 해소하고 왕으로서 권위를 높일 강력한 조치가 필요합니다. 정조가 대안을 내놓습니다.

"정주程朱를 존중하며 곤궁함 속에서도 세파에 물들지 않은 자를 본보기로 발탁하여라."

'정주를 존중함'. 성리학을 창시한 정호, 정이 형제와 주희를 흠모하는 모범생의 덕목입니다.

'세파에 물들지 않은 자'. 천주교 따위 눈과 귀를 현혹시키는 사악한 학문에 휩쓸리지 않는 진정한 선비를 뜻합니다.

"모두 이단이다"

이미 5년 전 '병오소회' 장면 07 때 목격했듯, 정조는 외부 사상으로부터 성리학을 완전하게 지킬 큰 계획을 짜고 있었습니다. 아까운 인명 몇 희생한다고 될 일이 아니라 정신과 사상 체계 자체를 성리학 세계 내부에 가둬둘 큰 계획입니다.

윤지충 사건에 대한 첩보가 처음 올라온 날은 관찰사 보고 보름 전인 11월 18일입니다. 홍낙안이라는 관료가 윤지충을 정부에 고발하지요. 다음 날 남인인 좌의정 채제공이 보고합니다.

"이단을 물리치는 것은 가상한 일이긴 하나 만약 이로 말미암아 한층 더 젖어들고 뻗어나갈 걱정이 있게 된다면 군자가 경계해야 할 일입니다. 옛사람이 말하기를 '이단을 믿는 사람들을 죽이지 말고 반드시 사람답게 만들라'고 하였나이다."[97]

정조가 화답합니다.

"노자나 석가모니나 양주나 묵적이나 순자나 장자나 한비자뿐만 아니라, 제자백가諸子百家의 수많은 글들로서 올바른 법과 떳떳한 도리에 조금이라도 어긋나 선왕先王의 정당한 말씀이 아닌 것들은 모두 이단이다."

이단異端. 자기 당파인 남인을 보호하려는 좌의정 의도와 성리학적 이상세계 실현이라는 정조의 야망은 마침내 성리학을 제외한 모든 사상은 '이단'이라는 엄청난 결론을 끌어내고 맙니다.

분서焚書와 그들만의 리그, 도산별과

세상 모든 사상을 이단으로 규정해버린 정조가 곧바로 신하들에게 말합니다. "패관잡기로 쓴 모든 책들을 물이나 불 속에 던져 넣으면 어떨까."[98] '패관잡기'는 당시 청나라에 유행하던 문체입니다. 공맹 사상 대신 민간에 떠도는 풍설을 고상한 문체가 아니라 거친 구어체와 속어로 풀어쓰는 글입니다. 정조는 청나라에서 넘어온 이런 글들이 문제라고 주장합니다.

12월 7일 홍문관 수찬 윤광보가 "정학正學을 밝혀 사설邪說을 물리치라"며 홍문관에 있는 서양책들을 큰 거리에서 태워버리라고 상소합니다. 정조가 답하죠. "멀리 갈 필요 없다. 즉시 태워라."[99]

남인을 제거하려는 노론 견제, 왕권 강화라는 정치적 목적과 본인이 꿈꾸는 유토피아를 위해 정조는 그렇게 학문의 자유를 희생양으로 선택합니다.

그 상징적인 사건이 1792년 봄날 안동에서 열린 '도산별과陶山別

1792년 4월 16일 도산서원 앞 백사장에서 열린 퇴계 이황 서거 222년 기념 특별 과거시험입니다. 지금으로 치면 지방에 있는 한 사립대학 설립자를 기리는 특이한 고등고시가 그 학교에서 치러 진 거죠. 원래 서원 뜰에서 치르기로 했는데 응시자가 너무 많아 낙 동강변 모래밭으로 장소를 바꿨습니다. 모두 7,228명이 응시했고 제 출된 답안지는 3,632장이었습니다. 서울로 운송된 답안지는 정조가 직접 채점했습니다. 정조는 이들 가운데 두 사람을 발탁해서 급제시 킵니다.

4년 뒤 이 특별시험을 기념하는 비석이 건립됩니다. 비석은 정조 가 보낸 과거 제목을 내걸었던 자리에 세워졌습니다. 영의정으로 승 진한 채제공이 비문을 지었습니다.

'천주교가 동방으로 흘러들어와 서울에서 경기도까지 퍼졌으나 유독 영남 고을만이 한 사람도 오염되지 않았다. 상께서 감탄하시며 "선대 의 현인 퇴계가 남긴 교화"라 하셨다.'[100]

바야흐로 서양 학문이 조선을 물들이고 있으나 영남만은 한 사람 도 오염되지 않았으니, 임금께서 퇴계 이황이 남긴 교화 덕분이라며 과거를 치렀다는 내용입니다. 기억나십니까. "정주程朱를 존중하고 세파에 물들지 않은 자를 본보기로 발탁하라"던 명령이?

세상은 동과 서가 연결되며 융합된 지식이 조선에 들어오고 있었 습니다. 바로 그 시대에 1,000년 전 송나라 때 나왔다가 폐기된 학문 성리학에서 한 걸음도 벗어나기를 거부한 자들의 잔치였습니다.

1792년 도산별과를 치른 시사단.

그 비석이 있는 자리가 도산서원에서 강 건너 보이는 '시사단試士
壇'입니다. 안동댐 건설로 수몰될 뻔했던 시사단은 1974년 안동 유생
들에 의해 더 높은 단을 쌓고 강변으로 옮겨졌습니다. 도산별과를 성
대하게 치르고 8개월 뒤, 1792년 12월 2일 정조가 선언합니다.

"옛것을 완전히 뜯어고쳐라(頓革舊體, 돈혁구체)."[101]

무엇을? 옛것을. 옛것이란? '고상한 성리학에 반反하는 모든 글들'
입니다. 중종반정, 인조반정과 함께 조선 3대 반정 가운데 가장 끔찍
한 '문체반정文體反正'이 시작됩니다.

13

문체반정과
책바보 이덕무의 죽음

1792년 12월 2일

[문체반정 시작]

1793년 3월 7일

[이덕무 사망]

1786년 정조는 국정 개혁안을 공모한 병오소회를 개최했습니다. 장면 08 정조는 박제가가 내놓은 개혁안을 거부하고 대사간 심풍지와 대사헌 김이소의 사상 통제책을 채택했지요. 이후 정조는 선왕 영조가 실패했던 가체 금지령을 부활시키고 평생 한이 됐던 아버지 사도세자 복권에 성공합니다. 그리고 1791년 정조는 천주교 금지령을 내립니다. 이듬해 이에 순응한 영남 선비들을 위해 도산서원 특별 과거시험을 치릅니다.

조선에서 도산별과를 치르고 한 달 뒤, 1792년 5월 17일 미국 뉴욕에 증권거래소가 설립됩니다. 9월 21일, 유럽 프랑스 국민의회가 왕정 폐지를 선언합니다. 프랑스는 공화국이 됐습니다. 3년 전 시민혁명으로 무너뜨린 왕정이 공식적으로 사라졌습니다. 근대를 구성하는 두 가지 요소, 주권재민과 자본의 유동과 보유가 이 해에 골격을 갖춥니다.

프랑스 공화정 폐지 3개월 뒤인 12월 2일, 정조가 이렇게 선언합니다. "낡은 문체를 완전히 고치고(頓革舊體, 돈혁구체) 금하라."[102] 외부 사상 유입이 끊긴 데 이어 이제 학문과 사상의 자유를 소멸시키려는 작업이 벌어집니다.

백탑파의 우정 그리고 날벼락

병오소회 때 개혁안이 거부된 박제가는 '백탑파' 학자였습니다. 앞서 말했듯, 백탑파는 연산군이 철거한 서울 원각사지(현 탑골공원) 흰 대리석 탑에서 따온 명칭입니다. 연암 박지원은 전의감동(종로타워 근처)에 살았습니다. 이 박지원과 또 다른 개혁파 학자 홍대용이 이끌던 학자 무리를 백탑파라 불렀습니다.

백탑 주변에 살던 이덕무, 유득공, 서상수, 이서구 같은 사람들과 남산골에서 이들을 즐겨 찾아갔던 박제가, 홍대용, 백동수가 그 백탑파 멤버들입니다. 청나라 여행 경험이 풍부한 이들은 '한번 찾아가면 집에 돌아가는 것을 까마득히 잊고 열흘이고 한 달이고 머물러 지내며'[103] 새 세상을 설계해 가죠. 술과 음식을 장만해 밤을 꼬박 새우면 서로 지은 글로 책 한 권이 나올 정도였답니다.[104] 사탕을 좋아했던 이덕무는 "박제가가 우리 집에서 내 사탕을 훔쳐먹는다"고 이서구에게 고자질하기도 합니다.[105] 박제가는 친구들에게 개 삶는 법을 가르

박지원. /실학박물관

치며 몸보신을 하라고 독려하기도 합니다. 이 개 요리법을 훗날 정약
용이 흑산도에 있는 형 정약전에게 가르쳐주며 몸 좀 챙기라고 잔소
리를 하기도 하지요.[106]

　그런데 1792년 겨울날, 이 백탑파에 날벼락이 떨어집니다. 정조가
어전회의에서 이렇게 선언합니다.

"문풍文風이 이와 같이 된 것은 모두 박지원의 죄다.《열하일기熱河日
記》(1780)를 내가 익히 보았으니 속일 수 없다.《열하일기》가 세상에
유행한 뒤에 문체가 이와 같이 되었으니 결자해지하라."[107]

《열하일기》는 1780년 박지원이 청나라 건륭제 칠순 잔치 사절단으로 갔다가 쓴 글입니다. 만주벌판과 북경과 열하에서 받은 문명에 대한 충격이 구체적인 문장으로 잘 묘사돼 있습니다.

그 '신문명에 대한' '구체적인' 글이 문제라고 정조는 판단합니다. 우아한 고문古文을 버리고 저급한 문체로 저급한 내용을 담은 청나라 패관잡기를 퍼뜨린 거물이 박지원이라는 뜻입니다. 청나라 선진 문명 도입을 주장하던 백탑파 전원에 해당하는 문제였습니다.

정조는 "반성문을 쓰면 홍문관 제학에 제수하겠다"며 문체 전향을 유도합니다. 지금 경남 함양인 안의현감이던 박지원은 "바라서는 안 될 것을 바라는 건 신하 된 자의 큰 죄"라며 반성을 거부합니다.[108]

백탑파의 몰락, 학문의 종언

누가 뭐래도 18세기 개혁 사상을 대표한 학파는 북학파요 백탑파입니다. 오랑캐로 멸시했던 청나라에서 서양 학문과 과학과 신문물을 목격하고 이를 조선에 구현하려는 원대한 비전을 가진 학자와 관리들이었습니다. 그런 그들이 지향한 신문물이 왕에 의해 이단으로 규정됩니다. 그 왕은 1798년 스스로를 '만천명월주인옹(萬川明月主人翁: 만 갈래 강을 비추는 밝은 달의 주인)'이라 부르며 세상 모든 학문의 원천이라고 선언합니다.

활발하게 저술 활동을 하던 백탑파는 활동을 중단했습니다. 누구는 죽고 누구는 지방에 발령이 나 뿔뿔이 흩어졌습니다. 안의현감에 임용돼 경상도로 내려간 박지원이 처남 이재성에게 편지를 씁니다.

"수십 년 긴 세월, 떼 지어 노닐던 옛 친구들이 거의 다 죽어 하룻밤 우스개를 하고 싶어도 불가능하네. 대신 전혀 모르던 사람이 튀어나와 나를 오랑캐라고 욕지거리만 늘어놓지."[109]

정조가 또 말합니다. "이덕무, 박제가 무리는 문체가 전적으로 패관과 소품에서 나왔다."[110] 백탑파 관리들은 하나같이 반성문 제출을 명 받았습니다. 이 과정에서 정조는 본심을 드러냅니다.

"이들을 규장각에 뒀다고 내가 그 문장을 좋아하는 줄 아는가. 이들이 서얼 출신으로 처지가 남들과 다르기 때문에 둔 것이다. 나는 실로 이들을 배우로서 기른다(予實俳畜之, 여실배휵지)."[111]

첩 자식을 차별 않고 등용하겠다던 정조가 사실은 '쇼맨십'으로 이들을 광대처럼 여겼다는 자백이었습니다.

1793년 정월 25일, 양력으로는 3월 7일 봄날 아침입니다. 이덕무가 죽었습니다. 문체반정이 공식 선언되고 석 달 뒤입니다. 죽기 전날까지 반성문 작성을 고민하다가 글을 쓰지 못하고 죽었습니다.[112] 이덕무가 죽었다는 소식에 박지원은 "마치 내가 죽은 거 같다"라고 슬퍼합니다. 그리고 맑은 대나무숲에 자리를 깔고 술상을 차린 뒤 '꿈속에 찾아온 죽은 옛 벗들'과 한참 이야기를 나눴습니다. 아들 박종채가 기록한 그날 풍경입니다.

'아버지가 안의현감으로 계실 때였다. 하루는 낮잠을 주무시고 일어나

103

슬픈 표정으로 아랫사람에게 분부하셨다. "대숲 속 그윽하고 고요한 곳을 깨끗이 쓸어 자리를 마련하고 술 한 동이와 고기, 생선, 과일, 포를 갖추어 성대한 술자리를 차리도록 하라."

아버지는 평복 차림으로 그곳에 가서서 몸소 술잔에 술을 가득 따라 올리신 후 아무 말씀도 하지 않으시고 한참을 앉아 계시다가 서글픈 기색으로 일어나셨다. 그리고 상 위에 차린 음식을 거두어서 아전과 하인들에게 나누어주게 하셨다.

이상하게 생각하여 뒤에 가만히 여쭈어보았다. 아버지는 이렇게 대답하셨다. "꿈에 한양성 서쪽에 옛 친구 몇이 날 찾아와 말하기를 '자네, 산수 좋은 고을 원이 되었는데 왜 술자리를 벌여 우리를 대접하지 않는가'라더구나. 꿈에서 깨어 가만히 생각해 보니 모두 이미 죽은 자들이었다. 마음이 퍽 서글프더구나. 그래서 상을 차려 술을 한잔 올렸다. 그러나 이는 예법에 없는 일이고 다만 그러고 싶어서 했을 뿐이니, 어디다 할 말은 아니다."[113]

이덕무가 죽던 그해 가을, 1793년 9월 14일 청나라 열하熱河에서 파티가 열립니다. 1780년 박지원이 다녀간 그 열하입니다. 건륭제 83세 축하연 겸 정식 통상을 요구하는 영국 사절단을 환영하는 파티입니다. 사절단장 조지 매카트니가 올린 영국 여왕 친서를 건륭제는 거부합니다. 평등한 통상을 요구한 이 친서에 건륭제는 '조공 바치는 일은 상관 않겠지만 천조국은 부족한 물건이 없으니 교역은 불허한다'고 답서를 보냅니다.[114]

매카트니가 일기에 기록하지요. '청나라는 난파한 채 바다를 떠다니다 산산이 부서져 밀려올 것이다. 어떤 방법으로도 그 배는 재건될 수 없다.'[115] 구대륙 유럽에서는 공화정이 시작되고 신대륙 미국에서는 자본 거래가 시작되던 1792년입니다. 조선은 물론 아시아와 유럽은 서로를 외면하고 다른 길을 걷고 있었습니다. 48년 뒤 1840년 아편전쟁이 터집니다. 청나라는 영국 군함 네메시스호 포격에 쑥대밭이 되고 비참하게 문호를 개방합니다. 장면 22

14

화성 축조와
사라진 수레

1796년 10월 10일
〔 화성 완성 〕

1814년
〔 영국 스티븐슨 증기기관차 발명 〕

아버지 사도세자를 이장한 수원 현릉원에 푸릇푸릇 나무가 자랍니다. [장면 11] 동시에 정조는 옛 수원을 지금 수원 자리로 옮기고 그 자리에 현릉원을 지킬 신도시를 건설합니다. 이 도시가 화성입니다. 화성 건설은 사도세자 묘 이장 결정이 이뤄진 바로 그날 동시에 결정됩니다. 정조가 이렇게 선언하지요. "고을을 옮길 계획을 세우라. 백성을 옮길 일은 이미 계획돼 있느니라."[116] 왕권을 위협하는 노론을 피하고, 정통성을 되찾은 아버지 무덤 주변에 자기만의 도시를 만들겠다는 결정입니다.

천장 결정 나흘 뒤 수원도호부 백성이 10리 북쪽 팔달산 아래로 집단 이주합니다. 총 이주 경비는 10만 냥이었습니다. 그리고 새로운

수원 화성.

능묘 주변에 신도시 건설이 시작됩니다.[117] 1794년 2월 기공식을 가진
화성은 1796년 10월 10일 팔달성 외성을 포함한 화려한 신도시로 완
공됩니다.[118]

  사실 신도시 화성은 여러모로 실용적인 도시는 아니었습니다. 정
조는 현륭원 주변에 행궁을 만들고 팔달산에는 산성을 쌓습니다. 그
런데 화성은 군사적으로 산성을 쌓을 정도로 요충지가 아닙니다. 게
다가 당시에는 산성에 들어가 전투를 하는 농성전과 공성전이 큰 의
미가 없던 시대입니다. 지상에서 화기火器로 겨루던 시대로 바뀌었지
요. 이미 구도시 수원이 가지고 있던 경제적인 역할을 축소해버리고
오직 '왕권 강화'를 상징하는 정치적인 의미밖에 없었습니다.

  공사 현장감독은 남인인 초계문신 정약용이 맡습니다. 또 공사 총감독 또한 남인인 채제공이 맡습니다. 1793년 2월 22일, 현륭원에 들른 정조는 수원부를 화성으로 개칭하고 채제공을 화성 유수에 임명합니다. 세부 계획을 마친 채제공은 그해 7월 영의정에 임명됩니다.[119] 그리고 사흘 뒤 채제공이 상소문을 올리지요. 이렇게.

"극악무도한 자들의 지친과 인척들이 벼슬아치 장부를 꽉 메우고 있다. 사도세자를 추숭하고 저들을 처벌하시라."[120]

화성이 길지라고 주장한 윤선도도, 100년 전 수원으로 옮겨야 한다고 주장했던 유형원도 모두 남인입니다.[121] 정조 편을 들었던 남인이 권력을 장악하고 정조 왕권 보호를 위해 똘똘 뭉쳤습니다. 노론인 좌의정 김종수가 "채제공은 역적 앞잡이"라며 저항합니다.[122] 그 정도로 수원 화성은 정치적인 도시였고, 현륭원은 정치적인 폭발력을 가진 폭탄 같은 무덤이었습니다.

정치도시 화성과 금등지서

노론들 반발이 이어지자 그해 추석 일주일 전, 정조가 전현직 장관은 물론 차관급까지 고위직 관료 전원을 소집합니다. 1793년 9월 12일입니다. 그리고 폭탄선언을 던집니다.

"영조께서 당시 도승지 채제공을 불러 은밀히 준 문서가 있다. 승지는 그 문서를 사도세자 위패 아래 감췄었느니라."

웅성대는 문무백관 앞에 정조가 문서 한 장을 좍 펼칩니다. "이게 그 문서니라!"

문서에는 이렇게 영조 친필이 적혀 있습니다.

"피 묻은 적삼이여 피 묻은 적삼이여, 오동나무여 오동나무여, 그 누가
충신인고. 내 죽은 자식 그리워 잊지 않노라."[123]

영조가 자기 아들을 죽인 사실을 후회했다는 내용입니다. 정조는
자기가 왕위에 오르고 두 달 뒤 이미 이 문서를 알았다고 주장합니
다. 이 문서를 '금등지서金縢之書'라고 합니다. 쇠줄로 단단히 봉한 상
자에 넣은 비밀문서를 뜻합니다. 정조는 가장 필요한 때까지 숨겨뒀
다가 공개한 거죠.

"즉위 직후 채제공이 이 문서를 나에게 알려줬느니라. 상소는 이
문서에서 연유한 것이니 입 다물라. 오늘 이후 시끄럽게 굴면 한 사
람 한 사람 일일이 다스릴 것이다."

노론세력은 식겁합니다. 이후 노론은 화성 건설에 아무 반대도 하
지 못합니다. 해가 바뀌고 1794년 2월 12일 정조가 현륭원을 찾습니
다. 향香을 피우려던 정조가 낮은 소리로 울다가 마침내 무덤에 올라
통곡합니다.[124]

그리고 화성이 완공됩니다. 정조가 꿈을 성취합니다. 등극 때 선언
했던 '사도세자의 아들'이 '학문의 왕'이 되고 '사도세자를 복원시키
고' '왕권을 완전히 회복하는 데' 성공합니다.

모든 반대를 잠재우고 만사가 거침없이 진행되던 1795년 봄날, 정
조는 규장각 각신들과 그 가족들을 불러 잔치를 벌입니다. 그때 정조

는 1795년을 '천 년에 한 번 있을까 말까 한 경사스러운 해(曠千載一有之慶年, 광천재일유지경년)'로 선포합니다.[125]

과-연-그-랬-을-까-요. 과연 그때 조선은 천년의 경사를 맞았을까요.

"나갈 돈이 한이 없구나!"

수원화성이 완공되고 한 해가 지난 1797년 11월 16일 정조가 호조판서에게 말합니다. 호조판서는 재정 담당 부서입니다.

"근래 저축은 점차 고갈되는데 국가의 비용은 한이 없구나."

호조판서가 답합니다.

"빠져나가는 곳은 매우 많은데 보충할 길이 없으니 참으로 답답합니다."[126]

거지가 된 겁니다.

거중기 같은 기계를 도입한 덕분에 10년 예정이던 공기를 2년 10개월로 줄일 수 있었지만 대도시 건설에는 어마어마한 경비가 들었습니다. 총경비는 87만 3,517냥 7전 9푼이었고 현물인 쌀은 별도로 1,495석 11두 4홉이 소요됐습니다. 참고로 조선 후기 조선 정부 평균 재정 규모는 400만 냥 정도였습니다.[127]

그럼에도 정조는 "백성을 번거롭게 동원하지도 않았고 국가 경비를 축내지도 않고 내탕금(국왕 개인 금고)을 지출했다"고 주장합니다.[128]

사실과 다릅니다. 총 경비 87만 냥 가운데 24만 3,517냥은 국가 재정인 호조와 중앙 부대, 각 지방 관아에서 조달합니다. 또 턱없이 모자라는 추가 경비 63만 냥은 장용영, 균역청, 어영청, 금위영에서 대출받아 해결합니다. 대출금 63만 냥은 상환기간이 짧게는 2년 길게는 10년이었는데, 1800년 정조가 죽은 뒤 실제로 상환됐는지 여부는 기록에 없습니다.[129]

자, 총비용을 볼까요. 1789년 사도세자 묘 이전과 옛 수원주민 이주비용 24만 5,500냥, 1790년 용주사 창건 8만 7,505냥 1전, 혜경궁 홍씨 회갑연을 위한 1795년 원행 비용 10만 38냥 6전 8푼, 화성 자체 건설 비용 93만 4,028냥. 이렇게 화성 신도시 건설에는 136만 7,071냥 7전 8푼이 들어갔습니다. 조선 정부 재정을 담당하는 호조 1년 세입 규모에 맞먹는 돈입니다.[130]

그러고도 정조는 "나랏돈 함부로 쓰지 않았다"고 합니다. 숫자가 구체적으로 얼마만큼 나랏돈이 쓰였는지 말하고 있는데도요. 또 "저축이 점차 고갈된다"고 합니다. 호조판서는 "보충할 길이 없다"고 답하고요.

말로만 하는 정치는 쉽습니다. 도덕책을 읽으면 그게 정치가 해야 할 일입니다. 그런데 진짜 정치는 실천입니다. 말은 실천해야 바를 정[正]이 됩니다.

다 부서진 정약용의 수레

더 큰 문제는 축성 기술 재활용 실패입니다. 실용적인 신도시 혹은 군사도시 건설을 명분으로 내세웠다면 그 건설 기술을 다른 국가 건설사업에도 투입했어야 합니다. 정약용이 공기를 줄이고 비용을 줄일 수 있었던 이유는 선진기술 도입이었습니다. 대표적인 기계가 무거운 재료를 나를 각종 중기입니다. 작은 재료를 쉽게 옮길 '수레' 또한 대량으로 제작됩니다.

정약용은 '무비지武備志'라는 명나라 군사서를 보고 크고 작은 수레를 만듭니다. 여기에 기존에 사용하던 수레들도 대량 제작합니다. 유형거, 대차, 별평거, 평거, 동거, 발거, 썰매雪馬 같은 이름을 가진 수레들이 반입되거나 제작됐는데, 모두 424개였습니다. 그런데 완공 후 남은 수레는 78개밖에 없었습니다. 공사 과정에서 모두 부서져버린 거죠. 제작 기술 혹은 운용 기술이 미숙해서 벌어진 참극입니다.

부서지지 않은 남은 수레들이 이후 다시 사용됐다는 기록은 보이지 않습니다.[131] 인력을 크게 들이지 않고 둥근 바퀴로 무거운 화물을 쉽게 옮길 수 있는 운송기구가 그렇게 기록만 남기고 사라져버립니다.

개혁의지가 충만한 북학파들은 "조선에는 수레가 없다"고 주장합니다. 하지만 없지는 않았습니다. 《경국대전》에는 서울과 각 지방 '평지'에 설치된 역驛과 원院에 크고 작은 수레를 비치하라고 규정돼 있습니다.[132] 문제는 조선 지도부가 가지고 있던 특이한 소심증입니다. '평지'에서만 수레를 쓰고 험한 산길에는 '사람'이 물건을 지고 다닌 겁니다.

길이 없으면 어떡해야 할까요. 길을 만들어야 합니다. 그런데 조선은 길이 끊기는 그곳에서 수레 운용을 딱 멈춥니다. 저 《경국대전》에는 이렇게 규정돼 있습니다.

'險阻處 不必用車(험조처 불필용거)'
'험한 곳에서는 수레를 쓸 필요가 없다.'

신라와 고려시대 유적에서는 폭이 5미터가 넘는 길들과 수레바퀴 자국이 많이 발굴됩니다. 수레바퀴 사이 간격은 150센티미터 정도입니다. 그런데 조선시대 수레바퀴 흔적은 적을 뿐만 아니라 그나마 바퀴 간격 또한 1미터 안팎이 대부분입니다. 수레가 작았다는 뜻입니다. 길들은 대부분 그 작은 수레마저 지나다닌 흔적이 보이지 않습니다.[133]

길이 끊긴 곳에 대처한 두 가지 자세

북학파 태두 연암 박지원이 한마디 말합니다.

'사람들이 늘 하는 말에 "우리나라는 길이 험하여 수레를 쓸 수 없다" 하니 이 무슨 말인가. 나라에서 수레를 쓰지 않으니까 길이 닦이지 않을 뿐이다.

수레가 다니게 된다면 길은 저절로 닦이게 될 테니 어찌하여 길거리의 좁음과 산길의 험준함을 걱정하리오. 중국 마천摩天과 청석靑石 고개와 장항獐項, 마전馬轉 언덕들이 어찌 우리나라보다 덜 위험하겠는가. 위험하다고 수레를 없애고 안 다니더냐.

이러니 중국은 재산이 풍족할뿐더러 한 곳에 지체되지 않고 골고루 유통되니 이 모두 수레를 쓴 이익이다.'[134]

목적은 유통입니다. 수레가 있어야 길을 통해 사람과 물자가 유통됩니다. 험한 길이 유통에 방해가 되면 길을 만들면 됩니다. 조선은 그 길 끝에서 유통을 멈추라고 법으로 강제합니다. 유통은 재화를 사고팔 수 있는 기본적인 동력입니다. 그런데 조선은 돈 버는 일을 탐욕스러운 나쁜 일이라고 깎아내리며 장려하지 않았습니다. 수원 화성 건설은 조선 건국사상 최고의 기술이 투입된 공사였지만, 그 기술은 이후 사회 진화에 아무 도움을 주지 못했습니다.

그런데 여기에는 또 다른 함정이 있습니다. '수레'는 남자 전용이라야 한다는 기이한 차별입니다. 정조 할아버지인 영조 때 우의정 조현명이 "여러 기구 가운데 백성에 가장 이로운 것은 수레"라며 사람을 태우는 수레 '태평거' 도입을 주장합니다. 조현명은 "시중 부녀자들도 태우게 하면 수레가 널리 퍼질 것"이라고 주장하죠. 조현명이 덧붙입니다. "수레가 성행하면 반드시 나라에 큰 이익에 있으리이다."[135]

조현명이 죽고 5년이 지난 1757년 영조가 이렇게 결론을 내버립니다.

"수레가 있었다면 장 보는 여자들이 탔을 것 아닌가."

좌승지 원인손이 맞장구를 치죠.

"우리나라는 모래가 많아 수레가 다니기에 적합하지 않습니다. 그리고 귀천의 구별을 어찌 쉽게 어기겠나이까."[136]

신분제에 맞지 않고 길이 없으니 어찌 수레를! 다시 보니 '조선에는 수레가 없다'는 북학파 박지원과 박제가 주장은 과장이 아닌 듯합니다.

화성이 완공되고 18년이 지난 1814년 영국 기술자 조지 스티븐슨 George Stephenson이 증기기관차를 발명합니다. 시속 6킬로미터로 석탄 30톤을 나를 수 있는 괴물입니다.[137] 증기기관은 탄광 영업을 위해 제임스 와트가 만들었던 도구입니다. 그 괴물이 이제 태양 아래로 올라와 대량 운송 시대를 이끌 준비를 합니다. 1776년 와트가 상용화한 증기기관이 40년 만에 새로운 세계를 만들게 된 거지요.

그 새 세상을 위해 스티븐슨은 '길'을 만듭니다. 증기기관이 탄광에서 캐낸 석탄으로 증기기관이 풀무질해서 녹인 철을 이용해 증기기관 열차가 달릴 길, 철로를 만듭니다. 1825년 9월 27일 스티븐슨이 개량한 기관차 '로코모션Locomotion 1호'가 승객 450명을 태우고 시속 24킬로미터로 영국 달링턴에서 스톡턴까지 14킬로미터 거리를 달리는 데 성공합니다. 운전은 스티븐슨 본인이 했습니다. 기관차와 석탄 화차 11량, 객차 21량. 80톤짜리 열차가 '만들어진 길'을 달렸습니다. 철로 만든 길이 미끄러우니 불가능하다고들 했습니다. 불가능하지 않았습니다.

1825년 최초의 증기기관차 '로코모션 1호'.
/위키피디아

15

정조의 쇠말뚝과
사라진 인재들

1797년 7월 18일
[정조, 인재 부재 원인을 찾다]

문체반정을 선언하고 5년 세월이 흘렀습니다. 1797년 7월 18일 마흔다섯 살인 정조가 우의정 이병모에게 이렇게 말합니다.

"요즈음 인재가 점점 옛날만 못해지고 있다. 명나라 초 서사호徐師昊라는 도사가 고려에 와서 유람하면서 산천을 두루 구경하였는데, 함경도 단천 현덕산에 이르러 천자天子 기운이 있다고 여겨 쇠말뚝 다섯 개를 박고 떠났었으니 함경도에 인재가 없는 것은 실로 여기서부터 비롯되었다."[138]

함경도와 평안도는 조선 내내 전주 이씨 왕실에 의해 차별받던 땅

입니다. 과거 답안지에는 3대 조상과 출신을 적어넣어야 하기에 급제
도 쉽지 않았습니다. 급제하더라도 공무원 임용도 드물었습니다. 그
러니까 인재 풀이 형성될 리가 없었습니다. 정조는 이런 사실을 무시
하고 고려 공민왕 때 파견된 명나라 도사 서사호에게 책임을 뒤집어
씌웁니다.

하지만 서사호는 억울합니다. 서사호는 명나라 황제 명으로 고려
산천에 제사를 지내며 복을 빌다 간 사람입니다.[139] 하지만 권력자 입
에서 나오는 괴담은 파괴력이 엄청납니다. 사실이 돼버리니까요.

조선시대 이렇게 쇠말뚝을 조선에 박았다는 공식 사례가 하나 더
있습니다. 건국 초기인 1406년, 조선에 온 명나라 사신 황엄 이야기
입니다. 내시인 이 황엄이 전라도 장수에 놀러 갔다가 길가에 큰 나
무를 보고는 거기에 구리못 다섯 개를 은밀히 박습니다. 실록에는
'이를 현지 관리가 찾아내 뽑아냈는데 사람들은 황엄이 압승술壓勝術
을 썼다고 의심하였다'라고 적혀 있습니다.[140]

실록 사관이 사용한 화법은 '~카더라'라는 간접화법입니다. 최소
한 합리적 의심 혹은 추론이 허용될 정도로 조선 지식인들은 이성적
이었다는 뜻입니다.

그런데 22대 국왕 정조는 대놓고 함경도에 박힌 말뚝 이야기를 들
먹이며 인재 차별 책임 면제를 시도합니다. 정조는 우의정에게 한마
디 더 합니다.

"서울에 내려온 맥의 주산은 삼각산이다. 듣건대 수십 년 전 북한산성
아래에 소금을 쌓고 그 위를 덮어서 태워 소금산을 만들고 이 맥을 눌

렀다고 한다. 서울과 경기 땅에 인재가 없는 것은 이런 이유도 있을 것이다. 내 말이 비록 상식에는 어긋난 듯하지만 이치로 보아 있음직도 하다. 그렇다면 지금은 그 소금산을 헐어버리는 것도 어려운 일은 아니다."

자기가 말을 꺼내놓고 자기가 불합리하다고 얘기하면서도 이를 사실로 확정 짓고서는 소금산을 없애자고 합니다. 그러자 대사성, 이조참판, 예조판서, 형조판서, 호조판서, 병조판서, 예문관제학, 홍문관제학에 훗날 영의정을 두 번이나 역임한 인텔리 중의 인텔리, 우의정 이병모가 맞장구를 칩니다. "(국운 회복이라는) 천지의 도를 도와줄 단서입니다."

기다렸다는 듯 정조가 전 북한산성 수비대 사령관(총융사) 조심태에게 묻습니다.

"소금산은 어디 있는가?"

인재를 박멸시킨 그 괴물을 없애기 위해 토목공사를 개시하겠다는 뜻입니다. 그런데 소금산이 어디에 있겠습니까. 이날 실록은 이렇게 끝납니다.

'모두 보지 못하였다고 말하였으므로 일이 마침내 정지되었다'[141]

그리고 2년 뒤인 1799년 12월, 정조는 스스로를 '만천명월주인옹

萬川明月主人翁'이라고 선언합니다.[142] '만 갈래 개울을 비추는 밝은 달의 늙은 주인'이라는 뜻이니, 본인이 길이요 진리요 생명이라는 말입니다.

앞 여러 장면에서 보셨듯, 정조는 측근과 짜고 친 병오소회 보고회(1786)를 비롯해 '서학西學 서적 분서'(1791)와 '문체반정'(1792)이라는 사상 통제와 검열을 거침없이 이어왔습니다. 목표는 조선 팔도에서 본인이 가장 해박했던 이념, 성리학적 이상세계 구현이었습니다. 정조는 이로 인해 발생한 인재 실종 책임을 쇠말뚝과 소금산에 돌리며 스스로를 진리의 근원이라고 선언합니다.

시대 수준에 맞는 상식과 이성이 압살되면 공동체는 필연적으로 멸망합니다. 마비된 이성은 괴담을 낳고, 그럴듯한 괴담에 빠진 리더 주변에는 간신들밖에 없게 됩니다. 공동체 자산을 증식하는 대신에 그 자산을 갉아먹고 자기 배를 채우는 존재들입니다. 그들에게 괴담 시대만큼 세상 갉아먹기 좋은 시절이 어디 있겠습니까. 지금까지 지성 공동체 조선이 아버지 사도세자 콤플렉스에 얽매인 천재 군주에 의해 질식사하는 과정을 보셨습니다.

16

창경궁 영춘헌,
정조의 죽음

1800년 8월 4일

[정조, 김조순 독대]

1800년 8월 18일

[정조 사망]

1800년 8월 4일 정조가 창경궁 여경헌으로 좌부승지 김조순金祖淳을 부릅니다. 여경헌은 정조 서재인 영춘헌 동쪽 집입니다. 김조순이 들어오자 정조는 옷깃을 풀어 종기와 고약 투성이인 가슴을 보여줍니다('옷깃을 스치는 인연'은 대단한 인연입니다. 가슴을 어루만지는 인연이지요). 그리고 이렇게 말합니다.

"내가 친척들을 멀리하고 어진 선비만을 등용했거늘, 친척을 등용하던 옛날보다 나라가 못하여 후회가 막급하다."[143]

이날 여경헌에는 정조와 김조순 두 사람밖에 없었습니다. 조선왕국에서 국왕과 신하 단둘만 만나는 일은 무척 드문 일입니다. 이미 정조와 김조순은 영춘헌에서 여러 번 만난 적이 있습니다. 훗날 김조순은 이 만남들을 영춘헌迎春軒에서 임금 말씀玉音을 기록記한《영춘옥음기迎春玉音記》로 기록해 놓습니다. 후손들은 이《영춘옥음기》를 "절대 발설하지 말라"는 경고문과 비밀리에 전수해 왔습니다.[144]

죽음을 앞둔 정조가 던진 말, '친척을 멀리하고 어진 선비를 가까이한다.' 이를 '우현좌척右賢左戚' 원칙이라고 합니다. 실력과 인덕을 기준으로 국정을 운영하겠다는 원칙입니다. 수원 화성 완공을 반년 남긴 1795년 4월 28일, 창덕궁 후원에서 잔치를 벌이며 정조가 만천하에 선포한 원칙입니다.[145] 물론 정조가 이 대쪽 같은 인사정책에 충실하지는 않았습니다. 역모 사건으로 유배 중이던 고모부 정치달을 풀어줘 비난을 받기도 했습니다. 원칙 선언 바로 다음 날에요.

어찌 됐건, 공식적으로 우현좌척을 주장했던 군주가 죽음 앞에서 순혈 노론 실력자인 김조순에게 이 원칙이 백해무익하다고 고백합니다. 이 말을 들은 김조순은 "친인척도 사대부처럼 쓰면 어진 사대부가 될 수 있지만 사대부를 친인척처럼 쓰면 어진 사대부가 될 수 없다"고 정조에게 화답합니다. 그리고《영춘옥음기》에 이렇게 기록하지요. '당신께서 표방했던 우현좌척을 바꾸신다는 뜻인가.'[146]

그리고 정조는 심하게 앓습니다. 8월 16일 몸져누운 정조 침실로 신하들이 찾아갑니다. 정조가 묻지요.

"그대들이 입실한 지 얼마나 됐는가."

의관이 답합니다.

"담배 한 대 피울 만큼 시간이 지났습니다."

이틀이 지난 8월 18일 정조가 죽었습니다. 평소 정조가 즐겨 머물던 서재, 김조순과 밀담을 나눴던 영춘헌에서 죽었습니다.[147]

정조 아들 공玜이 왕위를 물려받습니다. 그가 조선 23대 국왕 순조입니다. 2년이 지난 1802년 11월 8일 김조순 딸이 순조 왕비에 책봉되고 사흘 뒤 혼례식을 올립니다.[148] 김조순은 임금을 모시던 측근에서 막강한 권력을 가진 국왕 장인으로 신분이 바뀝니다.

노골적인 김조순 편애

김조순 본명은 낙순洛淳입니다. 1785년 그가 스물한 살에 과거에 합격했을 때 정조가 직접 이름을 '조순祖淳'으로 바꿔줍니다. 조순의 조祖는 '할아버지'라는 뜻입니다. 김조순 선조는 김상헌입니다. 맞습

김조순. / 개인소장

니다. 병자호란 때 결사항전을 주장했던 주전파 김상헌입니다. 숙종 때 서인西人 세력이 노론과 소론으로 갈라졌을 때 노론이 정신적 지주로 받든 사람입니다.

그 혹독한 문체반정 시절, 김조순은 '잡소설을 읽은 반성문을 쓰라'는 엄명에 청나라 사신으로 압록강을 건너다 말고 반성문을 썼던 사람입니다. 정조는 파발로 반성문을 받아보고는 이렇게 감탄했습니다.

"문체가 바르고 우아해 밤 깊은 줄 모르고 읽었다. 마음 놓고 먼 길을 잘 다녀오라 이르라."[149]

김조순은 이후 정조의 수구적 정책을 적극 지지하는 관료로 변신합니다.

김조순이 쓴 《영춘옥음기》에 따르면 1799년 10월 21일 밤 규장각에서 야근 중인 김조순을 정조가 영춘헌으로 부릅니다. 열 살짜리 왕자도 부르더니 한 손으로는 왕자 손을, 한 손으로는 김조순 손을 잡고 말합니다. "이 사람이 너를 가르칠 것이니, 네 스승이다. 나와 더불어 형제와 같으니 반드시 아끼고 존중하여라."

정조, 사주를 조작하다?

석 달 뒤 이 왕자를 장가보낼 규수를 뽑는 간택작업이 시작됐습니다. 김조순이 장모 상중喪中이라 지원하지 못했다는 사실을 정조가 알게 됩니다. 정조는 '처가집 상중인 집안도 지원하라'고 명합니다. 해가 바뀌고 1월 27일 김조순이 지원을 하자 정조가 편지를 보냅니다. "귀하고 귀하도다. 이 편지는 신변에 감춰놓고 기다려라."[150]

11일이 지난 2월 7일 밤, 잠자리에 든 김조순을 정조가 급히 찾습니다. 서둘러 입궐한 김조순에게 정조가 묻습니다.

"네 딸 사주가 신시申時로 적혀 있는데, 점쟁이들이 신시 규수는 궁합이 안 맞는다고 한다. 혹시 딸이 난 시時가 유시酉時는 아니더냐?"

대놓고 사주를 고치라는 제스처지요. 김조순이 답합니다.

"제가 서울에 있는 동안 아내가 친정에서 딸을 낳은 탓에 긴가민가하나이다."

다시 알아보라는 정조 말에 김조순은 후다닥 집으로 가서 '누나가 유시酉時에 조카를 낳았다'라고 적힌 작은 처남 편지를 찾아 정조에게 보여주지요. 정조가 웃으며 이렇게 타박합니다. "어찌 자식 태어난 때도 알지 못하는고!"

무슨 상황인지 짐작하시겠나요? 김조순은 상중喪中이니 지원 자체를 하지 못하게 하려는 어떤 세력, 궁합이 좋지 않다고 또 거부한 세력이 나타난 겁니다. 정조는 보안 유지 엄명과 함께 "점쟁이가 유시酉時 궁합이 좋다니까 그걸로 고쳐서 와"라고 대놓고 조작 지시까지 내립니다. 김조순 또한 감을 잡고 '제 기억이…'하고 얼버무리며 조작 작업 시간을 벌죠.

그렇게 김조순이 올린 간택 신청서가 통과되고 3월 21일 첫 간택

작업이 벌어졌습니다. 입궐한 후보 규수들을 돌아본 정조가 이렇게 말합니다.

"김조순 가문에 대해 별 마음이 없었는데, 오늘 딸을 보니 종묘사직의 끝없는 복이 오늘부터 다시 시작되는구나." 그리고 또 묻습니다. "기유년 5월 15일 유시酉時면 그 사주가 어떤가?" 바로 김조순 딸 사주입니다. 유시는 정조가 일러준 그 생시生時지요.

정조는 이어 김조순에게 편지를 보냅니다. "상하 모두 (그대 딸을 가리켜) 그런 처자는 처음 보았다고들 하였다. 하늘이 명하신 일이고 청음(김상헌)을 비롯한 그대 가문 어른들이 쌓아올린 경사이다. 경은 이제 나라의 장인으로서 더욱 자중해야 할 것이다."[151]

다음 날 회의에서 또 한 번 정조가 그녀를 언급합니다. "그 집 처자가 들어왔을 때 수수하게 꾸몄는데도 그야말로 군계일학이었다. 게다가 청음을 비롯해 그 가문이라면 부녀자와 어린애까지 호號를 아는 집안 아닌가." 그리고 또 한마디 덧붙입니다.

"왕실 점쟁이한테 물으니 모두가 대길大吉하다고 하였느니라."[152]

사주까지 완벽한 세자빈이 그렇게 탄생합니다. 정조는 음력으로 그해 말 12월을 혼례식으로 잡았습니다.

영춘헌 옥음과 세도정치

그리고 그해 8월 죽음을 느낀 정조가 미래의 사돈 김조순을 영춘헌으로 부른 겁니다. 그리고 우현좌척 원칙이 덧없고 허무했음을 고백하지요.

수원 화성 완공을 통해 즉위 초부터 시도했던 아버지 사도세자 복권을 이뤘고 문체반정으로 학문의 자유를 희생하고 사상 통일을 완성한 권력자입니다. 현실에서도 정신세계에서도 모든 권력을 독차지하고 스스로를 만천명월주인옹이라고 불렀던 절대권력자였습니다.

그 권력자가 죽으면 진공 속에 있던 절대권력은 폭발해 산산이 사라지고 맙니다. 모든 것을 이룬 늙은 권력자 정조는 시한폭탄 같은 그 권력을 아들에게 물려주기 위해 '어진 선비 우선 원칙'을 깨고 '정실 인사'와 '친척 우선 관행'을 택합니다. 김조순과 나눴던 영춘헌 밀담은 만천명월주인옹이 택한 누수漏水 없는 권력 이양 작업이었습니다.

정조는 통치 스타일이 너무나도 사적私的이었습니다. 법에 의한 통치 법치法治보다 사람을 다스려 통치하는 인치人治로 국정을 운영했습니다. 그런 지도자의 죽음은 진공에 가까운 권력 공백을 낳고, 그 공백을 두려워한 지도자는 다시 시스템 대신 사람을 택하고 말았습니다. 권력을 위해, 정조는 엄청난 선택을 하고 죽었습니다.

그런데. 어쩌면 정조에게는 더 장기적인 계획이 있었는지도 모릅니다. 단순히 아들을 보호하겠다는 아비 된 심정을 넘어 성리학적 세계를 완벽하게 구축하려는 그런 계획.

사돈이 된 김조순의 아버지 이름은 김이중金履中입니다. 김이중은 1786년 병오소회 때 사상 통제를 주장했던 대사헌 김이소의 사촌입니다. 김이중은 또 다른 벼슬아치와 사돈을 맺고 자기 아들 김조순을 장가보냅니다. 사돈이 된 이 벼슬아치 이름은 심건지沈健之입니다. 심건지는 병오소회 때 김이소와 함께 사상 통제를 주장한 대사간 심풍지의 친형입니다. 그러니까 병오소회 때 사상 통제를 주도한 두 집안이 사돈을 맺고 나온 사람이 김조순, 그 딸이 순조비라는 이야기입니다. 정조에서 세도정치로 흘러온 경로는 그러합니다.

김조순의 집권은 17세기 이래 200년간 조선의 정신을 지배한, 척화파 김상헌을 상징으로 한 의리명분론의 승리였고 영조를 옹립한 노론의 승리였습니다.[153]

 사위인 순조 뒤에서 김조순은 총융사, 병조판서, 형조판서, 예조판서, 이조판서, 대제학 등 요직을 섭렵한 뒤 1802년 딸 혼례식을 치르고 순조 장인이 됩니다.[154] 뒤를 이은 헌종, 철종도 김조순과 같은 장동 김씨가 차지합니다.

 역사는 비정합니다. 사적인 지도자가 택한 또 다른 인치는 비극을 낳습니다.

 1863년 고종을 앞세운 흥선대원군이 권력을 장악할 때까지 소년왕과 처족이 연합 집권한 60여 년을 '힘 세[勢]'자를 쓰는 '세도정치 시대'라고 합니다. 바다에는 산업혁명으로 무장한 서양 이양선異樣船이 출몰하고 땅에는 민란이 폭발하던 때였습니다. 온 세상이 부국과 강병을 위해 근대로 돌진하는 사이 허수아비 소년왕을 앞세워 그 처가집 가문이 백성과 국가 자산을 마음대로 처분해 자기 가문 곳간을 채워나간 시대입니다. 조선왕국 19세기는 그렇게 시작됐습니다.

17

나폴레옹 대관식과
소년왕 순조의 강의

1804년 12월 2일
[나폴레옹 황제 대관식]

1807년 12월 19일
[순조, '군사'를 버리라고 충고받다]

국가 간 이기심끼리 충돌할 때 전쟁이 터집니다. 전쟁과 전쟁 사이를 평화라고 합니다. 누적된 지성知性은 전쟁을 효율적으로 수행할 방법을 찾아냅니다. 근대사에서 전쟁과 전쟁 사이 기간은 평화와 평화 사이보다 훨씬 짧습니다. 근대는 주술과 신의 권위에 눌려 있던 인류의 이기심이 폭발한 시대였습니다. 효율적인 전쟁은 다시 지성을 발동시켜 전쟁 대신 비폭력적인 경로로 이기심을 충족할 길을 찾아내지요. 근대는 바로 이 지성과 전쟁이 서로를 증폭시킨 시대였습니다. 갈등을 최소화하고 서로 간 이기심을 만족시키기. 장면12 에서 보셨던 증기기관차는 바로 그 지성사와 전쟁사 한가운데에서 탄생한 도구입니다. 도덕률과 윤리로 재단할 수 있는 시대는 끝나고 있었습

자크 루이 다비드 작품 나폴레옹 대관식. 나폴레옹이 아내 조세핀에게 왕관을 씌우는 모습.
/프랑스 루브르박물관

니다. 그 장엄한 19세기, 조선과 세계에는 무슨 일이 벌어졌을까요.

나폴레옹, "나는 교황 위의 황제로다"

1800년 정조가 죽고 아들 순조가 즉위합니다. 앞 장면에서 봤듯,
순조라는 왕이 엄연히 존재했지만 실질적인 권력자는 장인 김조순과
그 안동 김씨 세력입니다. 60년 넘도록 계속된 세도정치 시대, 권력

은 몇몇 가문이 독점했고 국가 자원은 그 가문을 위해 소비됐습니다.

폭풍우가 몰아치듯 세상은 바뀌고 있었습니다. 멀리 15세기 문을 연 대항해시대는 19세기에 이르러 동아시아까지 문을 열게 만들었습니다. 이제 이 교류에 동참하지 않으면 국가 존립이 위태로운 때가 닥쳤습니다. 유럽으로 가봅니다.

1792년 9월 21일, 프랑스 혁명정부는 입헌군주제를 폐지하고 제1공화국을 설립합니다. 4개월 뒤인 1793년 1월 21일, 프랑스 루이16세가 단두대에서 처형됩니다. 당통 로베스피에르가 이끄는 혁명정부는 이상주의에 사로잡혀 '공포정치Reign of Terror'를 실시하죠. 자기네 이념을 주입하기 위해 대중을 공포 속에 박제해버리고 세상에는 체포와 투옥, 고문과 처형이 난무하는 시대였습니다. 공포를 뜻하는 프랑스어 'Terreur'는 훗날 '테러리즘'의 어원이 됩니다.

혁명을 강화하려는 공포정부 의도는 국경을 넘습니다. 대륙 전역에 혁명을 퍼뜨리려고 합니다. 입헌군주제를 지켜보던 각국은 단두대에 오르는 루이16세를 보며 대프랑스 동맹을 결성합니다. '1차 대프랑스 동맹'이라고 합니다. 전쟁이 터집니다. 유럽은 절대왕정과 시민민주정의 투쟁 공간으로 변합니다.

그 전쟁을 프랑스 승리로 이끈 사람이 포병 장교 보나파르트 나폴레옹입니다. 자유와 박애와 평등이라는 혁명 이념이 알프스를 넘고 피레네 산맥을 넘습니다. 공포정치에 질린 프랑스 시민들은 이 젊은 장교에게 환호합니다. 환호한 사람은 또 있습니다. 루트비히 판 베토벤입니다. 베토벤은 혁명정신 수호자 나폴레옹을 위해 교향곡을 작곡합니다. 3번 교향곡. 제목은 〈보나파르트〉입니다.

1800년 쿠데타를 일으킨 나폴레옹은 임기 10년인 제1통령에 선출됩니다. 그리고 알프스를 넘어 이탈리아로 진격합니다. 대프랑스동맹을 격파하고 프랑스는 막대한 영토를 전리품으로 챙깁니다.

그 사이 나폴레옹 정부는 세금과 행정, 산업기반은 물론 교육과 법제도까지 프랑스를 근대적으로 혁신합니다. 1804년에 만든 나폴레옹법전은 법 앞에서의 평등과 경제활동의 자유를 규정한 근대 민법의 뿌리입니다. 물론 막강한 군사력을 무기로 식민지 확장이라는 제국주의적 행각을 멈추지 않았죠.

1804년 왕정복고를 꿈꾸던 왕당파가 대거 적발돼 처형됩니다. 위기를 느낀 나폴레옹은 1804년 7월 국민투표를 통해 공화정을 폐기하고 왕정복고를 결정한 뒤 그해 12월 2일 프랑스제국 황제로 취임합니다.

교황 비오7세가 대관식을 위해 파리에 왔습니다. 교황이 왕관을 씌우려는 순간 나폴레옹은 왕관을 받아 스스로 자기 머리에 씁니다. 1543년 3월 코페르니쿠스가 발표한 지동설처럼, 주술과 신의 권위를 부정하는 결정적인 장면입니다.

궁중화가 자크 루이 다비드는 바티칸과 갈등을 피하기 위해 나폴레옹이 왕관을 벗어 부인 조세핀에게 주는 모습으로 작품을 완성했습니다. 하지만 다음 페이지의 스케치 원안을 보시기 바랍니다. 교황으로부터 왕관을 빼앗아 머리 위로 올리는 저 세속 군주 모습을. 바티칸은 물론 참석한 각국 사절은 경악하죠.

〈보나파르트〉를 위해 곡을 짓던 베토벤 역시 경악합니다. 실망한 베토벤은 1807년 곡을 완성하고 제목을 〈보나파르트〉 대신 〈영웅Eroica〉

으로 바뀌버립니다. 정확한 제목은 〈Eroica symphony: composta per festeggiare il sovvenire di un grande Uomo〉, 〈한 위대한 인물에 대한 기억을 기리는 영웅 교향곡〉입니다.[155]

막강한 권력으로 혁명 정신을 곳곳에 퍼뜨리고 다니는 이 모순적 군주. 그리고 그 근대정신 감염을 거부하는 전 유럽 국가. 와해됐던 대프랑스동맹은 이제 나폴레옹에게로 향합니다. 대프랑스동맹과 프랑스제국 사이에 벌어진 전쟁을 나폴레옹전쟁(1803~1815)이라고 합니다.

자크 루이 다비드의 스케치 원안. 나폴레옹이 왕관을 교황으로부터 빼앗아 치켜드는 모습이다.
/프랑스 루브르박물관

조선, "군사를 버리면 이깁니다"

딱 그 무렵 조선입니다. 형편없이 추락한 허수아비 권력, 세도정치 굴레에 묶인 소년왕 순조가 하루는 묻습니다. 1807년 12월 19일 정례 낮 강의 시간입니다.

"군사와 식량과 믿음 세 가지 가운데 만약 적을 만나 대처하고 있을 때 부득이 버려야 한다면 무엇을 버려야 하는가."

세도정치 장동 김씨 세력 가운데 하나인 특진관 김이영金履永이 답합니다.

"한나라 때 장판교 전투에서 군사와 식량이 다 떨어졌지만 10만여 군사와 백성이 배반하지 않는 것은 믿음 덕분이었나이다."

젊은 순조가 되묻지요.

"내 질문을 잘못 알아들은 게 아닌가? 만일 세 겹으로 포위돼 목숨이 위태롭다면 어떡하든 한쪽을 뚫어 탈출해야 할 것 아닌가. 그럴 때 뭘 버려야 하는가를 물었다."

임금을 가르치는 시독관 서유망이 다시 대답합니다.

"그럴 때에도 믿음은 버릴 수 없나이다."[156]

백성에 대한 신의와 군주에 대한 신의만 있으면 군사도 식량도 필요 없이 위기를 탈출할 수 있다는, 뜬구름 잡는 도덕론입니다.

이 이야기는 공자 제자들이 정리한 공자 어록, 《논어》 안연편에 나오는 내용입니다. 공자 제자 자공이 묻습니다. "정치가 무엇인가." 공자가 말합니다. "충분히 먹게 하고, 충분한 군비를 갖추고, 백성의 신뢰를 얻는 것이다." 자공이 또 묻죠. "부득이하게 하나를 포기해야 한다면 셋 중 무엇을 포기해야 하나?" 공자가 답합니다. "군사를 포기한다." 자공이 거듭 묻습니다. "부득이 또 포기해야 하면 뭘 버려야 하는가?" 공자가 말합니다. "먹는 거다. 자고로 모든 것은 소멸한다. 백성들로부터 신뢰를 얻지 못하면 나라가 설 수 없다."[157]

도덕이 유효하던 춘추시대가 끝나고 반윤리적 전쟁이 난무하던 전국시대가 시작했습니다. 공자는 강상의 윤리가 땅에 떨어졌다고 한탄하며 신뢰가 도덕국가를 건설할 수 있는 최고의 무기라고 선언합니다. 강병과 부국을 포기하더라도 신뢰와 도덕은 버릴 수 없다고 주장합니다.

이민족에게 판판이 깨지던 12세기 송나라 때 성리학자 주희는 이렇게까지 말합니다.

'백성이 먹지 않으면 반드시 죽지만 죽음이란 사람이 반드시 피할 수는 없는 것이다. 믿음이 없으면 비록 살더라도 자립할 수 없으니 죽어 편안해지는 것만 못하다. 죽을지언정 백성에게 믿음을 잃지 말 일이며

백성 또한 죽게 할지언정 나에게 믿음을 잃지 않게 하는 것이다.'[158]

공자는 기원전 551년에 태어나 기원전 479년에 죽었습니다. 문명 연대기로 무슨 시대인지 아십니까. 자그마치 '청동기시대'입니다.

순조가 통치하던 그 시대는 바야흐로 철로 만든 거대한 기차가 철로 만든 길을 통해 철로 만든 대량 살상무기를 대량으로 운송할 준비를 하고 있던 19세기 초입니다. 청동기시대 문인들이 책상머리에서 논하던 도덕률을 1,000년 뒤 '심화한' 주자도 문제거니와, 19세기에 순조에게 '신뢰를 저버리지 말라'고 타이르는 저 선비들은 도대체 무슨 생각을 한 걸까요. 주문을 달달 외면 총알이 비켜나간다고 했던 동학 농민들보다 더 주술스럽습니다.

부활하지 못한 북학파

성리학 이외 학문을 억압한 왕에 이어 젊은 왕이 등극했으니, 어쩌면 학문 최소한 북학파가 부활해 이런 구닥다리 모순을 극복할 수 있지 않을까요. 불행하게도 세도정치를 시작한 김조순은 북학파에게 호의적이지 않았습니다.

김조순은 패관잡기 유통 주범인 연암 박지원을 이렇게 비난합니다. "박지원은 《맹자》 한 장을 읽으라고 시키면 한 구절도 못 읽을 거다." 북학파 관료 서유구가 "박 어른은 반드시 《맹자》 한 장은 지을 수도 있다"고 스승 박지원을 두둔합니다.

그러자 김조순이 이리 답합니다. "그대가 이 정도까지 문장을 모르

古畜何処在
來尋小塔雨

1803년 《탑동연첩》에 실린 김조순 찬양 야회 그림. 위쪽 흰 탑이 백탑파를 상징하는 원각사탑이다. /서울역사박물관

는구나. 내가 있는 동안 홍문관과 예문관에 근무할 생각 말라."[159]

　정조가 택한 김조순은 실용과 실리보다는 명분과 의리를 높이 치는 인물입니다. 게다가 북학파에 공공연히 적의를 보이던 인물이니 근대와는 거리가 멀 수밖에 없지요. '고위 벼슬' 운운하는 김조순에게 서유구는 "그런 벼슬은 바라지 않는다"고 대답하곤 위대한 백과사전 《임원경제지》 저술에 몰두합니다.

　1803년 8월 18일 북학파의 또 다른 이름, '백탑파'의 상징인 희디흰 원각사지 탑 장면 07 이 보이는 자줏골(현 서울 창신동) 산중에서 훈련대장 김조순 휘하 무관 108명이 시회詩會를 열었습니다.[160] 그 풍경을 그린 그림과 글이 남아 있습니다. 글과 그림을 모은 시화집 제목은 《탑동연첩塔洞宴帖》입니다. 시화집 서문에 이렇게 적혀 있습니다. '영안부원군 김조순 님께서 특별히 은택을 베푸시니, 죽을 곳을 알지 못할 지경이다[不知死所, 부지사소].' 그림 속에도, 글에도, 탑동을 주름잡던 백탑파는 보이지 않습니다. 근대도 보이지 않습니다. 조선을 바깥세상과 절연시켜버린 절대 권력만 보입니다.

18

억류됐던 필리핀 어부들과
홍어 상인 문순득

1802년 2월 20일
[홍어장수 문순득 조난]

1809년 8월 7일
[필리핀 어부들 귀환]

"비처럼 눈물을 흘렸다"

1809년 8월 7일 조선에 살고 있던 필리핀 어부 세 명이 고향으로 돌아갑니다. 이들은 8년 전인 1801년 풍랑을 만나 조선에 표류했던 사람들입니다. 문제는 언제라도 돌아갈 수 있었던 사람들이 '의사소통 불능' 상태에 빠져 8년 동안 갇혀 있었다는 사실입니다. 실록을 볼까요.

'표류인들을 청나라 심양 정부 허가를 받고 본국으로 송환시키라고 명했다. 이들은 1801년 신유년에 제주에 표류한 사람들인데, 하는 말이 모두 알아들을 수 없는 오랑캐들 말이었다. 나라 이름을 쓰게 했더니 '막가외莫可外'라고만 하여 어느 나라 사람인지를 알 수가 없었다.'[161]

1801년 표착 보고를 받은 조선정부는 즉시 이들을 공무원을 동행해 청나라 심양으로 보냅니다. 가는 길에 한 사람이 죽습니다. 그런데 이듬해 청나라 정부는 '어느 나라 소속인지 알 수 없다'며 이들을 조선으로 돌려보내죠. 이들이 제주도에 머무는 동안 남은 네 명 가운데 한 사람이 또 죽습니다.

자, '두 가지' 이유로 외국 어부들이 자그마치 8년 동안 귀환을 하지 못했다는 이야기입니다. 우선 이들이 어디서 온 사람들인지 알지 못했다는 사실, 그리고 이들을 송환시키려면 '청나라 정부 허가'가 필요했다는 사실.

훗날 알고 보니 이들은 여송국呂宋國, 필리핀 사람들이었고 이들이 말한 '막가외'는 필리핀을 부르는 다른 말이었습니다. 일단 이 두 가지 사실을 파악하는 데만 6년이 걸립니다. 1807년 실록에는 이렇게 기록돼 있습니다.

'때마침 류큐(琉球: 오키나와)에서 표류해 온 사람이 있었는데, 이들이 류큐 표류인을 보고서 발광을 하며 소리를 질러대다가 몇 마디 말을 나누었다. '막가외'라는 말에 표류인들이 넓적다리를 치고 뛰쳐나가 소리를 지르고 머리를 조아리면서 눈물을 비처럼 흘렸다.'[162]

다섯 가운데 두 명 죽고 셋 남은 어부들이 6년 만에 말문이 트였으니 얼마나 기뻤을까요. 그때 조선 관리들은 이들이 필리핀 사람이라는 사실을 알게 됐습니다. 그런데 이 같은 제주 목사 보고에 조정에서는 이렇게 결론을 내립니다.

"제주도에서 직접 청나라에 보고하는 전례가 없으니 비변사에서 다루겠다."

비변사가 이렇게 보고합니다. "이들이 필리핀 사람이라는 류큐 사람 말을 경솔하게 믿을 수 없다. 청나라로 가는 사신 편으로 보고서를 보내고 회답에 따라 처리하겠다."

바다를 다니며 무역을 하는 섬나라 류큐 사람 말은 믿지 못하겠답니다. 6년 만에 찾아온 귀국길은 닫히고 맙니다. 비변사가 "류큐 사람 편으로 직접 귀향시켜도 나쁘지 않겠다"고 덧붙였지만 그러는 사이에 류큐 사람들은 배를 타고 떠나버립니다.

"미친 듯이 바보처럼 측은하게 울었다"

2년이 지난 1809년 여름, 조선 정부가 이들이 필리핀에서 온 사람들이라는 사실을 확인하게 된 사건이 벌어집니다. 다시 실록을 보겠습니다.

'흑산도 사람 문순득文順得이 표류해 여송국呂宋國에 갔는데, 그 나라 사람 생김새와 의복, 언어를 기록해 뒀었다. 그런데 제주에 표류된 사람들 용모와 복장이 대략 비슷하였으므로 여송국 말로 문답하니 절절이 딱 들어맞았다.'[163]

2년을 제주도에서 허송세월하던 필리핀 사람 세 명에게 복음이 찾아온 겁니다. 필리핀에 표류했던 문순득이라는 사람이 이들이 필리핀인임을 확인시켜줬다는 겁니다. 문순득이 남겨놓은 필리핀에 관한 기록을 제주 관리들이 찾아보았고, 그 기록에 나온 필리핀 말이 이들이 하는 말과 비슷했다는 겁니다. 그래서 제주도 관리들이 문순득을 제주도로 부릅니다. 대화 장면이 이렇게 묘사돼 있습니다.

'그리하여 (그들이) 미친 듯이 바보처럼 정신을 못 차리고서 울기도 하고 외치기도 하는 정상이 매우 딱하고 측은하였다. 그들이 표류되어 온 지 9년(실제로는 8년입니다) 만에야 비로소 여송국 사람임을 알게 되었는데, '막가외' 또한 그 나라 다른 이름이었다.'

그리하여 이들은 다시 한번 조선정부가 '청나라 정부에 보고서를 보내고 난 뒤' 제주에서 필리핀으로 떠났습니다. 8년 만의 귀향입니다.

홍어 상인 문순득의 길고 긴 여행

필리핀 어부들을 생환시킨 문순득은 홍어 장수입니다. 사는 곳은 전라도 우이도(지금 소흑산도)입니다. 1802년 2월 20일, 전남 태사도(대흑산도) 앞바다에서 풍랑을 만나 3월 3일 류큐에 도착한 이래 필리핀, 마카우, 북경을 거쳐 1805년 2월 7일 우이도 고향 집으로 돌아올 때까지 만 3년 동안 본의 아니게 해외여행을 한 상인입니다.[164] 작은아버지 문호겸, 동료 이백근, 박무청, 이중원과 어린 소년 김옥문도 함께였습니다.

문순득이 귀향했을 때 흑산도에는 기독교를 믿었다는 혐의로 정약용 형 정약전이 유배 중이었습니다. 정약전은 문순득의 경험과 그가 가지고 온 각종 자료를 토대로 《표해시말漂海始末》이라는 글을 지었습니다. 19세기 초 그 누구도 경험하지 못한 해외 문물과 세상 모든 일들을 기록하고 말겠다는 유배 지식인의 열정이 결합한 작품입니다. 문순득은 '글에 능한 것은 아니나 사람됨이 총명함과 재능이 있었다'고 합니다.[165] 정약용 제자 이강회에 따르면 정약전은 그에게 '天初(천초)'라는 자字를 지어주고 정약용은 그 아들에게 '呂還(여환)'이라는 이름을 지어줬다고 합니다. '천초'는 그가 경험한 일들은 당시 조선에서 유례가 없는 일들 투성이어서 '하늘 아래 너가 처음'이라는 뜻이고 '여환'은 여송국에서 돌아왔다는 뜻입니다.[166] 정약전이 쓴 '표해시말'도 이 이강회가 쓴 문집 《유암총서柳菴叢書》에 실려 있습니다.

과연 문순득은 참으로 다양하고 깊은 경험을 합니다. 필리핀, 청나라 남쪽 마카우와 북경에 이르기까지 이 총명한 사내는 그 경험을 기억하고 기록하고 자료를 모아 귀국하지요.

천초, 왜 하늘 아래 처음이냐.

'신해박해' 기억하십니까. 장면 11 정조시대에 시작된 천주교 탄압은 외국에서 들어오는 문물 일체를 금지하는 쇄국책으로 발전합니다. 그러니 이미 스페인 식민지가 된 필리핀은커녕 중국 지방 문물도 모두 조선에는 처음입니다. 이런 쇄국과 폐쇄성이 필리핀 어부들이 8년 동안 고생하게 된 가장 큰 원인입니다. '천초'라는 근사한 이름에는 이런 안타까움이 숨어 있습니다.

문순득이 가져온 각종 정보는 정약전에 의해 표류 노정, 표류 지역 풍토, 조선말과 류큐말, 필리핀말 비교까지 체계적으로 기록됐습니다. 그 기록을 토대로 정약용은 《경세유표》에 금화와 은화를 주조해 화폐 유통을 편리하게 하는 법을 저술합니다. 그 기록을 토대로 정약용 제자 이강회는 조선 범선과 유럽 범선을 비교분석한 글을 저술합니다. 또 전남 영암인 달량부에 외국선박 무역항을 설치하자고 주장합니다.[167] 이 모든 주장이 문순득이 가져온 바깥 문물 정보 덕분에 가능했습니다.

문제는 여기 있습니다. 정보 수집과 기록, 상업적 유통 그리고 무역. 이게 19세기에 본격적으로 문을 연 '근대'의 핵심요소입니다. 유럽의 근대는 이 정보와 화폐와 무역을 '국가'와 국가를 주도하는 집단이 장악했기 때문에 가능했습니다. 그 유럽을 흉내 내 소위 '국가 총력전'으로 근대를 향해 달려간 나라가 일본입니다.

아쉽게도 조선에서는 그 주체들이 얼떨결에 해외를 경험한 상인과 그 상인 마을에 유배돼 있던 비주류 학자들입니다. 당시 조선을 책임진 정치가들은 《표해시말》, 《경세유표》 같은 앞에 소개한 책들을 단 한 글자도 읽지 않았습니다. 흑산도 궁벽한 섬과 깊숙한 강진 산중 초당에서 자기들끼리 돌려보고 감탄하고 끝나버린 책들이었죠.

세도정치 시대 전 세계는 뜨거울 정도로 맹렬하게 움직이고 있었습니다. 때로는 폭력적으로 때로는 부드럽게 서로 부딪치며 서로를 확인하고 서로를 흉내 내며 과거와 전혀 다른 시대를 창조하고 있었지요.

그 작업을 '교류'라고 합니다.

그 교류가 만든 신세계를 '근대'라고 합니다.

문순득과 정약전과 정약용은 어설프게나마 근대라는 낯선 냄새를 맡았던 사람들입니다. 불행하게도 눈과 귀가 고장 나 있던 조선 정치인들은 후각까지 마비돼 있었습니다.

"싸돌아다니니 가난하지"

앞에서 필리핀 어부들을 문순득이 살려줬다고 말씀드렸습니다. 그 실록 기록을 다시 볼까요?

'문순득이 표류되어 여송국에 들어갔었는데, 그 나라 사람 형모와 의관을 보고 그들 방언을 또한 기록하여 가지고 온 것이 있었다. 이를 전라 감사 이면응과 제주 목사 이현택이 사유를 갖춰 보고했다.'[168]

1809년에 저 전라감사와 제주목사가 언급한 '그들 방언을 기록한' 자료는 문순득 본인이 만든 기록입니다. 필리핀 어부 처리 문제로 골치를 썩이던 두 지자체장이 수소문 끝에 문순득을 찾아낸 겁니다. 그리고 자랑스럽게 중앙정부에 보고하고 이들을 '청나라 보고를 거쳐' 돌려보낸 겁니다. 《표해시말》에는 그때 문순득이 토해낸 심정이 이렇게 적혀 있습니다.

'광동 막가외는 하늘 아래 기천만 화동인이 모여 가득한데 제주에 갇히게 되었으니 이 사람들 심정은 어땠을까. 내가 나그네로 떠돌기 삼년, 여러 나라 은혜를 입어 고국으로 살아 돌아 왔는데 저 사람들은 아직도 제주에 있으니 안남, 여송인이 우리나라를 어떻게 말하겠는가. 정말 부끄러워서 땀이 솟는다.'[169]

문순득은 이렇게 덧붙입니다.

'다른 나라는 우리나라와 달라 중국, 안남, 여송 사람들이 서로 같이 살며 짝을 지어 장사를 하는 것이 한 나라나 다름없다. 하물며 안남과 오문은 서로 그리 멀지 않고 함께 배를 타고 함께 장사를 하니 이상한 일이 아니다. 내 입속에서는 광동廣東과 마가외馬哥外가 끊이지 않는다.'[170]

문순득은 그 마카우에서 한 데 어울려 무역을 하는 만국인을 보았고, 그게 전혀 이상하지 않다고 합니다. 하지만-.

문순득 일행이 청나라 북경에 머물고 있던 1804년 10월 31일, 조선 사신이 북경에 도착합니다. 청나라 책력冊曆을 받으러 온 사신들입니다. 이들 가운데 한 사람이 문순득 일행을 만납니다. 이름이 전해지지 않는 이 사람은 '표류주자가漂流舟子歌'라는 접견기록을 남깁니다.

'그들은 천하를 훌륭히 구경했다고 할 만하건만 무식한 탓에 만분의 일도 기록하지 못했으니 애석하다.'[171]

우습습니다. 글 좀 쓴다고 거들먹거렸을 저 필자는 이들이 가지고 있던 방대한 자료를 기록으로 보지 않았던 거지요. 이 이름 모를 시신은 이들을 보고서 이런 시도 씁니다.

흑산도 민속은 매우 어리석어
바다에서 이익을 쫓느라 대부분 곤궁하구나

자기 나라 달력을 만들지 않고 황제국 청나라에서 달력을 받아가야 했던, '황제국 눈치 보고 살던' 조선입니다. 가난 정도는 논할 가치도 없던 나라 조선입니다. 교류를 포기하고 400년 넘도록 나라 문을 닫아놓은 결과 탄생한 기이한 무식입니다.

조선 건국 10년 뒤인 1402년 태종 명에 의해 세계지도 한 장이 제작됩니다. '혼일강리역대국도지도混壹疆理歷代國都之圖'라고 합니다. 몽골과 이슬람 지도를 참고해서 제작한 세계 각국 수도를 그려넣은 지도입니다. 대한민국 규장각에 그 정밀 모사본이 있고 원본은 일본에 있습니다. 보십시오. 세-계-지-도-입니다. 어마어마하게 크게 그려놓은 중국과 조선 그리고 두 나라를 제외한 나머지 작은 세계입니다. 400년 뒤인 1809년 조선 지식인들이 알고 있는 세계는 얼마나 달랐을까요. '무식하고 곤궁한' 문순득이 겪은 세계는 또 얼마나 달라져 있었을까요.

1402년 제작된 혼일강리역대국도지도. 중국과 조선이 터무니없이 부풀려진 '세계지도'다. /규장각한국학연구원

19

유배된 나폴레옹과
충청도 관리의 갓

1816년 9월 10일
[영국 알세스트호 충청도 도착]

1817년 8월 11일
[알세스트호 선장 세인트 헬레나 기항]

1817년 8월 11일입니다. 바실 홀Basil Hall이라는 영국 사람이 세인트 헬레나Saint Helena 섬에 도착합니다. 세인트 헬레나 섬은 북아프리카 앙골라 서쪽 해안에서 2,800km 떨어진 남대서양 절해고도입니다.

섬에는 거물이 살고 있었습니다. 거물 이름은 보나파르트 나폴레옹입니다. 나폴레옹은 그때 모든 권력을 잃고 이 섬에 유배 중이었습니다. 홀의 아버지 제임스 홀은 나폴레옹의 군사학교 후배였습니다. 그래서 홀은 아버지 인연을 핑계로 나폴레옹을 면담할 기회를 얻게 된 거지요.[172] 홀이 가지고 있던 그림 가운데 한 장에 나폴레옹 관심이 쏠립니다.

"우와 무슨 이렇게 큰 모자가 다 있나?"

나폴레옹이 본 그림에는 조선 사대부가 그려져 있었습니다 나폴레옹이 놀란 그 큰 모자는 갓입니다. 홀에 따르면 그 모자는 지름이 3피트(약 90센티미터)였습니다.[173] 최근 한류 드라마가 유행하면서 갓에 대한 인기도 엄청 높아졌지요. 나폴레옹은 그 조선 갓을 맨 처음 본 몇 안 되는 외국 사람입니다. 자 영국인 바실 홀은 어떻게 조선 사람을 만났고 이유는 무엇이었을까요.

실각한 나폴레옹

장면 16 에서 보셨던 것처럼 나폴레옹이 황제에 등극하자 모든 유럽 국가는 나폴레옹을 상대로 동맹을 결성합니다. 전 대륙이 전쟁터로 변신하지요. 1814년 3월 31일 프랑스 수도 파리가 함락됩니다. 나폴레옹은 퐁텐블로 조약을 맺고 지중해에 있는 프랑스령 엘바섬으로 추방됩니다. 연합국은 나폴레옹에게 황제 지위를 유지시켜주고, 대신 그 영지를 엘바섬에 한정시킵니다. 엘바섬에 사는 사람은 1만 2,000명이었습니다. 더군다나 프랑스 정부는 황제에게 약속한 연금도 지급하지 않았습니다. 대륙을 호령했던 황제, 만족할 리가 없겠죠?

1815년 2월 26일, 나폴레옹이 엘바섬을 탈출합니다. 프랑스인들의 열렬한 환호 속에 파리로 입성한 나폴레옹은 워털루 전투에서 연합군에 패배합니다. 단 100일 만에 권력을 다시 잃어버립니다. 연합국은 나폴레옹을 아프리카 서쪽 영국령 세인트 헬레나 섬으로 유배를 보내버립니다.

하지만 나폴레옹이 퍼뜨렸던 근대와 자유에 대한 욕망은 유럽 전

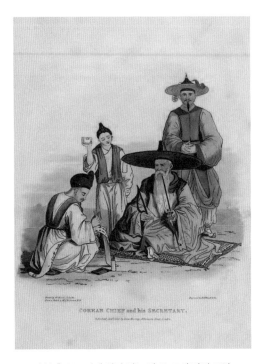
바실 홀 보고서에 실려 있는 갓 쓴 조선 관리 그림.

역에 퍼지고 난 다음이었습니다. 더 이상 구체제를 원하거나 구체계를 유지하려는 욕심은 통하지가 않았죠. 바로 그 절해고도 세인트 헬레나에 영국 군인 바실 홀이 찾아간 겁니다. 커다란 갓을 쓴 조선인 그림을 가지고 말이죠.

이양선의 시대

19세기 조선은 이양선의 시대였습니다. 이양선異樣船은 모습이 다른 배를 뜻합니다. 조선 선박과 규모와 무기가 차원이 다른 서양 선박들이 서해와 동해, 남해에 출몰합니다. 이들은 저 유럽에서 일본을 거치고 중국을 거쳐서 조선을 탐사하러 온 배들입니다. 때로는 통상을 요구하기도 했고 때로는 자기네들의 식민지를 찾는 배이기도 했습니다.

1653년 네덜란드 동인도 회사 소속 스페이웨르 호가 제주도에 도착한 적이 있었습니다. 그 배에는 우리가 잘 알고 있는 하멜이 타고 있었지요. 이후 서양과 관계가 없었던 조선 바다에 이양선들이 출몰하기 시작합니다. 정조에서 순조로 넘어가는 18세기 말과 19세기 초에는 마치 물을 쏟아붓듯 이양선 출몰이 사태를 이뤘습니다.

1816년 영국이 청나라로 보낸 특사 윌리엄 암허스트William Amherst가 중국 천진에 도착합니다. 그가 탄 배 이름은 알세스트Alceste호였고, 작은 범선 라이라Lyra호가 수행했습니다. 알세스트호 선장이 해군 대령 바실 홀입니다. 특사 암허스트가 북경으로 가서 황제를 만나려고 대기하는 동안 두 배는 조선을 탐사하기로 결정합니다. 그래서 그해 9월 1일부터 10일까지 열흘 동안 영국 군함은 백령도에서 남하하며 서해안을 샅샅이 탐사합니다. 이들이 충청도에 도착한 장면을 실록은 이렇게 기록합니다.

'마량진 갈곶 밑에 이양선 두 척이 표류해 이르렀습니다. 첨사 조대복과 비인현감 이승렬이 연명으로 보고하기를 '표류하여 도착한 이양선을 인력과 선박을 많이 사용하였으나 끌어들일 수 없었습니다. 그래서 첨사와 현감이 작은 배가 떠 있는 곳으로 가서 먼저 한문으로 써서 물었더니 모른다고 머리를 젓기에 언문으로 써서 물었으나 또 모른다고

손을 저었습니다.''[174]

이들이 배에서 확보한 문서에는 이렇게 적혀 있었습니다.

'우리 영길리국(영국)에서 배 5척으로 영국왕 사신과 수행원들을 보냈는데(중략) 왕의 사신이 돌아오기를 기다려 귀국하려고 합니다.'

그래서 조선 사람들은 이 배 국적이 영국인 사실을 알게 됐지요. 두 배가 상륙한 장소는 충청도 마량진입니다 지금의 서천군입니다. 그런데 홀이 남긴 기록에 따르면 조선 사람들은 친절했지만 태도가 이상했다고 합니다.

'하지만 그 지도자는 우리를 가리키며 먹으라는 시늉만 했고 자기 손으로는 자기 목을 긋는 표시를 했다. 아마 우리들은 마음대로 먹되 자기는 이제 목숨이 위기에 처했다고 말하는 것 같았다.'
'가끔씩 그 지도자는 우리에게 무언가를 말하려고 했다. 태양을 가리키면서 동과 서를 두 번씩 가리켰다. 끝날 때마다 그는 마치 잠이 드는 것처럼 눈을 감았다. 우리들 중에 어떤 사람은 이틀 뒤면 자기가 죽으리라고 말하는 거라고 해석하기도 했다.'[175]

무슨 말일까요. 홀이 지도자라고 했던 이 사람은 마량진 첨사 조대복입니다. 군인입니다. 왜 이 사람들은 자기가 이제 죽었다 하고 눈물을 흘리기까지 했을까요.

충청 수사 이재홍이 정부에 올린 보고서에는 이렇게 적혀 있습니다.

'애당초 그들을 마음대로 머물게 놓아두고 재빨리 바다 밖으로 되돌아가게 하여 막중한 일을 증거를 들어 신문할 방도가 없게 만들었습니다. 마량 첨사 조대복과 비인 현감 이승렬의 죄상을 처리하게 하소서.'[176]

'신해박해' 기억나십니까. 1791년 정조가 서학을 금지하면서 시작된 천주교 박해입니다. 그 박해가 그해로 끝나지 않고 계속 이어집니다. 정조가 한번 뿌려 놓은 학문과 사상의 탄압, 종교 탄압은 이렇게 그칠 줄 모르고 계속됩니다. 순조 때에도 수많은 천주교도들이 목숨을 잃었습니다. 충청도에서 많은 천주교도들이 처형된 곳이 해미읍성입니다. 이후로도 천주교도들이 대거 처형된 곳이죠. 2014년 프란치스코 교황이 이 해미읍성을 방문하기도 했습니다.

조선 팔도에 몰아치는 사상 통제로 인해 첨사와 현감은 이 영국 군함을 환영할 수가 없었지요. 게다가 이들의 상륙을 막지 못했으니 저 지도자는 얼마나 가슴이 탔을까요. 그런데 이유는 또 있습니다.

외교를 할 권리가 없는 조선

16년 뒤인 1832년 7월 17일, 다른 영국 상선 암허스트호가 조선에 도착합니다. 이 배는 영국 동인도회사 소속 상선입니다. 이들을 만난 보고서가 실록에 자세하게 기록돼 있습니다. 이들이 조선을 찾은 목적은 통상 요구였습니다. 이들에게 조선 관리가 말하죠.

'조선은 중국의 번국藩國으로서 다른 나라와 사사로이 교린할 수 없다. 더구나 조선은 황제국 수도에서 500리 안쪽에 있는 탓에 크고 작은 일을 모두 아뢰고 알려야 하므로 임의로 할 수 없다. 너희들이 상국上國이 내린 문서도 없이 지금까지 없었던 교역을 강청하는 것은 매우 부당하니 요구에 응할 수 없다.'[177]

8월 11일 지루한 협상이 아무 결과 없이 끝났습니다. 암허스트 호는 "글러먹었다(evidently fruitless)"고 결론 내리고 잽싸게 철수해버립니다.[178]

끝이 아닙니다. 이듬해 2월 14일 청나라로부터 뜻밖의 선물이 도착합니다. 실록에는 이렇게 적혀 있습니다.

'영국 상선이 그 나라에 있으면서 교역을 하고자 하였으나 그 나라 지방관이 '번신藩臣은 외교권이 없다'며 여러 차례 타일러 상선이 물러갔다. 그 나라 국왕은 근실하게 번국 영토를 지켜 대의大義를 크게 밝히고 올바른 규범에 따라 법을 받들어 시종 변함이 없었으니, 그 성실함이 가상하다. 그 나라 국왕에게 망단蟒緞 2필, 섬단閃緞 2필, 금단錦緞 2필, 소단素緞 4필, 수자단壽字緞 20필을 내려 칭찬과 장려하는 뜻을 보이노라.'[179]

황실에 보고하고 단호하게 신하의 나라는 외교를 할 수 없다고 거

154

부했다고 상을 내린 겁니다. 상을 내린 주체는 청나라 황제도 아니고 청나라 외교 담당기관 예부禮部입니다. 포상 문서에는 '조선'이라는 국명도 없이 그저 '해당 국가(該國, 해국)'라고 표기돼 있습니다. 이게 근대를 맞이하고 있는 조선이 교역과 교류에 대해서 가지고 있었던 자세입니다.

얼마나 기가 막혔을까요. 오죽하면 '글러먹었다'고 일지에 기록했을까요. 나폴레옹을 찾아간 바실 홀은 그 어마어마한 모자를 쓴 조선인 그림을 보여주며 뭐라고 했을까요. 나폴레옹은 홀로부터 그림을 낚아채고는 반복해서 말합니다.

"와, 노인 봐봐. 저렇게 모자가 크고 수염도 기네. 하, 파이프도 길고. 방석은 중국 거로구먼. 옷도 중국옷이고. 아주 잘 그렸네!"[180]

1823년 7월 6일 네덜란드 학자 프란츠 폰 지볼트Franz von Siebold가 일본 나가사키에 있는 네덜란드동인도회사(VOC)에 파견됩니다. 나가사키에 있는 인공섬 데지마出島에는 VOC 대표부가 있었습니다. 인문학자이며 의사인 지볼트는 다른 네덜란드인과 달리 자유롭게 나가사키 시내를 출입하며 주민들과 지식인들로부터 열렬한 환영을 받습니다. 그가 VOC에 근무하던 1827년 3월 17일, 일본에 표류한 조선 강진 사람들을 만납니다. 허사첨, 김치윤 같은 이름도 등장하는데, 지볼트는 이들을 인터뷰해 조선에 관한 인문학적 정보를 수집한 뒤 자기 책《일본Nippon》(1852)에 기록합니다. 용모에서 역사, 언어와 풍습까지 다룬 방대한 기록입니다.

강진은 1653년 조선에 표류한 하멜 일행이 수용됐던 곳입니다. 1666년 하멜 일행은 이곳에서 13년 만에 탈출해 나가사키 데지마로 돌아가지요. 161년 뒤, 바로 그 데지마에, 그 하멜들이 살았던 바로 그 강진 사람들이 표류해 독일계 네덜란드 의사를 만났습니다. 세계는 변했음이 분명합니다. 무엇이 변했을까요. 조선은?

20

효명세자의 죽음과
꺼져가는 등불

1830년 6월 25일

[효명세자 사망]

순조 30년, 1830년 5월 6일 순조실록

묘시에 왕세자가 창덕궁 희정당에서 훙서하였다

卯時 王世子薨逝 于昌德宮之熙政堂(묘시 왕세자훙서 우창덕궁지희

정당)

　제가 읽어본 《조선왕조실록》 기록 가운데에서 가장 슬픈 문장입니

다. 왕이나 왕족, 귀족의 죽음을 '훙서'라고 합니다. 다시 한 번 읽어

보겠습니다.

'묘시에 왕세자가 창덕궁 희정당에서 훙서하였다.'

마지막 등불, 효명세자

여기 나오는 왕세자는 효명세자를 말합니다. 세도정치 문을 열었던 순조의 맏아들로, 순조 뒤를 이어 대리청정을 하고 있던 젊은 왕자입니다. 나이 열 살에 왕이 됐던 아버지 순조는 재위 기간 내내 세도정치가들로부터 견제를 받으면서 국정을 운영했습니다. 그 세도정치가는 다름 아닌 순조의 장인 김조순입니다. 김조순과 안동 김씨 가문은 순조를 앞에 세우고 자기들이 원하는 대로 국정을 끌고 나갔죠.

그런 친척들을 상대로 순조는 나름대로 왕권을 확보하고 국정을 운영하려고 노력했습니다. 하지만 그들을 뛰어넘는 권력을 차지하지 못했습니다. 그래서 순조는 1827년 3월 6일 서른일곱 살이라는 젊은 나이에 아들에게 권력을 물려주겠다고 결정합니다.[181] 왕위는 본인이 유지하되 실질적인 권력 행사는 세자에게 권한을 주는, 대리청정代理聽政 선언입니다. 병들었다는 이유를 내세웠지만 실제로는 기존 세도 권력가들로부터 상대적으로 자유로웠던 세자가 왕권을 확보하고 국정을 쇄신하리라는 기대를 걸었던 겁니다. 그때 효명세자 나이는 18세였습니다.

대리청정을 시키겠다고 발표하던 날 모든 대신들이 환영합니다. 대리청정은 왕이 가지고 있는 권력을 내려놓고 세자에게 일을 수행시키는 행위를 말합니다. 세자가 됐든 아니면 주변에 있는 신하가 됐든 일단은 극구 반대하기 마련입니다. 왕과 왕자는 혈연관계이기도 하지만 정적 관계이기도 합니다. 임진왜란 때 선조와 광해군이 그러했고 영조와 사도세자가 그러했습니다. 대리청정을 선언하는 왕을

효명세자 초상화. 1954년 부산 대화재로 불탔다. / 국립고궁박물관

찬양하는 행위는 권력에 도전하는 행위로 비치기 쉽습니다. 그런데 이때는 달랐습니다. 실록을 읽어 보겠습니다.

'신 등은 모두 기뻐서 발을 구르고 춤을 추었습니다.'(영중추부사 김재찬)

'세자께서 예덕이 날로 새로워지고 아름다운 소문이 계속돼 온 나라 신민이 목을 길게 늘이고 기대하지 않는 이가 없었습니다.'(판중추부사 한용귀)

'찬양하고 경축할 뿐입니다. 다시 무슨 상달할 말씀이 있겠습니까?'(판중추부사 남공철)[182]

모두 세도정치가 가지고 있는 모순을 잘 알고 있던 대신들입니다. 그래서 젊고 유능한 미래 군주 효명세자가 미리 권력을 인수받는 사실을 환영하게 된 거지요.

효명세자는 어떤 인물이기에 모든 이들이 큰 기대를 걸었을까요. 그리고 저는 왜 그 3년 뒤 왕세자가 새벽에 죽었다는 실록 기사를 슬프게 읽었을까요.

효명세자는 대리청정 직후부터 우현좌척右賢左戚 인사를 펼칩니다. 우현은 인재 우대, 좌척은 친인척 배제 인사를 뜻합니다. 자기 외할아버지인 세도가 김조순 측근들을 모두 파면하고 이들과 무관한 젊은 인재들을 등용합니다. 오랜 세월 정계에서 소외됐던 소론 인사들이 효명세자 밑으로 등용됩니다. 또 많은 과거 시험을 실시해 실력을 갖춘 인재를 등용합니다. 영조와 정조가 입에 달고 살았던 인사정책, 탕평책이 실질적으로 구현된 시대가 이 효명세자 대리청정시대입니다.

효명이 꿈꿨던 세상

효명세자가 원했던 세상은 무엇이었을까요. 여기에 소리도 없이 사라져 버린 북학파가 다시 나타납니다. 바로 연암 박지원과 그 손자 환재 박규수입니다.

효명세자는 이미 대리청정 이전 창덕궁에서 걸어나와 박지원 집을 찾은 적이 있습니다. 1825년입니다. 박지원 집은 지금 서울 계동언덕 중앙중학교 부근입니다. 박지원은 죽고 없었고 그 집에는 손자 박규수가 살고 있었습니다. 효명세자는 두 살 위인 박규수에게 글을 읽고 글씨를 써보라고 명하고는 크게 칭찬하고 격려한 뒤 심야가 된 다음에야 궁궐로 돌아갑니다. 또 대리청정 초기인 1827년 성균관에서 박규수를 만난 뒤 세자는 신하들에게 "박규수 글에 대해 사람들이 어찌 생각하더냐?"라고 주위에 물었다고 합니다.[183]

그리고 1829년 가을입니다. 효명세자가 신하들을 보내서 연암 박지원이 남긴 글을 올리라고 명령합니다. 박지원 아들이자 박규수 아버지 박종채는 책을 고를 방법이 없어서 상자에 있는 책 모두를 바쳤습니다.[184] 박규수 행장에 따르면 그때 효명세자는 "네 저술도 남김없이 모두 진상하라"고 명했다고 합니다.

그리고 다음 해 효명세자가 죽었습니다. 훗날 궁궐에서는 효명세자 유언에 따라 세자가 빌렸던 책들을 모두 돌려줬습니다. 그런데 박지원 아들 박종채가 책들을 점검해 보니 '매 권마다 종종 책장을 반쯤 접은 것이 많았으니 대개 옛 사실을 증거하고 경제를 강구한 종류에 대해서 세자 의도와 서로 부합하는 것이 있으면 표시를 한 것'들이었습니다.[185] 그리고 '즐길거리나 장난으로 지었다가 세상 사람들이 일컬어 마지않은 글에는 한 군데도 표시를 한 곳이 없었다'고 합니다.

이게 무슨 뜻일까요. 효명세자가 꿈꿨던 새로운 세상은 한 세대 전 북학파들이 꿈꿨던 부국강병의 나라였다는 뜻입니다. 박지원이 꿈꿨던 그리고 박제가와 이덕무가 꿈꿨던 그 새로운 세상, 그 설계도를 굳이 박지원 책들을 모두 빌려 공부하다가 문득 별이 된 겁니다.

세자가 죽기 전, 세자의 정책에 대해 불만을 품은 세력들이 국정 부실을 핑계로 반발하는 일이 벌어지기도 했습니다. 그러던 어느 날입니다. 1830년 6월 20일 세자가 병석에 눕습니다. 어떤 약을 써도 차도가 없었습니다. 6월 25일 순조가 "종묘와 사직, 경모궁(사도세자 사당)과 산천山川에 날짜를 가리지 말고 기도하라"고 절망적으로 명합니다.[186] 그날 효명세자가 조용히 눈을 감습니다. 스물한 살이었습니다.

50년 미뤄진 개혁

그때까지 숨죽이고 있던 구 정치가들이 모두 정계에 복귀합니다. 세자를 보좌했던 모든 정치가들은 권간權奸, 간신 누명을 뒤집어쓰고 완전히 축출돼버립니다. 대리청정은 무참한 실패로 끝나고 말지요. 이를 지켜보던 박지원의 손자 박규수가 시를 씁니다.

어찌할꼬 하룻저녁에 앞별이 어두워져
천지가 아득해지고 초목도 슬퍼하누[187]

'여러 날 동안 슬퍼하면서 살고 싶어 하지 않는 듯하던' 박규수는 '이 일은 내가 종신토록 해야 할 일'이라며 정신을 차립니다. 그리고 자기 호를 桓齋(환재)에서 瓛齋(환재)로 바꿔버립니다. '瓛'은 '각자 자신의 뜻을 실천하도록 도모해 선왕에게 헌신한다'는 뜻이라고 합니다.[188]

그 박규수가 훗날 갑신정변 장면 48 주역들 스승이 됩니다. 사랑방에 젊은 개혁파들을 모아 할아버지 박지원 뜻을 가르치고 효명세자가 못 이룬 꿈을 이루라고 이릅니다. 만일 효명세자가 젊은 나이에 죽지 않았다면 어떤 일이 벌어졌을까요.

역사에 가정은 금물입니다. 그런데 가정을 하면 우리는 교훈을 얻을 수 있습니다. 효명세자의 죽음은 막 다가오고 있는 근대에 대한 힌트를 조금이라도 갖고 있던 한 지도자의 죽음을 뜻합니다. 무방비 상태인 조선이 겪은 숱한 역경과 고난이 조금은 더 편하게 극복될 수 있지 않았을까 하는 아쉬움을 줍니다. 그래서 슬픕니다.

'왕세자가 창덕궁 희정당에서 훙서하였다.'

21

임술민란과
불쌍한 임단이

1756년 영조 때입니다. 봄빛이 완연한 3월 20일 안낭이安娘伊라는
여자가 종이에 오른손을 대고 붓으로 손을 그려넣습니다.

'조세희 앞으로 글로써 밝힙니다. 죽음의 세월을 살아낼 방도를 찾을
수 없고 험난하고 즐겁지 않지만 노모를 살릴 방도 또한 없습니다. 부
득이 다섯 냥을 받고 제 몸을 팔겠습니다. 또 이후 자식이 생기면 아이
또한 영원히 노비로 팔겠습니다. 만약 훗날 이에 대해 말이 나오거들
랑 이 문서를 관아에 제시해 바로잡을 일입니다.'[189]

가난을 견딜 수 없어, 안낭이가 자기를 노비로 팝니다. 문서에 따르

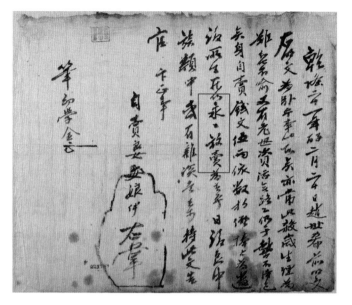

안낭이 자매문기. / 규장각한국학연구원

면 안낭이는 양인 여자良女입니다. 그런데 '죽음의 세월에 살기가 어려워' 스스로 남의 집 노비가 되는 길을 택합니다. 늙은 어미를 봉양할 방도가 없다고 합니다. 몸값은 '다섯 냥'입니다. 앞으로 아이가 생기면 '**그 아이 또한 영원히 노비로 판다(後所生幷以永永放賣, 후소생병이 영영방매)**'는 조건이 붙어 있습니다.(위 사진)

영원히 저를 팝니다

역시 영조 때인 1776년 4월 24일 박 생원 집 노비 임단任丹이 가족이 최 생원 집에 팔려갑니다. 식구는 6명이었고 가격은 패키지로 60 냥입니다. 노비 문서에는 이렇게 적혀 있습니다.

'뒤에 태어날 아이들(後所生, 후소생)과 임단이 **배 속에 있는 태(腹中胎, 복중태) 포함**.'

마흔다섯 먹은 여자 임단이는 그렇게 뱃속 '태胎'와 함께 최 생원 집으로 '영원히' 팔려갑니다(永永放賣, 영영방매).[190] (아래 사진)

1723년 6월 3일에는 김상연이라는 가난한 양반이 계집종 넷을 이내장이라는 사람에게 팔았는데, 그녀들 또한 '앞으로 낳을 아이들과 함께 영원히 판매'됩니다. 그중에 스물아홉 먹은 이월二月이는 '**임신 중(懷孕, 회잉)**'이라는 문구가 문서에 부기돼 있습니다.[191] (168페이지 사진)

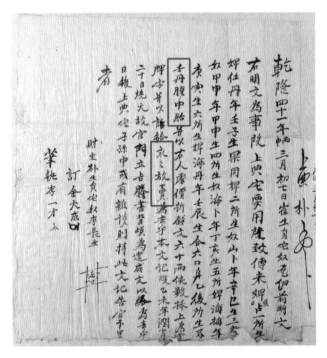

임단이 노비 매매 문서. /규장각한국학연구원

'뱃속 태'라니요. '임신 중'이라니요. '앞으로 태어날 아이까지 영원히 노비'라니요. 가슴이 먹먹해집니다.

안낭이처럼 자기를 스스로 노비로 팔겠다는 계약문서를 '자매문기自賣文記'라고 합니다. 한 마디로 기근으로 먹고살기 힘들어 굶어 죽게 된 사람들이 스스로나 처자식을 남에게 노비로 파는 계약문서입니다.

자매문서가 됐든 남에 의해 팔려가는 타매문서가 됐든, 이 문서에는 지금까지 말씀드린 조선사회 모순이 응축돼 있습니다.

우선, 상업과 공업을 억누르고 오직 농업만 장려한 조선에는 부富를 창출할 방법이 없었습니다. 국가도 가난하고 개인도 가난한 상황에서 비상사태가 터지면 국가가 개인을 구제할 방법이 없었습니다. 목에 풀칠하기 위해 개인은, 스스로를 팝니다. 가난한 노비 주인이 팔기도 하고, 가난한 양민이 스스로 노비로 전락하는 길을 택하기도 합니다. 정조 때 만든 표준 공문서 양식집인 '유서필지儒胥必知'에는 '비문권婢文券'이라는 제목으로 이 자매문기 양식이 포함돼 있습니다. 그만큼 본인과 가족 판매가 일상화됐다는 뜻입니다.[192]

두 번째, 조선은 훈민정음을 만든 나라입니다. 기이하게도 그 조선에서 모든 채권채무 계약서는 '언문으로 되었거나 증인의 서명이 없으면' 효력이 없었습니다.[193] 사진에서 보듯, 안낭이는 한문을 읽고 쓸 줄 몰랐기에 오른손을 그려서 서명을 대신합니다. 국가도 어찌할 수 없는 가난 그리고 세계 그 어떤 문자보다 쉬운 문자를 두고서도 혼자 계약이 불가능한 문맹.

노비 367명을 거느린 가난한 이황

퇴계 이황이 죽고 16년 뒤, 그 손자녀들이 가족 재산을 나눠서 상속받습니다. 그때 이황이 남긴 재산은 논과 밭이 2,953두락이었습니다.[194] 또 다른 성리학자 김종직에게는 논밭 602두락이 있었습니다.[195] '안빈낙도와 검약을 신조로 삼는 선비'라는 이미지와는 전혀 다릅니다. 이 광활한 논과 밭에서 누가 농사를 지었을까요? 노비들입니다. 놀라지 마십시오. 이황에게는 노비가 367명, 김종직에게는 45명이 있었습니다. 이들이 저 광활한 농지를 경작하고, 그 소출을 주인인 이황과 김종직에게 바치고 살았죠.

노비가 잘못을 저지르면 이황은 "일일이 들춰서 종아리 40~50대를 때리는 것이 좋겠다"고 아들에게 지시할 정도로 꼼꼼하게 노비를

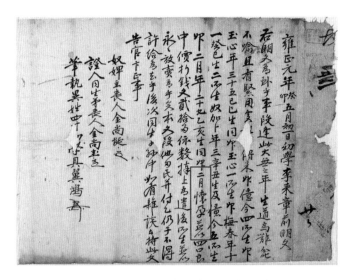

이월이 노비 매매 문서. / 규장각한국학연구원

관리했습니다. 그러니까 노비와 부동산은 이황에게 가장 중요한 재원이었습니다. 땅 관리를 잘못한 노비를 '때려서 징계하려 했지만 못해서 한스럽다'고 아들에게 편지를 쓰기도 했습니다.[196]

그럼에도 이황은 가난했습니다. 자기가 과거시험을 준비한 것도 "집이 가난하고 어버이가 늙으셨기 때문"이라고 할 정도였습니다.[197] 보리 수확을 망치자 아들에게 "빚을 갚고 여유가 없다고 하니 식량이 모자랄 뿐 아니라 종자도 어려울 듯하다"고 편지를 보낼 정도로 가난했습니다.

1660년대 경상도 안동에 살았던 의성 김씨 가문 김시온에게는 노비가 141명, 600두락이 넘는 논밭이 있었습니다. 그럼에도 김시온은 "밀보리가 큰 흉년이라 7, 8월 사이에는 굶어 죽을 지경"이라고 친구에게 편지를 쓰고 아들에게는 "너의 집에 양식이 이미 떨어졌다며" 하고 걱정하는 편지를 씁니다. 이게 무슨 뜻일까요.

극복 불가능한 가난과 노비

농업생산력이 형편없었다는 뜻입니다. 방대한 노비 집단을 운영하는 대지주가 가난을 걱정할 정도로 농사가 비효율적이었다는 뜻입니다.

부는 생산과 유통에서 창출됩니다. 조선은 그 생산을 억누르고 유통을 억제하면서 '도덕국가'를 지향해 온 국가입니다. 기술혁신을 통한 생산성 향상보다는 백성을 교화해서 신분질서와 고도의 도덕률을 유지할 방법을 찾아 정책화해 온 나라입니다.

농업 생산을 위해 조선이 마련한 동력動力이 바로 노비입니다. 인력을 절감하는 기술 혁신 대신, 막대한 비율의 노비 운영으로 '먹고 살 만한' 생산력을 유지해 왔던 거지요.

국가도 마찬가지입니다. 개인이 소유한 노비를 사노비라고 하고 국가 기관이 소유한 노비를 공노비라고 합니다. 조선 정부는 공노비를 확보해 국가 재정의 동력으로 삼았습니다. 1484년 기록에 의하면 서울을 제외한 외부 지역 공노비가 26만 1,984명, 각 고을 소속 노비와 역원驛院 노비 9만 581명으로 35만 명이 넘었습니다.[198]

그러니 증기기관을 발명할 필요가 없었습니다. 굳이 산으로 가서 탄광을 개발할 이유도 없었고 대량 수송을 위한 고성능 수레를 개발할 이유가 없었습니다. 모든 생산활동은 노비라는 동력이 다 수행할 수 있었으니까요. 청나라와 일본이 수공업적 형태로 석탄을 이용하는 사이, 조선 정부는 그 노비 관리와 유지에 공을 들였죠.[199] 노예 예隷 자를 쓰는 '장예원掌隷院'이라는 관청이 노비 관리를 담당했습니다. 장예원은 1592년 임진왜란 때 한성 주민들에 의해 불타기도 했습니다. 달아난 노비는 추쇄도감이라는 노비 추적 기관이 담당했습니다.

노비 수급과 유통은 국가 통제사항이었습니다. '경국대전'에는 이렇게 규정돼 있습니다. '노비를 사고팔 때는 관아에 신고해야 한다. 신고 없이 사사로이 매매하면 그 노와 비, 거래금을 몰수한다.'[200]

경국대전은 노비 가격도 규정했습니다. 예컨대 '16~50세는 저화 4,000장'입니다. 저화 4,000장은 종마種馬 1필 가격입니다. 노비는, 말 한 마리와 가격이 같습니다. 노비를 훔쳐서 팔면(若盜賣, 약도매) 판매 금액을 압수하고 그 도둑놈 밭과 집을 몰수했습니다. 사람이 아니라, 물건입니다. 그것도 그 물건 배 속에 있는 태아胎兒와 미래에 생산할 아이도 함께요. 유럽도, 이슬람도, 미국도 모두 노예제를 운영했습니다. 하지만 조선처럼 동족을 노예로 삼은 나라는 찾아볼 수 없습니다.

그런데 흉년 같은 '예정돼 있지 않은' 상황을 만나면 노비에 의존하는 생산 시스템은 붕괴되고 맙니다. 기술이 없으니까요. 아무리 성리학 경전에 통달한 선비라고 해도 재난 극복과 생산성 향상에 필요한 기술력이 없으면 노비들을 족치거나 굶을 수밖에 없습니다. "식량이 모자란다"거나 "굶어 죽을 지경"이라고 한 대지주 선비들 말은 과장이 아니라고 봅니다.

환곡과 민란 시대

만성적인 생산력 빈곤으로 노비는 물론 노예주 양반도 가난한 나라. 생산력 악화와 가난이라는 악순환에 빠져버린 생산력 제공자, 노비. 현존하는 노비 매매문서를 살펴보면 상전에게 돈을 바치고 평민이 된 뒤 몇 년 후 또는 한두 세대 후에 살길이 막연해지자 다시 스스로 노비가 되는 사례가 많습니다. 조선 후기 노비들은 정말 기구했습니다.[201]

해결 불가능한 생산성 문제 해결을 위해 조선 정부가 내놓은 방안은 환곡還穀입니다. 곡식이 부족한 봄에 곡식을 나눠주고 추수 때 10% 이자를 얹어 거두는 제도입니다. 그런데 이 제도가 악용되면서 이상한 일이 벌어집니다.

171

재정 적자를 메꿀 방법이 없던 가난한 정부가 환곡에 딸린 이자에 눈독을 들인 겁니다. 구휼이라는 환곡 본연의 목적은 사라지고 환곡은 정부가 주도하는 고리대 이자업으로 바뀌어버립니다. 지방 관리들은 환곡이 필요 없는 백성에게도 환곡을 강제로 떠넘기고 이자를 요구합니다. 지방 관리들은 무급 공무원인지라, 그 과정에서 장부를 조작하며 자기 사리사욕을 채웁니다. 소위 말하는 삼정문란(군정, 전정, 환곡) 가운데 이 환곡이 가장 문란했습니다. 《승정원일기》에 있는 상소문을 읽어 볼까요?

'경상도 관찰사가 조정 명령을 빙자해 4년 체납된 환곡을 금년 4월까지 바치도록 독촉하였는데, 작년에는 수재水災와 한재旱災가 겹쳐서 가을에 수확한 얼마 되지 않는 곡식마저 올해의 환곡을 내는 데 다 써버렸습니다. 내지 못하는 사람들은 잔인하게 고문했습니다. 쇠잔한 백성들이 스스로 보전할 수 없어서 자기 자신을 팔아 남편과 아내가 서로 헤어지거나 아비와 자식이 서로 떨어지게 되었으니 어찌 인정人情의 본연本然이겠습니까. 늙은이와 어린아이는 묶여서 가는 중에 쓰러져서 비쩍 마르고 핏기 없는 모습으로 형장刑杖을 칠 때 울부짖으니 이 무슨 광경이란 말입니까.'[202]

상소문이 이어집니다.

'그래도 방법이 없자 관찰사는 체납된 환곡을 모두 거두어들인 양 장부에 기록했고 달아난 사람들 환곡도 이웃이나 친족에게 떠넘겼습니다. 허위 기재된 환곡을 관찰사는 올가을까지 다 갚으라고 독촉합니다. 우리 쇠잔한 백성들이 어떻게 마련하여 바칠 수 있겠습니까.'

지옥입니다. 정약용 유배지 강진에서는 환곡은 물론 남자에게 세금을 매기는 군정軍政까지 겹치자 '성기를 잘라버리는 전대미문의(自古未聞男絶陽, 자고미문남절양)' 사내까지 나왔습니다.[203]

그래서 민란이 터집니다
───────

1800년 8월 23일, 정조가 죽고 순조가 즉위합니다. 10월 17일 경상도 인동에서 주민 장시경이 노비들을 규합해 인동 관아를 습격합니다. 장시경은 "민생이 날로 고달프니 국가의 위급함을 구하려 한다"고 주장합니다.[204] 1811년에는 황해도 곡산에서 주민 130여 명이 관아를 덮쳐 부사 박종신을 멍석말이하고 난동을 피웁니다.[205] 이어 1812년 2월 평안도에서 홍경래가 왕조 전복을 목적으로 난을 일으킵니다. 전정, 군정 그리고 환곡을 둘러싼 세금 착취가 극에 달하며 조선 백성이 생존을 위해 몽둥이를 들기 시작합니다. 민란의 시대입니다. 무슨 큰 뜻을 품은 것도 아닙니다. 그저 먹고살기 고달파서.

1862년 임술년, 삼남을 휩쓴 임술민란이 벌어집니다. 역시 원인은 가혹한 환곡이었습니다. 1862년 1월 22일 경상도 단성현(산청)에서 환곡 3,000석 횡령 사건이 터집니다. 진주 목사 홍병원이 관리들을 처벌하지만 횡령한 환곡은 여전히 백성에게 갚으라고 명령합니다. 3월 19일, 쌓일 대로 쌓인 환곡으로 분노하던 단성 사람들이 관아를 습격

하면서 민란이 시작되지요.[206]

앞 장에 등장했던 박규수가 민란을 조사한 뒤 이렇게 보고서를 올립니다.

'단성현은 가구 수가 수천에 불과하지만 환곡이 9만 9,000여 석이고, 적량진은 호수가 100에 불과하지만 환곡이 10만 8,900여 석이다. 이를 보충시킬 방도는 모두 정도를 어기고 사리事理를 해치는 이야기다.'[207]

수천 가구가 사는 단성현에서 경상도 전역으로, 전라도로, 충청도로, 제주도로 민란이 걷잡을 수 없이 퍼져나갑니다. 공포에 빠진 정부는 6월 22일 삼정 문제 해결을 위해 긴급회의를 소집합니다. 7월 8일 삼정이정청三政釐整廳이라는 관청이 설치됩니다. 건국 후 처음 있는 종합세금 개혁기관입니다.

하지만 이정청에서 내놓은 개혁안은 정부 내에서도 반대가 터집니다. 재정을 환곡에 의존하던 기관들이 반대합니다. 또 지방 관리들이 횡령한 환곡을 백성으로부터 돌려받아 문제를 해결하겠다고 하자 백성들 또한 극렬하게 반대합니다.

문제는 가난, 그 해결 불가능한 가난이 원인입니다. 가난한 나라는 빚을 탕감해줄 수 없고 가난한 백성은 빚을 감당하지 못합니다. 결국 10월 12일 삼정이정청은 보고서 한 권 달랑 내놓고 폐지됩니다. 그리고 그해 12월 20일 철종이 이렇게 명합니다. '삼정三政을 다시 옛 규정에 의거해 실시하라.'[208]

끝이 보이지 않는 가난과 차별 속에 조선은 세도정치 시대를 헤매고 있었습니다. 여러 버전으로 변형된 '정감록'이 떠돌며 전주 이씨 왕조가 넘어간다는 소문이 돌았습니다. 그런 때에 창덕궁에서 조선 왕국 25대 왕 철종이 죽었습니다. 1864년 1월 16일입니다. 곧바로 창덕궁 옆 운현 고개 너머 살던 어린 왕족이 입궐합니다. 이미 이날 오전 익성군이라는 작호를 받은 소년은[209] 닷새 후 26대 조선 국왕에 취임합니다. 그가 이명복, 고종입니다.

2장

대원군 시대

1864~1873

대원군 시대 연표

미 해병대는 조선군이 '윌리엄 텔처럼 명사수들이며 페르시아 백만대군을 상대한 테르모필레 그리스 군단처럼 용맹하고 힘은 헤라클레스처럼 강하고 잔인함은 호랑이에 맞먹는다'고 들었다. 하지만 외눈박이 거인 사이클롭스 신화처럼 헛소문이었다. 1871년 여름, 강화도에서 미군을 상대한 조선군은 화승총 같은 낡아빠진 무기로 무장하고서 오로지 죽음을 각오한 결기만으로 싸워 장엄하되 처참하게 패했다. 용감했으되 허약했던, 교류 부재가 낳은 이 어이없는 모순.

22

고종 즉위와
《종의 기원》

1859년 11월 14일
[《종의 기원》 출간]

1864년 1월 21일
[고종 즉위]

《종의 기원》(1859)과 아편전쟁(1840)

우리네 안낭이와 임단이와 그녀 아이들이 영문도 모르고 하루하루를 살아가는 동안, 바깥 인류는 대혼돈을 겪고 있었습니다. 그때까지 경험해보지 못한 혼돈입니다. 일찌감치 신神이 만든 울타리를 탈출한 유럽인은 스스로 창조한 동력과 무기로 새로운 부富를 찾아 바다를 휘젓습니다. 주술과 종교에서 해방된 이성이 만든 힘입니다. 힘은 잔인합니다. 강한 힘은 있어도 나쁜 힘은 없습니다. 강한 힘이 스스로 선善이라고 선언하면 신처럼 타인을 지배할 수 있는, 정글 같은 세상이 형성되고 있었습니다.

1859년 11월 14일, 힘이 지배하는 그 세계에 정통성을 부여하는 사건이 터집니다. 《종의 기원》, 《자연 선택의 방법에 의한 종의 기원 혹은 생존 경쟁에서 유리한 종족의 보존에 대하여On the Origin of Species by Means of Natural Selection, or the Preservation of Favoured Races in the Struggle for Life》라는 긴 이름을 가진 책이 출판됩니다. 잘 알다시피, 저자는 찰스 다윈Charles Darwin입니다.

다윈은 1831년부터 1835년까지 영국 해군 탐사선 비글호를 타고 지구를 탐험합니다. 태평양에 외떨어진 섬 갈라파고스 제도에서 다윈은 각 섬에 사는 핀치라는 새가 섬마다 부리 모양이 다르다는 사

《종의 기원》 영국 초판, 독일, 프랑스, 미국, 러시아판(왼쪽 위부터 시계방향).
/미국 국립의료박물관(National Library of Medicine)

실을 발견합니다. 오랜 세월 핀치가 각 섬 환경에 적응하면서 벌어진 현상이라고 다윈은 결론을 내립니다.

'적자생존.'

환경에 적합한 개체만 살아남는다. 명쾌합니다. 충격적이기도 했습니다. 그리고.

'만물은 평등하지 않다.'

도덕적이어서가 아니라 '강하기' 때문에, 경쟁에서 승리했기 때문에 살아 있는 겁니다.

근대인에게 《종의 기원》은 복음이었습니다. 이제 약소국을 누르고 국익을 추구하는 행위는 이성적으로 정당합니다. 개인이 부를 추구하는 일도 자연법칙에 맞는 일입니다. 인류는 《종의 기원》을 통해 전前근대시대에 대해 가지고 있던 부채의식을 탕감받았습니다.

그 메시지가 던질 충격을 잘 알기에, 다윈은 탐사를 끝내고 24년이 지난 1859년 말에야 책을 출판합니다. 1859년 11월 24일 런던에서 출판되자 《종의 기원》은 그날 해가 저물기 전 초판 1,250권이 매진됩니다. 두 달 뒤 미국에서 《종의 기원》이 출판됩니다. 몇 년 시차를 두고 《종의 기원》은 독일, 프랑스, 러시아, 덴마크 등 11개 국가에서 출간됩니다.

이들 나라를 눈여겨보십시오. 덴마크를 예외로 한다면 하나 같이 근대를 휘어잡았던 나라들입니다. 316년 전인 1543년 3월 코페르니쿠스가 지동설을 내놓고 인류를 신으로부터 해방시킨 것처럼, 다윈은 인류를 도덕률로부터 해방시켜버립니다. 애덤 스미스의《국부론》과 제임스 와트의 증기기관이 도덕을 집어던지고 새 시대 원칙과 동력으로 노골적으로 작동합니다.

'근대'가 갖는 원칙은 경쟁입니다. 이제 세상을 보는 기준은 도덕률이 아니라 힘, 실력입니다. 힘이 지배하는 세상을 '세계世界'라고 합니다. 전前 근대가 의존하는 기준은 도덕률과 신분입니다. 도덕률이 지탱해 주는 세상을 동양에서는 '천하天下'라고 합니다. 도덕률이 쌓은 수직 질서가 너무 강해서, 아무리 힘이 있고 아무리 세상이 부조리하다고 느껴도 그 질서에 순응했던 세상이 '천하'입니다.

이미 1840년 아편전쟁에서 '천하'는 '세계'에게 완패했습니다. 청나라에 아편을 팔아먹던 영국이 이에 시비를 거는 청나라와 맞붙은 전쟁입니다. 영국 동인도회사 소속 상선 한 척이 퍼부은 함포사격에 마카우 연안 포병대와 청나라 수군 함대는 궤멸당합니다. 상선 이름은 '네메시스Nemesis', 복수의 여신입니다. 세계 최초로 건조된 증기기관 철갑선입니다.

네메시스는 청나라 포격에도 아랑곳하지 않고 다른 군함을 예인하면서(!) 마카우 주강珠江을 올라가며 눈에 보이는 모든 것들을 닥치는 대로 파괴합니다. 아편을 팔아먹는 '부도덕성'은 이 악마 같은 힘 앞에서 실종됩니다. 힘이 도덕을 능가하고 세계가 천하를 압도한다는 사실을 온 세상이 깨닫습니다.《종의 기원》은 바로 이 악마 같은 현실이 사실은 악마가 아님을 알려주는 복음이었습니다.

1864년 고종 등극

'중국의 아편 문제가 일으킨 일에 관해서 통사나 나가사키 부교쇼가 종종 물어왔습니다. 나는 호기심이 아니라 두려움일 것이라고 생각합니다.'[210]

일본 나가사키에 있는 네덜란드 동인도회사 상관장이 본국에 보고한 내용입니다. 200년 넘도록 유럽과 교류해 온 일본은 유럽인들을 통해 '근대'의 냄새를 맡고 있었습니다. 1853년, 네덜란드 사람들이 예고한 대로 미국 페리 함대가 일본을 찾습니다. 일본 정부는 이듬해 미국과 수교 조약을 맺습니다. 1858년 후쿠자와 유키치라는 지식인이 게이오의숙이라는 대학교를 설립합니다. 그리고 1862년 막부는 유럽으로 '분큐견구사절단文久遣歐使節團'을 파견합니다. 후쿠자와도 사절단 멤버였죠.

조선은 어땠을까요. 1845년 5월 4일 셀 수 없이 많은 사신을 보내고, 민간인들로부터 정보를 수집하며 아편전쟁을 5년 동안 조사한 뒤 이렇게 결론을 내립니다.

"아무 일 없다(無事矣, 무사의)."[211]

청나라가 사라지지 않았고, 황제도 건재하니까요. 도덕이 기준에서 탈락하는 장면을 목격한 일본과 '천하'에 안주하던 조선은 그렇게 달랐습니다. 그때 조선을 찾아온 외국인을 대한 조선정부 자세는 [장면 18, 19]에서 보신 바와 같습니다.

183

그러다 헌종에 이어 철종이 죽고 1864년 1월 21일 고종이 등극합니다.[212] 1852년 9월 8일 생이니 왕이 됐을 때 열두 살입니다. 아명은 명복命福이고 왕으로 지명됐을 때 이름은 재황載晃, 왕 즉위 이후 이름은 형㷩입니다. 이 복잡한 글자 발음은 흔히 알고 있듯 '희'가 아니라 '형'입니다.[213]

고종은 풍양 조씨 대왕대비와 세도가문들 이해관계가 맞아떨어져서 선택된 왕족입니다. 제왕 수업을 받은 적도 없고 철종이 죽지 않았다면 평범하게 살다 죽었을 사내지요. 그런 소년이 구체제 대파멸의 시대, 천하가 붕괴되던 시점에 왕이 됐습니다.

고종이 왕위에 오르고 3년 뒤 일본에서는 122대 천황이 황위에 오릅니다. 메이지明治 천황입니다. 원래 이름은 무쓰히토睦仁입니다. 무쓰히토는 1852년 11월 3일 생으로 고종과 두 달 차이 동갑입니다. 천황 등극은 고종보다 3년 늦은 1867년 2월 13일입니다. 메이지와 그 신하들은 임진왜란 이후 권력을 휘두르던 도쿠가와 막부를 끌어내리고 부국강병을 목표로 한 근대화 작업을 실시합니다. 이 작업을 '메이지유신明治維新'이라고 부릅니다.

메이지유신을 주도한 사람들은 '냉혹한 근대'를 목격한 근대인들이었습니다. 흔히 이들을 유신지사維新志士라고 말합니다. 그 가운데 우리에게 잘 알려진 사람이 이토 히로부미伊藤博文입니다. 고종의 시대를 맞아 이제 조선은 일본 아니 세계와 본격적으로 충돌합니다. 이 책에 일관되게 말씀드렸던 '교류'와 '지성'이 이제 근대를 만납니다. 아편전쟁을 계기로 정체가 발각되고 다윈에 의해 합리화된 이 근대를 조선은 어떻게 헤쳐나갈까요. 조선에는 근대인이 없었습니다. 일본을 개조했던 유신지사도 없었습니다. 그런데 문득 근대가 왔습니다. 이 뒤쪽 몇 장면은 고종 등극 초기 10년 동안 그 근대에 대처했던 한 사내 이야기입니다. 조선을 개조하려다 실패한 사내 이하응, 바로 고종 아버지 흥선대원군 이야기입니다.

'대원군이 10년 동안 집권하면서 그 위세를 내외에 떨치었다. '大院位分付(대원위 분부)' 다섯 자가 삼천리 강토를 풍미하여 그 위세가 우레와 불같으므로 모든 관리와 백성은 두려움에 휩싸여 항시 관청의 법을 우려하였다.'[214]

23

500년 만의 개혁, 대원군의 갑자유신

1865년 4월 24일

[만동묘 철거]

"끝내 방자하게 굴지 말라"

'왕이 침묵이 지나쳐 사무를 일체 신하에게 일임하고, 모든 보고서에 는 '윤허한다[允, 윤]'로 결재하니 이권과 공사 구분이 저절로 힘 있는 자에게 돌아간다. 뇌물 문이 크게 열려 뇌물이 공공연히 거래된다. 족 당이나 명문가가 아니라면 관직 하나 과거 시험 하나에도 곧 뇌물이 지름길이다. 관청 창고와 금고는 문서 하나만으로 서로 감싸주며 멋대 로 지출해 바닥이 나버렸다.'[215]

'순조실록'에 기록된 세도정치의 폐해입니다. 국가 자원 배분과 인

노론들이 명나라 황제들 위패를 모셨던 충북 화양계곡 만동묘. 1865년 대원군이 철폐했다.

력 충원이 시스템이 아니라 세도 가문들 손아귀에 장악됐다는 뜻입니다.

그런데 앞 장면 끝에서 봤듯, 흥선대원군은 '우레와 불같은 대원위분부大院位分付'로 삼천리 강토를 두려움에 떨게 합니다. 공식 벼슬은 없었지만 500년 동안 누구도 건드리지 못한 모순들을 격파해 나갑니다.

대원군 시대를 쇄국과 수구로 일관한 부정적인 시대라고 흔히 말합니다. 아닙니다. 고종 시대를 미화하려는 사람들이 만든 왜곡입니다. 1874년 갑자년 초, 고종이 권력을 직접 행사할 때까지 대원군이

행한 개혁정치, 세금 제도를 정비하고 탐관오리를 처단하고 군사력을 강화한 폭풍 같은 개혁을 '갑자유신甲子維新'이라고 합니다. 이들이 즉위하고 한 달이 채 안 지난 1864년 2월 17일, 대원군은 조 대비를 통해 경고합니다.

'왜 나라 재정은 고갈되고 백성은 곤궁하고 기강은 해이하고 풍속은 수습할 수 없을 정도로 무너졌는가. 왜 고혈을 짜내는 것을 견디지 못해 백성이 법을 어기는 일까지 벌어지는가. 우레나 번개와 같이 엄한 형벌을 가해 도끼나 작두로 다스릴 방도가 없는 것은 아니다. 그러나 우선 마음을 털어 놓고 타이른다. 끝내 방자하게 굴면서 두려운 줄 모르는 자는 훗날 죄를 뉘우치게 될 때가 닥쳐서야 미리 타일러 주지 않았다고 말하지 말라.'[216]

강화되는 군사력

첫 번째 정책은 강병입니다. 개혁 예고 사흘 뒤 대원군은 '비변사'에 무신을 참가시키라고 명합니다. 비변사는 국가비상대책회의입니다. 하지만 비상사태만 아니라 의정부가 해야 할 일반 행정 사무까지 독점하고 있었습니다.[217] 그때까지 비변사 고위직은 문신이 독점하고 있었습니다.

7월 29일 대원군은 병조판서 후보에 정2품 이상 무장 출신을 반드시 포함시키라고 명령합니다.[218] 국방부장관에 해당하는 병조판서에 군 출신이 문신 출신과 대등하게 임명되는 시대가 왔습니다. 건국 이래 처음입니다. 임진왜란(1592) 직전에도, 정묘호란(1627) 때도, 병자호란(1637) 때도 조선왕국 국방부장관은 문신이었습니다.

주요 군부대장인 훈련대장과 어영대장, 금위대장과 총융사도 문관에서 무관으로 대체됩니다. 1865년 4월 23일, 대원군은 비변사가 문서에 찍는 도장을 녹여버린 뒤 비변사를 의정부 아래로 통합해버립니다.[219] 그리고 군부를 지휘하는 종합사령부, 삼군부를 설치하죠.[220] 조선은 이제야 문과 무가 분리되고 군사 전문가가 군사력을 통제하는 정상 국가로 변신합니다.

개혁되는 삼정문란

임술민란 장면 21 원인이었던 환곡還穀도 개혁합니다. 군역 대신 부과되는 세금, 군포軍布도 개혁합니다. 군포는 죽은 사람, 어린아이에게도 물리던 악질 세금입니다. 1871년 5월 14일, 대원군은 양반에게도 징세하는 '호포제戶布制' 실시를 선언합니다. 조선왕국에서 양반이 납세의무를 지게 된 시대는 이때가 처음입니다. 다만 체면을 위해 본인 명의 대신 노비 이름으로 포를 내도록 하죠.[221] 양반들이 "어리석은 백성들과 같은 취급을 받을 수 없다"고 반발합니다. 대원군은 "욕되게 처사하지 말라"며 들은 척도 하지 않습니다.[222]

환곡은 사창제도라는 지역 단위 시스템으로 바꿔버립니다. 면 단위로 곡식창을 설치하고 그 지역에서 비교적 넉넉하고 평판이 좋은 사람에게 곡식 대여 관리를 맡기는 제도입니다. 탐관오리들이 부정을 저지를 여지를 대폭 감소시켜버리죠. 그 덕에 '배달 사고'도 감소

해 중앙 재정 또한 안정됩니다.[223]

사라진 만동묘와 무너지는 노론 독재

인사도 마찬가지였습니다. 숙종 이후 철저하게 노론 중심으로 굴러가던 권력 구조도 파괴합니다. 1623년 인조반정 이래 250년 만에 노론 독재가 무너지고 다양한 인재가 인력풀로 흘러들었습니다. 대원군 시대 10년 동안 세 정승과 육조 판서 139명 가운데 노론은 78, 소론 34, 남인 13, 북인 13, 종실 1, 분류 불명 1명이었습니다.[224]

기존 세력에게 충격을 던진 또 다른 조치가 있습니다. 바로 충북 화양계곡 '만동묘萬東廟' 철폐입니다. 만동묘는 숙종 때인 1703년 명나라 마지막 황제 의종과 임진왜란 때 파병을 결정한 신종 위패를 모신 사당입니다. '만동萬東'은 '만절필동萬折必東'을 줄인 말입니다. '황하가 만 번 꺾어져도 끝내 동쪽으로 흐르듯 조선은 영원히 명나라를 섬긴다'는 뜻입니다.

황제에게 제사를 지낼 수 있는 사람은 왕밖에 없습니다. 그런데 사당을 만든 세력은 노론 지도자 우암 송시열 제자들입니다. 노론은 왕을 무시하고 자기들이 제사를 지내왔던 것이죠. 왕을 왕이 아니라 숱한 사대부 가운데 하나일 뿐이라고 업신여긴 노론들이 만동묘를 아지트로 왕에게 저항해 왔습니다.

1865년 4월 24일, 대원군이 핵폭탄을 던져버립니다.

'만동묘 제사를 폐지한다. 신위와 편액은 창덕궁 대보단으로 옮겨

라.'[225]

대보단大報壇은 왕실이 명나라 황제에 제사 지내는 제단입니다. 만동묘, 그 구시대 상징물은 그날로 흔적 없이 사라져버렸습니다.

인사부터 세금까지, 국가 자원이 사적으로 낭비되던 기존 사회가 와해되기 시작했습니다. 노래 '풍경'(시인과 촌장, 1986) 가사처럼 '모든 것들이 제자리로 돌아가는 풍경'이었습니다.

24

경복궁 중건과
표류하는 개혁

1865년 4월 26일

[경복궁 중건 선언]

1865년 음력 3월 의정부 건물을 수리하는 과정에서 평평한 돌 하나가 계단 밑에서 발견됩니다. 의정부는 지금 서울 광화문 국립역사박물관 북쪽에 있었습니다. 돌 색깔은 까만색이고 위는 둥글고 아래는 네모였다고 합니다. 이렇게 적혀 있었다고 합니다.

'새 왕이 즉위해도 나라를 이을 자손이 또 끊어질 것이니 두려워하지 않을 수 있겠는가. 경복궁을 다시 짓고 옥좌를 옮기면 자손이 대를 이어 국운이 연장되리라.'[226]

경복궁을 지을 때 작성된 작업일지 《경복궁 영건일기》에 적혀 있

청와대 뒷산 기슭에 새겨져 있는 '天下第一福地(천하제일복지)' 여섯 글자.

는 내용입니다. 이 기록은 이 글을 지은 사람이 '동방노인'이라고 하고, 이렇게 덧붙입니다.

'1865년 3월 의정부를 수리할 때 이 돌이 드러날 것이니 이를 보고도 아뢰지 않으면 동국東國의 역적이다.'

한 달이 지난 4월 26일 대왕대비 조대비가 어전회의에서 경복궁 중건을 선언합니다.

"경복궁은 우리 왕조에서 수도를 세울 때 맨 처음으로 지은 정궁正宮

이다. 불행하게도 전란에 의하여 불타버리고 다시 짓지 못한 관계로 오랫동안 뜻있는 선비들 개탄을 자아내었다. 궁전을 다시 지어 중흥의 큰 업을 이루리라."[227]

경복궁 중건은 왕마다 큰 희망사항이었습니다. 경복궁은 임진왜란 때 선조가 한성을 탈출하자 분노한 한성 주민들이 불 질러서 폐허가 됐던 궁궐입니다. 1592년부터 1864년까지 자그마치 270년 동안 폐허였습니다.

문제는 조선이 가난했다는 사실입니다. 지금까지 봤던 것처럼 조선은 가난 극복 의지가 없는 지도자들이 이끈 나라입니다. 그런 나라가 가장 가난한 때에, 그 나라 가난한 지도자들이, 거액이 필요한 권위 회복 작업을 시도합니다. 창덕궁, 창경궁, 경운궁과 경희궁이 멀쩡하게 있는 나라에서요.

다음 날 다시 어전회의가 소집되고 여러 대신들이 중건에 따른 여러 가지 조치에 대해서 논의를 합니다. 영돈녕부사 김좌근이 말합니다. "공사가 더없이 크고 재력도 갑자기 마련해 낼 만한 것이 아니어서 답답합니다." 그러자 영의정 조두순이 인력과 자금 수급계획을 보고합니다. "나라의 큰 공사에 백성들이 부역하는 것은 아버지 일에 아들들이 달려오는 것과 마찬가지 의리입니다."

그 말을 듣고서 조대비가 말합니다. "백성들 힘만 빌리겠는가?" 조두순이 이번엔 자금 조달 방법을 보고하죠. "위로는 대신으로부터 아래로는 서민에 이르기까지 모두들 힘을 내어 돕게 해야 합니다." 조대비가 말합니다. "앞으로 대원군과 매사를 꼭 의논하여 처리하라."[228]

그렇습니다. 경복궁 공사 인력과 자금은 모두 백성과 대신들을 비롯한 고관대작들 힘으로 해결하라는 겁니다. 그리고 그 공사에 총책임자는 대원군 이하응이었습니다.

기이한 징조들

중건이 결정되고 나서도 희한한 일은 이어집니다. 한 달이 지난 5월 28일 어전회의에서 13살 먹은 고종이 내시에게 구리 그릇 하나를 가져오라고 명령합니다.

창의문 그러니까 자하문 근처에 있는 석경루라는 정자 땅속에서 발견한 그릇이라고 합니다. 박경회라는 사람이 발견했는데 그릇에는 덮개가 있었고 덮개 속에는 소라처럼 꼬인 술잔이 들어 있었습니다. 그 뚜껑 안에 이렇게 적혀 있습니다.

'장수를 기원하는 그릇이다. 화산도사 소매 속에 있던 보물이니 동방의 국태공國太公에게 바친다. 을축년 사월절에 이를 열어볼 사람은 옥천옹玉泉翁이다.'[229]

동방 국태공이 누굴까요. 바로 흥선대원군입니다. 그러니까 하필 '을축년' 1865년 5월 경복궁을 중건하겠다고 선언하고 딱 한 달 이틀이 지난 뒤 이 어마어마한 예언이 담긴 구리 그릇이 발견된 겁니다.

희한한 일은 또 있었습니다. 지금 개방돼 있는 청와대 뒷산 절벽에는 '天下第一福地(천하제일복지)'라는 글자 6개가 새겨져 있습니다.

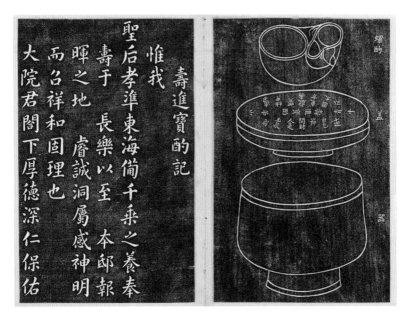

惟我聖后孝進東海備千乘之養奉壽于長樂以至本邸報晖之地睿誠洞屬感神明而呂祥和固理也大院君閣下厚德深仁保佑

壽進寶酌記

1865년 자하문 근처 땅속에서 정권을 축복하는 구리그릇이 발견되자 고종은 그 내력을 적은 '수진보작명첩壽進寶酌銘帖'을 제작해 고위층과 종친에 배포했다. /서울역사박물관

1990년에 발견된 이 글자는 청와대 자리를 포함한 경복궁 일대가 천하 명당임을 알려주는 상징이라고 화제가 됐었지요. 그런데 이 글씨는 아득한 옛날이 아닌 구한말, 대원군이 경복궁 중건을 결정할 무렵에 새긴 글씨였음이 밝혀졌습니다. 아무리 빨라야 1850년대 전후입니다. 이 또한 경복궁 자리가 천하 길지임을 알려주는 예언이었지요.

경복궁이 중건돼야 할 이유, 그 중건을 흥선대원군이 주도해야 할 이유에 대해서 이렇게 상징 조작 혹은 주술과 미신의 의존한 합리화가 이루어졌던 거지요. 이 같은 주술적인 합리화가 없이는 경복궁 중건이 어려웠다는 이야기입니다.

표류하는 갑자유신

1865년 5월 7일, 경복궁 중건작업이 시작됐습니다. 2년 뒤인 1868년 8월 19일 조선 왕실은 임진왜란 발발 후 276년 만에 창덕궁살이를 끝내고 경복궁으로 환궁했습니다.

1872년 9월 16일 조정에 올라온 최종 보고서를 보면 총 공사비용 가운데 현금은 왕실 자금이 11만 냥, 전주 이씨 종친들 추렴금 34만 913냥 6전, 백성이 '원납願納'한 돈이 727만 7,780냥 4전 3푼으로 총계 783만 8,694냥 3푼이었습니다. 784만 냥 가운데 백성 '원납한 돈', 그러니까 '자발적으로 내놓은 돈'이 728만 냥이었습니다. 가난하기 짝이 없는 그때 그 누가 자발적으로 돈을 내놓았을까요. 대원군 집권을 반겼던 백성은 물론 먹고살 만한 사대부까지 불만이 쌓이기 시작합니다.

어렵게 시작한 갑자유신을 대원군은 스스로 망가뜨리기 시작합니다. 겨우 밝아오던 조선의 미래에 다시 먹칠을 하기 시작합니다. 무시무시한 갑자유신 폭풍 속에서 모든 것을 다 빼앗긴 옛 권력자들은 대원군이 헛발질할 순간만을 기다리고 있었습니다. 헛발질 시작이 경복궁 중건입니다.

25

자만했던 베르뇌와
닫혀버린 조선의 문

1866년 2월 23일
〔 프랑스 신부 베르뇌 체포 〕

10월 19일
〔 **병인양요 발발** 〕

1866년 2월 23일, 한성에서 베르뇌라는 프랑스 사람이 체포됩니다. 베르뇌는 장경일이라는 한국 이름으로 선교 활동을 하던 신부입니다. 그날 측근들로부터 보고를 받은 흥선대원군이 긴장하기 시작합니다.

이틀 뒤 한성 좌우포도청에서 장경일에 대한 수사 보고서를 조정에 올립니다. '남씨 성을 가진 승지와 베르뇌가 종종 서로 만나며 친하게 지냈는데 이들이 러시아에 변고가 있다는 설과 프랑스와 화약和約을 맺을 계책이 있다고 모의했다'는 겁니다.[230] 소식을 들은 흥선대원군 등에서는 식은땀이 흘러내렸습니다. 아마 이렇게 중얼거렸을 것 같습니다. "모든 것이 끝났다."

천주교와 손잡았던 대원군

국내정치 개혁이 진행 중이던 1865년, 러시아 사람들이 북쪽 두만
강을 침범해 통상을 요구하는 일이 벌어집니다. 대원군을 비롯한 정
부고관들은 이에 위기의식을 느끼고 있었습니다. 그때 선교활동 중
이던 베르뇌가 대원군에게 접촉합니다. 러시아를 경계하고 있던 영
국, 프랑스와 손을 잡으면 러시아를 물리칠 수 있다고 제안하지요. 다
음은 베르뇌가 파리 외방전교회 신학교장에게 보낸 편지입니다.

'최근 한 조선 관리를 통해 조선 땅에 정착하기 위해 러시아인들이 하
는 새로운 탄원에 대해 대원군과 몇 차례 접촉한 바 있다. 대원군은 내
편지를 매우 호의적으로 받아들였다. 왕 어머니인 그 부인은 나에게
북경에 있는 프랑스 공사에게 종교 자유를 청하러 오라는 편지를 보내
라고 비밀리에 전갈을 보내왔다.'[231]

대원군은 천주교와 깊은 인연을 맺고 있었습니다. 아내 민씨도 천
주교도였고 아들 명복(고종) 유모 마르타 또한 세례 신도였죠. 민씨는
매일 기도문을 외우고 자기 아들이 왕이 된 사실에 감사 미사를 드려
달라고 베르뇌에게 부탁하기도 했습니다.[232] 그래서 대원군은 천주교
와 선교사를 적대시하지 않았고, 자기 휘하 판서들에게 이들 이야기
를 수시로 해주곤 했습니다.[233] 당연히 운현궁에는 천주교도들이 수
시로 들락거렸죠.

어느 날 운현궁에 남종삼이라는 전직 승지가 나타납니다. 운현궁

에는 현직 고관 대여섯 명이 있었습니다. 남종삼이 말합니다. "영국, 프랑스와 동맹을 맺으면 러시아로부터 조선을 지킬 수 있습니다." 이는 대원군 아내 민씨 충고에 따른 제안이었습니다. 대원군이 말하지요. "똑같이 김병학 판서에게 말하거라." 다음 날 대원군이 남종삼을 불러 또 묻습니다. "베르뇌 주교가 러시아를 막을 수 있다고 확신하는가." "물론입니다." "주교더러 내가 좀 보잖다고 전하라."

서울 양화진에 있는 남종삼 흉상.

남종삼은 물론 소식을 들은 천주교도들은 "나라 수도에 어울리는 큰 성당을 짓게 됐다"며 흥분하기도 했습니다.[234] 1866년 1월 31일 지방에 있던 베르뇌가 부랴부랴 서울로 올라옵니다. 2월 22일 포도청 포졸들이 베르뇌가 살고 있던 천주교도 홍봉주 집을 샅샅이 뒤지더니 다음 날 베르뇌는 체포되고 맙니다.

그놈의 정치

아들을 왕에 앉혀놓고 500년 개혁작업을 하던 대원군입니다. 그때까지 권력을 잃지 않은 노론과 세도권력가도 그 개혁 대상이었습니다. 하지만 대원군은 이들에 비해 권력기반이 약할 때였습니다.

그런데 감히 서학교도가 대놓고 서울을 휘젓고 다니질 않나, 전직 관료가 그 선교사들을 이용해 유럽 국가를 불러들일 계획을 세우지 않나, 게다가 선교의 자유? 거기에 운현궁?

대원군 '헛발질'만을 기다리고 있던 수구세력에게 이런 기회가 없습니다. 동시에 대원군에게는 이런 위기도 없습니다. 노련한 정치가 라면 어떡해야 할까요. 얼굴을 싹 바꿔버립니다.

3월 1일 고양에 숨어 있던 남종삼이 체포됩니다. 닷새 뒤 이미 체포됐던 프랑스 신부들을 포함해 그때까지 체포된 천주교도들이 참수형을 당합니다. 나흘 뒤 조정에서 명이 떨어집니다. "사교를 소탕한다. 믿는 자를 숨겨주면 모두 코를 베어 죽이리라."[235]

한동안 잠잠했던 천주교 박해가 시작됩니다. 병인박해입니다. 잔혹한 처형을 통해 자기가 천주교와 무관함을 '증명한' 대원군은 정치적 위기를 가까스로 벗어납니다. 정치는, 참 잔인하고 덧없습니다.

조선이 잃은 것들

프랑스 신부 9명 처형을 복수하기 위해 프랑스해군이 벌인 전투가 그해 10월 벌어진 병인양요입니다. 7월 13일 북경 주재 프랑스 공사 벨로네가 청나라 실권자 공친왕에게 이렇게 편지를 보냅니다.

"조선 국왕은 스스로 멸망을 선언했다. 우리 군은 조선 정복을 위해 진군할 것이다. 존엄한 프랑스 황제는 현 국왕을 폐위시키고 새 국왕을 옹립할 것이다."[236]

10월 19일 프랑스함대가 강화도에 도착했습니다. 이날 대원군은 조정회의에 이런 글을 들여보냅니다.

'화친은 나라를 팔아먹는 행위다. 교역은 망국 행위며 도주행위는 나라를 위태롭게 하는 행위다.'[237]

이 글은 4년 뒤 척화비로 새겨져 전국에 배포됩니다. 전투는 벌어졌고 프랑스군은 경미한 인적 물적 피해와 함께 왕실 도서와 은괴를 들고 철수했습니다.

병인양요는 '강병強兵'이라는 분야에 눈을 뜨게 한 사건입니다. 대원군은 강화도 군부대 진무영鎭撫營을 대폭 강화합니다. 10월 17일 대원군은 군인인 우포도대장 이장렴을 강화유수 겸 진무사로 임명합니다.[238] 이후 강화유수는 모두 군인으로 대체됩니다. 신미양요 (1871· 장면 30)까지 겪으며 대원군은 강병책을 더욱 강화합니다. 1874년까지 예비군(속오군)이 지키던 진무영에 3,500명이 넘는 병력이 확보됩니다. 진무영 훈련대장 신헌은 대원군 지시로 수중시한폭탄인 수뢰포, 포신 방향과 각도를 자유롭게 조종할 수 있는 마반포거를 비롯해 10가지가 넘는 신무기를 개발하지요.[239]

하지만 국내 정치 탓에 잃은 가치들이 너무 크고 아픕니다. 민족주의 사학자 박은식이 말합니다.

'새로운 조선을 건설하여 문명 열강과 같이 바다와 육지로 함께 달리며 여유로워야 했었다. 국외를 대하는 데는 배척을 주장으로 삼아 문을 닫고 스스로 소경이 되었다. 애석하도다. 아픈 역사가 여기에서 비롯되었다.'[240]

서울 양화진에 있는 대원군 척화비 모형.

26

왕비가 된 민씨,
민씨 놀이터가 된 조선

1866년 5월 5일
[고종-민비 결혼]

1866년 정월 초하루(2월 15일), 조선 팔도에 금혼령이 떨어집니다. 미혼인 고종 아내를 고르기 위해 혼인 적령기에 있는 양반 규수 결혼을 금지하는 명령입니다. 복잡한 절차를 거친 끝에 4월 20일 여흥 민씨 민치록의 딸이 혼인 대상으로 낙점됩니다. 왕비에 책봉된 다음 날인 5월 5일 그녀가 고종과 혼례식을 올립니다.[241] '민비閔妃' 혹은 '명성황후明成皇后'라고 부르는 조선 26대 국왕 부인입니다.

많은 사람이 민비 이름을 '민자영'이라고 주장합니다. 하지만 민자영은 소설가 김동인이 '운현궁의 봄'을 쓰면서 창작한 이름일 뿐, 민비 이름은 어디에도 기록이 없습니다. 식민시대 이왕직이 작성한 왕비 명단, '열성황후왕비세보列聖皇后王妃世譜'에는 민비뿐만 아니라 그 어떤 왕비도 가족 남자들만 나와 있을 뿐, 왕비 본인 이름은 없습니다. 참 기이한 나라죠?[242]

금혼령 8일 후 천주교 신부 베르뇌가 체포됩니다. 병인박해가 시작됐지요. 경복궁 공사 때문에 속을 썩던 대원군에게 천주교 문제까지 겹칩니다. 대원군은 천주교 탄압으로 정국을 돌파하며, 아예 국왕 사돈 가문이 국정에 끼어들지 못할 계획을 세웁니다. 소위 '한미한 집안', 권력에 접근할 여지가 없는 가문을 골라 왕비로 삼기로 결정합니다.

그래서 결정된 여자가 민비입니다. 민비 아버지 민치록은 생전에 이렇다 할 벼슬도 못 하고 1858년 10월 23일 죽었습니다. 1858년 1월 12일 경상도 영천군수에 임명돼 1년 남짓 근무한 게 끝입니다.[243]

자, 세도를 부릴 국왕 장인도 없습니다. 자녀는 모두 죽고 오직 고명딸인 민비 한 사람만 남아 있었죠. 권력을 탐낼 사람이 아무도 없었다는 이야기입니다.

대원군 아내가 대원군에게 이렇게 권하죠.

"저 아이가 내 친정 아이니 설마 권세를 빼앗겨도 딴 사람보다 낫지 않겠소?"

그녀 또한 여흥 민씨입니다. 대원군이 투덜댑니다.

"당신 집 민승호가 내 처남인데 승호 동생을 왕비로 삼으면 승호가 내 자식(고종)한테도 처남이니 체면이…."[244]

대원군은 설득에 넘어가고 맙니다. 한미하게 살다가 한미하게 죽은 민치록 딸은 힘없는 왕비로 적절했으니까요. 하지만 대원군은 '왕비의 타고난 자질이 영명하고 거동이 활달함을 보고 마음에 꺼려하였다'고 합니다.[245]

대신 대원군은 아들 혼례식을 자기 집 운현궁에서 치릅니다. 효종 이후 왕세자나 왕 혼례식을 효종이 살던 옛집에서 치러온 관례[246]를 깹니다. '집주인인 나, 대원군에게 저항하지 말라'는 강력한 경고였죠 (1882년 민비는 자기 아들 순종 혼례식을 효종 집도, 운현궁도 아닌 안동별궁에서 치르며 또 자기 권세를 자랑합니다).

준비된 왕비, 예정된 민씨정권

과연 민비는 남편 보필이나 하려고 영문도 모르고 왕비가 된 사람일까요? 1866년 왕비가 된 민비는 경기도 여주에 있던 아버지 묘를 제천으로 이장합니다. 제천에서 이천으로, 이천에서 광주로 또 이장합니다. 1894년 민비는 광주에 있던 묘를 충청도 보령으로 이장합니다. 네 번 이장입니다. 대한민국 시대인 2003년 보령에 있던 다섯 번째 묘는 다시 한번 이장돼 맨 처음 묻혔던 자리로 돌아옵니다.

지금도 사라지지 않은 풍수 사상에 따라 대운을 바라는 후손들이 늘상 하는 일이 조상묘 이장입니다. 민비는 왕비가 되고 나서도 이 풍수에 집착해 아비 묘를 끝없이 옮기죠. 관례에 따라 무덤이 있는 땅은 모두 여흥 민씨 소유로 바뀝니다. 민비는 단순한 인물이 아니었습니다.

단순한 집안도 아니었습니다. 대원군 아버지 남연군도 아내가 여흥 민씨, 대원군 아내도 여흥 민씨입니다. 여흥 민씨는 고려 때부터 명문가였습니다. 한 집안이 몰락했다고 해도 그 집안을 둘러싼 네트워크는 굳건합니다. 대원군과 고종 겹처남이 된 민비 수양오빠 민승호는 혼례식 이듬해에 호조참판이 되고 형조판서, 병조판서로 승진합니다. 같은 항렬인 겸호, 규호, 태호 무리들도 속속 관직에 등용되지요.

1873년 대원군 실각 후 고종이 설치한 친위조직들이 있습니다. 무위소武衛所와 통리기문아문, 통리군국사무아문, 내무부 따위 이름으로 속속 설치된 이들 친위조직 수뇌부는 모조리 민씨로 채워집니다. 이조(인사), 호조(재정), 병조(군사), 형조(사법) 또한 민씨들이 장악합니다.[247] 1880년대 중앙과 지방 관직에 진출한 민씨는 260명 정도였는데 이들 민씨는 공식적인 인사권을 가지고 있던 의정부가 아니라 국왕 고종이 중비 (中批: 특채)를 통해 임명한 사람들이었습니다.[248]

한 집안이 똘똘 뭉쳐서 왕비부터 장관까지 다 차지했습니다. 세도정치를 없애겠다던 대원군 계획은 무참하게 실패로 돌아갑니다.

부패는 당연합니다. 부패하지 않으면 그게 비정상입니다. 매천 황현이 기록합니다.

경북 영주 소수박물관에 있는 민치록 공덕비.

'민씨들이 집권한 뒤 무절제한 씀씀이가 겹쳐 관청 관리들은 모두 빈 창고를 지킬 뿐이었다. 병사들 급료를 빼먹은 지가 몇 해째 이어져 욕설이 자자했다. 그리하여 조선 팔도는 민씨들 원망하는 소리로 뒤덮였다. 사람들은 "왜 난리가 일어나지 않을까?"라고 반문했다. 어떤 사람들은 "무슨 좋은 팔자라고 난리를 볼 수 있겠나?"며 장탄식을 하기도 했다.'[249]

대원군은 며느리가 무서운 사람임을 몰랐고, 그 집안이 자기 아들 고종과 연합해 나라를 만신창이로 만들 줄 꿈에도 몰랐겠지요. 민씨와 고종이 연합한 정권을 '고종-민씨척족정권'이라고 합니다.

그 덕분에 민비 아버지 민치록만큼은 죽어서 호사를 누립니다. 여주에 있는 민치록 묘비 글씨는 민비 아들 순종 글씨입니다. 비석 뒤 글씨는 민영환 글씨입니다. 무덤으로 올라가는 길섶에는 민치록 신도비가 있습니다. 신도비 제목은 고종이 썼습니다. 내용은 민영익이 썼습니다. 죽기 전 군수로 일했던 영천에는 뒤늦게 '고 군수 여성부원군 민공치록 유애비故郡守驪城府院君閔公致祿遺愛碑'라는 공덕비가 세워집니다. 딸이 왕비로 결정되던 4월 20일 이 전직 군수는 영의정에 추증됩니다.[250]

청전 유통과 파리 만국박람회

1867년 4월 1일

[파리만국박람회 개최]

1867년 7월 4일

[대원군, 청전 유통]

청전 유통과 백성의 행복

병인양요가 한창인 1866년 11월 11일, 청나라 사신이 고종 국왕 책봉조서를 들고 옵니다. 왕위에 오른 지 3년 만에 고종은 청나라 황제에 의해 정식으로 조선 제후로 임명됐습니다.[251] (참 이놈의 사대는 지긋지긋합니다) 며느리를 맞고, 양요를 치러내고, 아들이 왕이 되는 모습을 본 대원군은 자신감을 회복하고 경복궁 공사를 강행합니다.

하지만 공사 비용은 가난한 조선이 감당하기에는 너무 컸습니다. 결국 1867년 1월 15일 대원군은 기존 상평통보에 비해 명목 가치가 100배인 '당백전當百錢'을 주조해 통용시킵니다.[252] 조선 사회는 극심한 인플레에 시달리기 시작했죠. 그 부작용 때문에 불과 6개월 만인 1867년 6월 5일 당백전은 사용이 중단되고 열흘 뒤 주조도 중단됩니다.[253]

강제적 성금 모금과 악성 화폐 유통. 공사가 무리임이 드러났음에도 대원군은 궁궐 공사를 멈추지 않았습니다. 한 달 뒤인 7월 4일 대원군은 아랫사람 건의를 받아들이는 형식으로 청나라 돈을 유통시키기로 결정합니다. 실질 가치가 상평통보의 5분의 1밖에 안 되는 나쁜 돈입니다.

대원군은 이 청전을 양성화해서 경복궁 토목 비용으로 사용합니다. 그때 명분이 이러했습니다. '청전은 법으로 그 유통이 금지돼 있어 헛되이 쇠붙이 불리는 재료로나 쓰이고 있으니 이는 아무 가치가 없는 일입니다. 이 청전을 전격 통용시키면 공사 거래가 넉넉하게 될 방법이니 이 뜻을 한성과 지방에 널리 알려 편히 사용하게 하소서.'[254] 녹여서 쇠붙이로 쓰느니 돈으로 쓰는 게 훨씬 낫다는 거지요. 재정이나 금융정책과는 거리가 먼 소리로 들립니다.

국가는 국민 행복을 위해 존재합니다. 조선왕국도 애민愛民과 위민爲民을 최고 가치로 삼았습니다. 그 수단은 부국과 강병입니다. 행복과 부국과 강병은 서로 맞물려 있습니다. 대원군이 시도한 갑자유신은 이 셋 중 어느 하나도 희생시키지 않으면 불가능한 개혁입니다. 쇄국과 적자 재정을 담보로 대원군은 왕권 확보를 추구하고 있었습니다. 그 와중에 국가 목표인 백성의 행복은 후순위로 밀리고 있었지요.

교류하는 근대, 만국박람회

눈을 바깥으로 돌려봅니다. 조선에서 백성과 전혀 상관없는 토목 공사가 극단적인 적자 속에 진행되고 있는 사이 유럽과 일본에서는 또 다른 세상이 열리고 있었습니다. 1867년 4월 1일 프랑스 파리에 서 열린 만국박람회입니다.

1851년 런던에서 처음 열린 이래 프랑스가 두 번째 개최한 박람회 입니다. 근대에 접어들면서 유럽 각국은 자기 국력을 자랑하고 외국 과 상품을 교류하기 위해 만국박람회를 잇달아 개최합니다. 1851년 런던박람회에서는 콜트사가 권총, 1867년 파리박람회에 독일 크루 프사가 14인치 대포, 1876년 미국 필라델피아박람회에서는 미국 벨 이 전화기, 1878년 파리박람회에서는 에디슨이 축음기, 1889년 파리

파리만국박람회 조감도(1867). /미의회도서관

박람회에서는 에펠이 철로 만든 에펠탑을 선보였습니다. 모두 근대에 필수적인 폭력과 교류와 재료를 상징합니다. 1867년 파리박람회는 24개가 넘는 나라가 참가했고 관람객은 1,500만 명이 넘었습니다.

누차 말씀드렸듯이 근대는 '교류'가 만들었습니다. 바깥에서 들어온 문물이 고여 있던 공동체를 변화시킵니다. 이 박람회에 일본 대표들이 참가합니다. 중앙정부 격인 막부, 그리고 사쓰마번과 사가번이 박람회에 대표단을 보내고 상품을 전시하지요. 〈[장면 06]《고금도서집성》과 지식의 독점〉과 〈[장면 08]지성의 파멸선언 '병오소회'와 '칸세이이학의 금' 기억나시는지요. 일본 지도자들은 이미 18세기 전부터 외부와 지적인 교류를 해왔습니다. 그 교류가 열매를 맺기 시작합니다.

임진왜란 이후 일본을 통치했던 도쿠가와 막부는 한계가 드러나고, 이제 각 번들이 근대를 맞이하기 위해서 준비하고 있었습니다. 그래서 초청을 받은 막부정부와 함께 강력한 번인 사츠마번과 사가번이 독자적으로 박람회에 참가합니다. 이 박람회에서 일본은 두 가지를 얻어 갑니다.

첫째는 '자포니즘japonisme'이라는 홍보 효과입니다. 일본은 문명국이며 예술의 나라라는 이미지를 얻습니다. 국제심사위원들은 일본이 출품한 종이와 비단 제품, 칠기를 높이 평가해 일본에 그랑프리상을 수여합니다.[255] 이후 유럽에는 자포니즘이라는 독특한 예술 사조가 형성됩니다. 인상파 화가들 사이에는 일본식 색감을 채용하거나 일본 물건을 캔버스에 포함시키는 작업이 유행했습니다. 빈센트 반 고흐가 대표적입니다. 그가 그린 '탕기 영감 초상화' 배경에는 일본 우키요에에 나오는 사내와 기모노를 입은 여자 그림이 등장하고 있습니다.

모네, '기모노를 입은 모네 부인' /미국 보스턴미술관(좌)
반 고흐, '탕기 영감 초상화' /프랑스 로댕박물관(우)

두 번째는 실리, 바로 돈입니다. 사츠마와 사가 두 번은 임진왜란 때
일본으로 건너간 조선 도공에 의해 요업산업이 발달해 있었습니다.
두 번이 출품한 도자기들은 파리박람회에서 완판됐습니다. 사가번은
도자기 판 돈으로 네덜란드로부터 군함 한 척을 발주합니다. 군함 이
름은 닛신마루日進丸입니다. 그릇 판 돈이 군함으로 바뀌었습니다.

무엇보다 교류 자체가 유럽과 일본이 얻은 가장 큰 성과입니다. 도
자기를 출품했던 사가번은 품질이 표준화돼 있는 유럽 도자기 기술
에 눈을 돌립니다. 이미 도자기 제조 강국이지만, 사가번은 고트프리
트 바그너라는 독일 화학자를 초빙해 유럽 자기 제조기술과 저렴한
코발트 안료 제조법을 전수받습니다.[256] 만국박람회를 통해 유럽 근
대 문명을 본 일본 정부는 1868년부터 일본제국헌법이 발표된 1889

년까지 20년 동안 외국인 전문가들을 고용합니다. 고용된 외국인은 모두 2,299명이었습니다.[257]

　좁은 바다를 사이에 두고 한 나라에서는 궁궐 지을 돈이 모자라 돈을 찍어냅니다. 한 나라는 중앙, 지방 할 것 없이 돈을 법니다. 한 나라가 나라 문을 굳게 잠그고 있을 때 한 나라는 그 문을 과감하게 열고 외국으로 가서 나라를 알리고 돈을 벌어옵니다. 아래 일본 막부 대표단 사진이 있습니다. 윗줄 맨 왼쪽 사람은 2024년 일본 1만 엔짜리 지폐 모델로 선정됐습니다. 일본 자본주의 아버지라 불리는 시부사와 에이이치澁澤榮一입니다.

파리만국박람회 일본 막부대표단. 윗줄 맨 왼쪽이 시부사와 에이이치澁澤榮一다.
/일본 시부사와자료관

28

오페르트 도굴사건과 메이지유신

1868년 1월 3일

[일본 메이지유신 시작]

1868년 5월 12일

[오페르트, 남연군묘 도굴 미수]

1868년 조선, 남연군묘 도굴과 쇄국

5월 대원군 아버지 남연군묘가 도굴됩니다. 도굴범은 독일 상인 오페르트입니다. 묘를 도굴하자고 부추긴 사람은 병인박해를 탈출한 파리외방전교회 소속 신부 페롱입니다. 물주는 미국 상인 젠킨스입니다. 이들을 안내해 충청도 덕산까지 이끈 사람은 최선일, 김학이, 심순녀 같은 청나라 상해로 달아난 조선인 천주교도들입니다.

프랑스 신부 대학살에 충격을 받은 이들은 도굴품을 미끼로 통상과 선교의 자유를 요구하려고 했지요. 5월 12일, 이들은 지금 서해안 고속도로 행담도휴게소 앞바다에서 작은 배를 타고 강을 따라 덕산

1868년 오페르트가 도굴을 시도했던 충남 예산 남연군묘. /이기웅

까지 진입합니다. 이들은 오후 5시 남연군묘에 도착해 도굴을 시작했지만 석회로 견고하게 마감한 관을 열지는 못했습니다. 마침 썰물로 물이 빠져나가면서 도굴은 실패하고 이들은 철수합니다.

　병인박해가 터진 지 2년이 갓 지났는데 서학쟁이들이 조상묘를 건드려? 게다가 임금 할아버지묘를? 이 무덤은 대원군 아들을 왕으로 만들어준 무덤입니다. 남연군 묘는 원래 경기도 연천에 있었습니다. 그런데 '2대에 걸쳐 천자가 나올 땅'이라는 풍수쟁이 말에 대원군은 이곳 덕산 땅으로 이장을 감행했지요.

그리고 오페르트가 대원군에게 편지를 보냅니다. "남의 무덤을 파는 것은 예의가 없는 행동이다. 하지만 무력을 동원해 백성을 도탄에 빠뜨리는 것보다 낫기에 할 수 없이 그리하였다." 편지 끝에는 이렇게 적혀 있었습니다. "귀국 안위安危가 귀하의 처리에 달려 있으니 후회하는 일이 없도록 하라."[258] 지방 관리는 이 끔찍한 협박문서를 감히 대원군에게 전달하지 못했습니다.

소식을 들은 대원군이 '진심으로' 화를 냅니다. 오페르트에게 대원군이 보낸 편지입니다.

"나에게 위해를 가할 목적으로 조선에 들어와 가당치도 않은 짓을 벌였다. 나는 더 이상 선린과 우호의 정신을 견지하지 않기로 했다."[259]

대원군 정권은 나라 문에 육중한 자물쇠를 채워버립니다. 대신 강병책은 더욱 강화됩니다. 대원군은 전국 군사 요지에 조총 부대를 창설합니다. 3,600명이 넘는 병력이 이들 부대에 편성됐습니다.[260] 때로 역사는 이처럼 예기치 않은 사건으로 방향이 바뀌기도 합니다. 참 아쉬운 장면입니다.

1868년 일본, 메이지유신

'최근 외국과 교제가 활발해져 정권이 하나가 아니면 국가를 다스리는 근본 원칙이 서지 않게 되었으니, 낡은 관습을 고쳐 정권을 조정에 돌려보내고 널리 천하의 논의를 거쳐 천황 판단을 구하고 마음을 모아

협력하여 일본을 지키고자 합니다. 반드시 해외 국가와 어깨를 나란히 할 수 있을 것입니다.'[261]

1867년 11월 9일 도쿠가와 막부 마지막 쇼군인 도쿠가와 요시노부가 '대정봉환大政奉還' 상소문을 천황에게 올립니다. 막부가 위임받았던 통치권을 천황에게 돌려준다는 상소문입니다. 근대화에 미적지근한 탓에 개혁파로부터 타도당하기 전 천황에게 권력을 주고 그 체제 속에서 자기네 권력을 유지하려는 계획이었죠.

다음 날 메이지 천황은 즉시 수락합니다. 반反막부 개혁파는 이 정도로 만족하지 않았습니다. '널리 천하의 논의를 거쳐'라는 문구는 막부가 신질서에 참여하겠다는 뜻이니까요. 구체제를 타도하려던 개혁파는 막부 숨통을 끊기로 결정합니다.

1868년 1월 3일 반막부파는 천황 명의로 '왕정복고 대호령'을 선언하고 쿠데타를 일으킵니다. 다음은 개혁파가 만든 '왕정복고 대호령'입니다.

'조정 최고 관직들을 모두 폐지한다. 신분 높낮이 구분 없이 올바른 뜻을 마음껏 논하게 한다. 오만하고 타락하고 더러운 습성을 씻어내고 진충보국의 정성으로 봉사하라.'[262]

전면 개혁. 일본식 근대화, 메이지유신의 시작입니다.

에도 무혈 개성

1월 27일 막부군과 신정부군 사이에 전쟁이 터집니다. 1868년 무진戊辰년에 벌어진 전쟁이라 '보신(무진)전쟁'이라고 합니다. 쾌속승전한 신정부군은 4월 7일을 막부가 있는 에도(江戸, 도쿄) 총공격의 날로 결정합니다. 그러자 막부군 육군총재 가쓰 가이슈가 신정부군 총사령관 사이고 다카모리에게 편지를 씁니다.

"당신이 현명한 조치를 취하면 에도도 나라도 구할 수 있지만 판단을 그르치면 나라는 붕괴된다." 100만 명이 사는 에도를 내전으로 피바다로 만들지 말자는 제안입니다. 4월 5일과 6일 사이고와 가쓰가 담판을 가집니다.

사이고가 말하죠. "에도를 넘기시라."

가쓰가 말합니다. "넘기겠다."

"무기와 탄약도 넘기시라."

"넘기겠다. 단 반납 시기는 늦춰 달라. 강경파가 반발해 전쟁이 터진다."

한 달 뒤 5월 3일, 에도 성문이 열리고 신정부군은 무혈 입성합니다. 에도는 전화戰火를 피했습니다. '에도 무혈 개성江戸無血開城'이라고 합니다.

사이고가 가쓰에게 말합니다. "에도 치안을 부탁드립니다. 지금부터는 가쓰 선생께서 어떻게든 해주시겠지요."

어제까지 적이었던 장수가 무력武力을 적에게 맡기고 사라져버립니다. 가쓰는 "말문이 막혔다"고 회상합니다.[263]

사이고와 가쓰가 2차 담판을 벌이던 4월 6일 메이지 천황이 맹세문을 발표합니다. 신분을 뛰어넘는 사회를 지향. 국제법 준수. 서양문명을 추구해 국가 발전 등등등. 200만 명에 이르는 지배계급 사무라이들이 하루아침에 특권을 내려놓았습니다.[264] 메이지유신 전문 학자 미타니 히로시 교수는 이렇게 말합니다. "혁명 중심 세력인 사무라이 계급이 혁명 뒤 사라졌다는 게 불가사의하다. 무사계급 자체가없어졌다. 자기 다리를 자기가 잘랐다."[265]

정곡을 찌른 오페르트

근대를 앞둔 조선과 일본 풍경이 이렇게 다릅니다. 그 변수는 지성知性과 교류입니다. 지성사의 양적, 질적 차이는 현재를 보는 안목과 미래를 준비하는 비전의 차이를 만듭니다. 조선에서는 지성이 억압됐고 교류는 금지됐습니다. 일본은 1543년 유럽에서 조총을 수입한 이후[266] 외부 교류를 통해 다양한 지식과 정보를 쌓아왔습니다.

조선 선비는 과거에 붙고 벼슬을 얻으려면 오로지 성리학에 매진해야 했죠. 일본 사무라이들은 자유롭게 공부했습니다. 주자학, 양명학, 불교, 유럽 학문인 란가쿠蘭學, 병학 등 아무 제약이 없었습니다. 일본 근대화를 실천했던 세력은 이렇게 '자유롭게 독서하는 사무라이들'이었습니다.[267] 일본이 파리만국박람회에 참가한 이유는 갑자기 툭 튀어나온 호기심이 아닙니다. 누적된 지성사와 교류사가 만들어낸 필연이지요.

오페르트는 세 차례 조선을 방문해 책을 씁니다. 이런 구절이 눈에 떱니다.

'조선 사람은 창의성이나 기량이 부족하지 않다. 능숙한 중국과 일본 기술자들처럼 되려면 단지 약간의 교육과 격려가 필요할 뿐이다. 억압 적 체제를 겪고 교역이 전면 단절되면서 조선에서 산업정신이 무너졌 다. 그리 놀랄 일이 아니다.'[268]

오페르트, 아주 나쁜 놈인데 정곡을 찌릅니다.

29

서원 철폐와
유럽의 벨 에포크

1871년 5월 9일

[대원군, 서원 철폐]

1871년 5월 10일

[유럽 보불전쟁 종료, 벨 에포크 시작]

"백성에 해가 된다면 공자라도!"

서원書院은 성리학 성현을 제사하는 종교기관이며 성리학자들을 기르는 사설 교육기관입니다. 송나라 때 주희가 만든 백록동서원이 최초입니다. 1871년 대원군이 이렇게 선언합니다.

"선유先儒를 제사해야 할 서원이 도둑 소굴이 돼버렸다. 진실로 백성에게 해가 된다면 공자가 살아난다 해도 나는 용서하지 않겠다."[269]

1543년 경상도 풍기현감 주세붕이 백운동서원을 세운 이래 서원은 당쟁 소굴로 변했습니다. 서인 영수인 송시열을 배향한 화양서원은 노론의 해방구였습니다. 화양서원이 발행한 표찰인 화양묵패華陽墨牌만 내밀면 지방 수령도 명령을 거역 못 했습니다. 공인된 착취 도구였죠.

1871년 5월 9일 대원군은 전국 600여 서원 가운데 47개를 남기고 전격적으로 철거해버립니다. 실록에는 이렇게 기록돼 있습니다.

'두 차례 하교에 따라 대원군 앞에 나아가 논의한 결과 "실로 백세토록 높이 받들기에 합당한 47개 서원을 제외하고는 모두 제사를 그만두며 현판을 떼어내도록 하라"는 하교를 받들었습니다. 시행하겠나이다.'[270]

대원군은 서원 철폐를 철회하라는 상소를 올린 선비들은 한강 밖으로 쫓아내버립니다. 또 암행어사를 보내 백성을 괴롭히는 자들을 처벌하고 집을 몰수해버립니다. 서원 철폐는 전격적이고 비타협적이었습니다.

만동묘를 철폐(1865년 4월 24일) 장면 23 하기 전 이미 대원군과 조대비는 서원 철폐를 예고했었습니다. 1864년 9월 17일 조대비가 선전포고를 합니다.

"서원 폐단이 이루 말할 수 없는 지경에 이르러 술과 음식을 차려놓고 경쟁하는 것을 대단한 일로 여기고 있으며 군대를 도피하는 자들이 절반이요 백성을 학대하고 약탈하는 자들이 공공연하게 백성들을 붙잡아가고 있다. 옛날 어진 이들이 이를 안다면 편히 제사를 받으려 하지 않을 것이다."[271]

마지막 문장을 눈여겨보시기 바랍니다. '옛 어진 이들이 이를 안다면 편히 제사를 받으려 하지 않을 것이다.'

'도덕률'입니다. 도덕과 윤리를 앞세워 서원이 가진 정치적 폐해를 해소하겠다고 선언합니다. 장면 22 에서 우리는 다윈이 선언한 적자생존 시대, 도덕이 아닌 힘의 세상의 도래를 목격했습니다. 아직 조선의 개혁에는 성리학적인 도덕률이 기준이고 명분입니다.

그 개혁을 두고 백성 사이에는 '춤추고 칭송하는 소리가 천지를 진동했다'고 기록돼 있습니다.[272] 하지만 기득권을 송두리째 빼앗긴 노론세력은 대원군이 또 헛발질하기만을 기다립니다. 조선에서 국내 개혁이 한창이던 그때, 세계에서는 무슨 일이 벌어졌을까요.

보불전쟁과 유럽의 벨 에포크

1870년 7월 19일 프랑스와 프로이센 사이에 전쟁이 터집니다. '보불전쟁'이라고 합니다. 프랑스 영향력 아래 있던 남부 독일을 통합해 독일을 통일하려는 프로이센과 이를 저지하려는 프랑스 제2제정 사이에 벌어진 전쟁입니다. 이 전쟁에서 프로이센이 승리하고 독일은 통일이 됩니다. 전쟁을 승리로 이끈 사람은 '철혈재상'이라고 불리는 비스마르크와 빌헬름1세입니다. 이 비스마르크는 훗날 조선과 깊은 관계를 맺게 됩니다. 장면 31 에서 말씀드리겠습니다.

프랑스에서 전쟁을 이끌었던 사람은 삼촌인 나폴레옹에 이어서 제 2공화정을 무너뜨리고 황제가 된 나폴레옹 3세입니다. 1871년 5월 10일 전쟁이 종료됩니다. 프랑스에서는 나폴레옹 3세가 물러나고 제 3공화정이 성립되지요.

이렇듯 19세기 후반은 유럽에서는 민족주의가 흥기하고 그 결과 보불 전쟁이 벌어졌습니다. 전쟁 이후 유럽은 세력이 재편되고 언젠 가 재발할지 모르는 전쟁을 잠재한 상태에서 평화가 유지됩니다.

이때부터 1차세계대전(1914)까지 이르는 평화의 시대를 '벨 에포 크(Belle Epoque: 아름다운 시대)'라고 합니다. 대량생산과 소비, 예술과 문화가 발전하고 근대 시민 권리의식이 성숙해 간 시대입니다. 그 시 대를 만든 동력은 산업혁명입니다. 증기기관과 철도, 군사력이 이 시 대를 만들었습니다.

벨 에포크 풍경을 담은 르누아르의 '물랭 드 라 갈레트의 무도회'(1876). /프랑스 오르세미술관

어두운 벨 에포크, 그리고 교황청의 몰락

부국과 강병으로 치닫는 유럽 각국은 그 힘을 외부로 향합니다. 유럽 바깥 세계는 바로 벨 에포크를 가져온 구체적인 힘, 철도와 군사와 증기기관선에 의해 전면적으로 유럽 식민지로 전락합니다. 이게 제국주의입니다. 더 이상 도덕률은 없습니다. 다윈이 예견했던 적자생존의 세계, 제국주의의 세계가 벨 에포크 이면에 있는 얼굴입니다. 아니, 그 냉혹한 적자생존이 있기에 벨에포크가 열렸던 거지요. 세상은 그렇게 잔인했습니다.

이 틈을 타서 이탈리아에서는 매우 의미 있는 일이 벌어집니다. 교황청이 있는 이탈리아 로마에는 프랑스군이 주둔 중이었습니다. 이들이 프로이센과 전쟁을 위해 철수합니다. 그 틈을 타서 이탈리아 민족주의 세력이 로마를 공격합니다.

1870년 9월 10일, 교황 피우9세가 이탈리아군 대표 산 마르티노를 접견합니다. 항복을 요구하는 이탈리아 왕 엠마뉴엘2세 편지를 집어던지며 교황이 쏘아붙입니다.

"대단한 충성심이로구나! 너희들은 한 무리 독사요 회칠한 무덤이로다. 신앙심이 부족한 자들아! 내 스스로 선지자도 아니요 선지자의 아들도 아니로되 너희들은 절대 로마로 들어오지 못할지니라."[273]

이탈리아군이 바티칸을 향해 전쟁을 선포합니다. 9월 20일 이탈리아군이 바티칸을 방어하고 있던 아우렐리아누스 성벽을 뚫고 로마를 공격합니다. 서기 275년 당시 로마 황제 아우렐리아누스가 구축한 이래 뚫린 적이 없던 견고한 방어막이었습니다. 교황청은 항복합니다. 중세 이래 1,000년 동안 행사하던 세속적 권력이 최종적으로 사라진 날입니다. 종교적 권위와 도덕률이 순식간에 무가치해진 시대. 근대는 저렇게 굉음과 함께 시작되고 있었습니다.

30

장엄하고 처참했던
신미양요

1871년 6월 1일
[신미양요 발발]

'우리는 조선 군대가 윌리엄 텔처럼 명사수들이며 페르시아 백만대군을 상대한 테르모필레 그리스 군단처럼 용맹하다는 소문을 들었다. 총은 최신 기종이며 힘은 헤라클레스처럼 강하고 잔인함은 호랑이에 맞먹는다고 들었다.'[274]

1871년 한여름 강화도에서 벌어진 미 해군과 조선군 사이 전쟁, '신미양요'에 임한 미 해군 소령 윈필드 슐리의 기록입니다. 그런데 전투 후 슐리의 기록은 많이 바뀝니다.

병인양요가 벌어지기 두 달 전인 1866년 8월 20일 평양 대동강에 미국 상선 제너럴셔먼호가 나타납니다. 당시 외국 배가 조선에 드나

드는 행위는 불법이었습니다. 게다가 프랑스가 자기네 신부 처형을 복수한다는 소문이 퍼져 있던 터라 평양 주민들은 긴장했죠.

그때 평안 감사가 연암 박지원의 손자 박규수였습니다. 철수하라는 박규수 요청을 선원들은 거부했고, 충돌 끝에 8월 30일 평양 주민과 군사는 배를 불태우고 선원들을 모두 죽입니다. 그 복수를 위해, 5년 뒤 미국이 강화도를 공격합니다. 이게 신미양요입니다.

1865년 미국 남북전쟁이 종료됩니다. 1871년 그랜트 정부는 고래잡이와 무역 중개지 확보를 위해 아시아함대를 조선으로 보냅니다. 핑계는 제너럴셔먼호 방화 사건이지만 속내는 조선 강제 개방이었습니다.

6월 1일, 미군 군함 두 척이 강화도와 김포 사이 염하鹽河에 진입합니다. 로저스 제독이 지휘하는 아시아함대 군함입니다. 로저스는 1853년 일본에 개항을 요구했던 페리 제독의 외손자입니다. 병인양요 직후 대원군은 이곳에 '海門防守他國船愼勿過(해문방수타국선신물과)'라는 비석을 세워놓았습니다. '바다 문을 굳게 지키니 타국 선박은 삼가 통과하지 말라'는 뜻입니다.

갑자기 조선군 포격이 시작됐습니다. 남북전쟁 베테랑인 팔로스호 함장 블레이크가 "이보다 더한 포격은 없었다"고 기록할 정도로 대규모 포격이었습니다. 그런데 정신을 차려보니 미군 측 부상자는 단한 명이었고 전사자는 한 명도 없었습니다. 군함들도 피해가 전무했습니다.[275]

6월 9일 총사령관 로저스가 블레이크 중령에게 명령서를 하달합니다. "조선군 진지를 파괴하고 22시간 내에 강화도 진지를 모두 점령

광성보 손돌목돈대 전투 종료 후 상황. /미국 게티박물관

해 보복 역량을 마음껏 과시할 것."[276] 미군은 강화도 초지진을 시작으로 덕진진, 광성보를 초토화시킵니다.

전투 후 들판에는 조선군 전사자 243명 시신이 쌓여 있었고 바다에는 100여 시신이 떠 있었습니다. 조선군은 '돌멩이와 칼, 창, 흙을 던지며 죽을 때까지 싸웠습니다.'[277] 가장 전투가 격렬했던 손돌목돈대 주변에는 '9인치 포에 맞아 숯처럼 타버렸거나 흰옷 위로 선혈 낭자한 200여 조선 병사 시신이 흩어져 있었다'고 합니다.[278] 미군 전사자는 3명이었고 부상병은 10명이었습니다.

미군은 그제서야 며칠 전 대규모 포격에도 피해가 없었던 이유를 알았습니다. 미군이 조선군 진지에서 발견한 대포들은 사격 방향을 바꾸지 못하도록 고정돼 있었습니다. 몇몇 대포는 발사 반동을 막기 위해 나무에 묶여 있었고 화약도 불이 잘 붙지 않는 저급품이었습니다. 사격 거리도 짧아서 포탄이 좁은 염하 가운데까지 미치지 못했고요. 조선군을 두려워했던 슐리 소령은 이렇게 기록합니다.

'소문과 달랐다. 조선군 전사자에게는 최신 무기는 단 한 정도 없었다. 화승총 같은 낡아빠진 무기로 최신 무기를 상대한 것이다. 조선군 무적설은 외눈박이 거인 사이클롭스 신화처럼 헛소문이었다.'[279]

미군은 조선군 사령관 어재연의 장군기 수자기帥字旗를 비롯해 부대기 50점, 무기 481점을 노획하고 퇴각합니다.

1840년 아편전쟁 이후 천지가 바뀐 지 30년이 지났습니다. 서양 화력을 경험한 것도 여러 해 전입니다. 그런데 조선군은 함포 사격은 물론 곡사포와 대포 사격에 대비하지 않았습니다. 병인양요 이후 대원군 지시로 병력을 증강하고 대포도 배치했지만 산업혁명이 만든 대량 살상 무기와 비교할 수 없었습니다.

하지만 무신武臣과 군軍을 우대한 대원군 정책은 이처럼 그들을 적군이 존경할 만큼 악착같은 전사戰士로 성장시켰습니다. 미군 소령 슐리는 이렇게 기록합니다.

'그들은 전멸할 때까지 악착같은 용기로 아무 두려움 없이 영웅적인 의무를 수행하며 전사했다. 그 어떤 나라 남자들도 이들만큼 가족과 국가를 위해 행동하지 못하리라.'[280]

231

장엄하되 처참한 전쟁이었습니다.

각종 이상한 보고들
────────────

강화도가 초토화되고 미군이 퇴각한 뒤 6월 12일 조정에 보고가 올라옵니다.

"첨사 이렴이 밤을 이용해 적을 습격하자 놈들이 퇴각했습니다."[281]

이날 대원군은 병인양요 때 써둔 글을 비석에 새겨 전국에 세우라고 명합니다. 6월 29일 국왕에게 경전을 가르치는 강관 정기세가 고종에게 말합니다.

"강화도는 무장 상태가 견고하고 병력은 정예해 백성들이 두려워하지 않고 있습니다."[282]

7월 6일 중국 상해에서 미국공사 프레데릭 로우가 본국에 이렇게 보고합니다.

'이 전투는 조선의 승리로 중국 정부에 보고될 것이다. 조선의 왕에게도 마찬가지다.'[283]

7월 12일 고종이 명을 내립니다.

"양추洋醜가 물러갔다. 이제 공자孔子의 학문을 더욱 천명하는 것이 마땅하니 내일 문묘文廟에 가서 절을 하리라."[284]

로우 공사 예측은 정확했습니다.

그즈음 일본 외무성에 조선으로부터 긴급 보고가 들어갑니다. '강화도 전투 때 조선군에 체포된 사람 가운데 일본인도 섞여 있는데, 후한 대우를 하도록 하였음.'[285] 이웃나라 전투에 첩자를 파견해 전황을 탐색하고 있었다는 이야기입니다.

그리고 3년이 지난 1874년 5월 5일 영의정 이유원이 고종에게 말합니다.

"장수 집안 자제들도 활을 당기는 것을 부끄러워한다. 이런 사람이 적과 맞서겠는가. 시詩를 지어서 오랑캐를 물리치겠는가."[286]

유린된 강화도를 두고 승리를 주장하며 공자에게 절한 지도자, 그에게 던진 비난입니다.

31

똥오줌을 먹는 고종

1871년 10월 4일
[감기 걸린 고종, 아이 똥오줌을 먹다]

아버지 대원군이 만들어놓은 강화도 해군이 미 해병대와 맞서 결사적으로 싸웠습니다. 결사항전한 군인들의 장엄한 미학에 젖어 있을 틈이 없습니다. 아들 고종이 이끄는 조선 정부가 해야 할 일은 분명합니다. '교류'와 '강병'입니다.

중국을 꼭대기로 한 수직적인 천하天下 질서는 더 이상 조선을 보호해 주지 못합니다. 이제 근대라는 정글에서 살아남을 힘을 기르고 내부적으로는 근대에 적응할 수 있도록 체질을 개선해야 합니다.

그런데 전쟁을 치르며 다시 한번 나라 문을 굳건하게 잠그고 4개월 뒤 조선 수뇌부에서는 웃을 수 없는 일이 벌어집니다. 한 나라 왕이, 몸이 아프다고, 똥을, 먹습니다.

'육전조례六典條例'는 고종 3년인 1866년 발간된 각 관청 사무규칙입니다. 이 규정집 '내의원' 편에는 내의원 소속 관원들이 열거돼 있습니다. 그 가운데 '童便軍士'라는 관원이 있습니다. '童便軍士'는 왕이 궁궐 바깥에 행차할 때도 가마를 수행하는 중요한 직책입니다. 정원은 2명이고 매월 쌀 네 말을 수당으로 받습니다.[287] 내의원 의관 월급이 70냥인데, 이 쌀 네 말이 얼마나 많은 돈인지는 모르겠습니다. 정조 때 작성한 '추관지秋官志'에는 정원이 3명으로 돼 있습니다.[288]

이 童便軍士는 군사가 아닙니다. 아이 동童 자를 쓰는 '어린아이'입니다. 그리고 발음은 '동편군사'가 아니라 '동변군사'입니다. 똥오줌을 싸는 아이들입니다. 5분대기조로 상시대기하고 있다가 여차하면 국왕이 먹을 똥오줌을 생산하는 아이들입니다. 게다가 법에 규정된 '법정 공무원'입니다. 아이 똥오줌을 국가지도자 구급약품으로 사용합니다. 의사들은 기꺼이 먹였고 국왕은 기꺼이 먹었습니다.

비상식적인 의료행위는 전근대 사회 어디든 만연했습니다. 그런데 20세기를 눈앞에 둔 근대시대라면 얘기가 달라집니다. 모든 문명국이 주술을 벗고 과학과 이성이라는 신발로 갈아 신고 있는데 똥을 먹다니요. 그래서 《승정원일기》를 보겠습니다. 양력으로 1871년 10월 4일입니다.

약방도제조(주치의) 이유원이 묻습니다.

"환절기인 요즘 건강을 유지하기가 어렵습니다. 추위와 더위가 적절하지 못한데 계속 태평하십니까?"

고종이 말합니다.

"약간 화기火氣가 있으니 동변童便을 복용하는 것이 어떻겠는기?"

그러자 의사 이경년이 답합니다.

"동변이 괜찮습니다."

고종이 이렇게 대답하지요.

"그렇다면 오늘 저녁부터 동변을 먹는 것이 좋겠다."

닷새 뒤 고종이 말합니다.

"동변을 닷새 복용하였는데 효과가 있다. 이제는 이틀에 한 번씩 먹었으면 한다."[289]

동변, 그러면 그럴듯해 보입니다. 하지만 국역을 하면, '어린이 똥오줌'입니다.

여덟 달 뒤, 1872년 4월 8일 고종이 개성으로 행차합니다. 신미양요 이후 동요하는 민심을 달래고 왕실 권위를 보이려는 행차입니다. 4월 9일 개성에 도착한 고종에게 긴급보고가 올라옵니다.

"행차를 수행하는 오위五衛 사령관 김봉환이 말에서 떨어졌나이다. 하여 '동변童便을 바르고 이어 얼음을 붙였으나 아직 기동하지 못합니다. 감히 아뢰나이다."

고종은 "알았다"고 답합니다.[290]

열이 나면 아이 똥을 먹였습니다. 뼈가 부러지면 똥을 발랐습니다. 그러면 미친개한테 물린 미친놈한테는? 돼지 똥을 먹였습니다. 1748년 조선통신사를 수행한 조선 의사 조숭수에게 오사카에서 온 의사 다나카 쓰네요시가 묻습니다. "우리나라에 광견병이 유행해 개들이 미쳐 날뛰고 사람을 보면 번번이 물었다. 귀국에 좋은 처방이 있으면 가르침을 베풀어달라."

두 나라 의사끼리 필담으로 진행된 대화에서 조숭수는 함께 있던 조선 의사들과 토론 끝에 답을 내놓습니다. "돼지 똥물을 마시면 된다."[291]

미국과 엄청난 전쟁을 치르고도 왜 왕이 총과 대포 대신 공자孔子를 찾았는지 이해가 됩니다. 지금 왜 제 속이 썩을까요. 저도 童便이나 머리에 좀?

32

동래 난출과 이와쿠라사절단

1872년 1월 15일

[일본 이와쿠라사절단 샌프란시스코 도착]

1872년 7월 2일

[왜관의 일본 외교관들 집단 탈출]

왜관을 뛰쳐나온 일본 외교관

1872년 2월 27일 일본 메이지정부 외교관들이 동래에 있는 초량왜관으로 입국합니다. 이들은 메이지정부가 발행한 국서를 들고 조선과 근대적 국교 관계를 수립하자고 요구합니다. 메이지유신 전 일본 막부는 대마도를 통해 조선과 외교관계를 맺고 있었습니다. 왜관은 그 대마도 사람들 집단 거주지였지요.

1868년 왕정복고 후 일본은 조선에 여러 차례 국교 재정립을 요청합니다. 대마도가 아닌 중앙정부가 조선과 외교관계를 수립하겠다는 요청입니다. 그때마다 조선 정부는 천황의 '皇(황)' 같은 글자를 지적

하며 국서 수령을 거부했습니다. 오랑캐인 일본이 중국에 있는 황제와 그 제후국 조선을 모독한다는 겁니다. 왜관을 관리하는 조선 훈도 안동준은 '입이 열려서 다물어지지 않고 혀가 올라가서 내려오지를 않을 정도로' 분노하기도 했죠.[292] 훈도 안동준, 동래부사 정덕현은 모두 강경 쇄국론자인 흥선대원군 측근이었습니다.

왜관은 일본인이 함부로 나올 수 없는 공간이었습니다. 그 규정이 부산박물관에 있는 '약조체찰비約條制札碑'에 남아 있습니다. 1조는 이러합니다. '대소사를 막론하고 경계를 뛰쳐나온 자는 사형에 처한다.' 1683년 맺은 계해약조입니다. 왜관에 있던 일본 외교관들은 이같은 관계를 불평등하다고 보고 근대적 조약을 맺자고 요구합니다.

1872년 7월 2일, 5개월 동안 왜관에 대기하던 일본인 56명이 자물쇠를 부수고 왜관을 빠져나옵니다. 이를 '동래 난출 사건'이라고 합니다.[293] 가로막는 조선 관리들에게 이들은 '법으로 금하고 있는 바를 알고 있으나 죽음을 무릅쓰고 나왔다'고 말합니다. 이들은 나흘 동안 30리 길을 걸어서 동래부 관아에 도착했지만 동래부사를 만나지 못하고 7월 11일 왜관으로 복귀합니다. 다음 날 난출 보고를 받은 고종 정부는 '난출을 방치한 동래부사를 처벌하지 말고 일본인을 회유하라'고 지시합니다.[294]

대소사를 막론하고 사형에 처한다는 규정은 어디로 갔을까요. 그때 일본 정부는 조선은 법과 현실이 따로 존재한다는 사실을 깨닫습니다. 1872년 9월 일본정부는 외부대승 하나부사 요시타다를 파견하고 초량왜관을 대마도에서 외무성으로 전격 이관시켜버립니다. 1873년 3월 메이지정부는 초량왜관 공식명칭을 '대일본공관'으로 바뀌 버립니다.

일본 정부의 전격적인 전환 조치는 조선 정부에서는 납득할 수 없는 조치였습니다. 왜관은 숙종 때 조선정부가 대마도에 내준 땅에 조선과 일본 기술자들이 만든 신도시입니다. 공식적으로 조선 정부 소유죠. 하지만 조선정부는 별다른 조치를 취하지 못했습니다. 왜관을 통해 이뤄지던 대일본 사무 중단 조치가 그나마 조선이 내린 대안이었습니다.

사형을 집행하지도, 땅 반환을 요구하지도 못하는 국가와 그 정부. 이로써 일본은 조선이 몇백 년 동안 그들에게 씌웠던 굴레가 사실은 허수아비였다는 사실을 깨닫습니다.

꽃 대신 씨앗을, 이와쿠라사절단의 각성

허수아비임을 깨닫게 해 준 또 다른 사건이 있습니다. 초량왜관에 일본 외교관들이 도착하기 한 달 전인 1872년 1월 15일, 일본인 100명이 태평양을 건너 미국 샌프란시스코에 도착합니다. 이 집단 이름은 이와쿠라사절단입니다. 단장은 당시 외무대신 이와쿠라 도모미岩倉具視니다. 공동부단장 가운데 기도 다카요시木戸孝允와 오쿠보 도시미치大久保利通가 있습니다. 이 두 사람과 사이고 다카모리西郷隆盛는 메이지 유신을 이끈 유신3걸로 불립니다. 사이고는 본국에 남고 나머지 두 사람이 태평양을 건너 서구 근대를 체험합니다.

사절단은 정식 단원 46명, 수행원 18명, 유학생 43명 등 메이지정부 최고 실력자들로 구성됐습니다. 임무는 서양 국가들과 맺은 불평

1872년 1월 이와쿠라 도모미(가운데). /위키피디아

등 조약 개정입니다. 하지만 개정은 실패했고 이들은 1년 10개월에 걸쳐 미국과 유럽을 순회하며 근대를 목격하고 체험을 하고 돌아옵니다. 출발은 1871년 12월 23일이었고 일본 귀국은 1년 9개월 21일 지난 1873년 9월 13일입니다.

샌프란시스코 도착 11일이 지난 1872년 1월 26일, 기도 다카요시가 친구에게 편지를 씁니다.

'오늘날 일본 문명은 진정한 문명이 아니다. 오늘날 우리 개화는 진정한 개화가 아니다.'[295]

영국 식민지에서 강대국으로 도약한 미국을 목격을 하고 그때까지 일본이 추진하던 근대화 작업이 장난이라는 사실을 깨달았다는 편지입니다. 유럽을 정신없이 돌아다니던 1873년 4월 5일 기도가 또 편지를 씁니다.

'오늘 개화의 꽃을 피우지 말고 수십 년 후를 기약하여 개화의 씨앗을 기르는 것이 옳다.'[296]

단장 이와쿠라는 일본적인 것들에 대해 고집과 신념이 있는 사무라이입니다. 첫 기항지인 샌프란시스코에서 이와쿠라는 일본 전통 복장과 상투 차림으로 기념사진을 찍습니다. 한 달 뒤인 2월 26일 대륙 동쪽 시카고에서 이와쿠라는 상투를 잘라버리고 양복을 입습니

1872년 2월 26일 이와쿠라 도모미.

다. 근대가 준 충격이 그렇게 사진으로 표현됐습니다. 난생처음 본 근대의 충격은 그렇게 거대했습니다.

이와쿠라 사절단은 독일을 갓 통일한 프로이센에서 철혈재상 비스마르크를 만납니다. 장면 29 비스마르크가 이들에게 충고합니다.

'내가 약소국에서 태어나 잘 알게 되고 깊이 이해하는 부분이 있다. 소국은 국제법을 지키려고 하지만 강대국은 불리하면 무시하고 군사력을 동원한다. 약소국은 자주권을 유지하지 못한다."[297]

한 나라 최고 권력자들은 세계가 정글임을 알았고 정글에서 생존하려면 국력을 키워야 한다는 사실을 깨닫습니다. 한 나라 권력자들은 잣구와 명분을 벗어나지 못하고 근대적 국가관계 수립의 의미도 깨닫지 못합니다.

이미 17세기 병자호란 전 최명길이 했던 말이 있습니다. "(청나라가) 황제라 자칭한들 우리를 전과 다름없이 대접하면 우리나라가 참견할 일이 아니다."[298] 명분을 버리고 실리를 취하라는 역사가 주는 충고는 실천할 때에만 교훈이 됩니다.

3장

고종-민씨 시대

1873~1885

고종-민씨 시대 연표

1873년 5월 1일	비엔나만국박람회, 일본 심수관 도자기 출품
1873년 10월 24일	천황 메이지, 정한론 논의 중단 선언
1873년 12월 23일	고종 친정 선언
1874년 2월 22일	고종, 청나라돈 유통 금지
1874년 6월 9일	국왕 친위대 무위소 설치
1875년 5월 16일	청나라 사신에게 삼배구고두례
1875년 9월 24일	운요호, 강화도초지진포격
1876년 1월 24일	이홍장-모리 아리노리 담판
1876년 2월 17일	최익현, 위정척사 상소문
1876년 2월 27일	조선-일본 강화도조약
1876년 4월 27일	1차수신사 김기수 방일
1879년 10월	지석영, 종두법 습득
1881년 5월 5일	'조사시찰단' 일본으로 출발
1882년 5월 22일	조선, 미국과 수교
1882년 7월 23일	임오군란 발생
1882년 8월 27일	대원군 청나라로 피랍
1882년 9월 12일	민비 환궁
1883년 7월 16일	조선 사절단 보빙사, 美군함으로 향미
1883년 10월 31일	최초의 신문 〈한성순보〉 창간
1884년 12월 4일	갑신정변
1884년 12월 23일	집단 개명 신청 시작
1885년 4월 15일	영국 군함, 거문도 점령

"지금 여기에 초롱불 하나 있어서 불빛이 매우 밝다. 허나 바깥 물건에 가려져 안쪽 빛이 능히 밖을 비추지 못하고 바깥 물건은 능히 빛을 받지 못한다. 어떤 사람이 그 가려진 것을 걷어서 빛을 내보내려 하는데 가린 물건이 너무 뜨겁고 단단하여 쉽게 걷을 수가 없다." 홍영식이 말했다. 거사를 미루라고 만류하는 미국 공사 푸트 말을 홍영식은 듣지 않았다. 근대를 향한 갑신정변은 무참하게 실패하고, 부패한 민씨 집단은 더욱 부패해 갔다.

33

고종 친정 선언과
몰래 스쳐간 전쟁

1873년 10월 24일
[천황 메이지, 정한론 논의 중단 선언]

1873년 12월 23일
[고종 친정 선언]

"이제 내가 권력자다"

대원군이 벌이고 있는 파격적인 개혁에 기득권 세력, 그러니까 세
도 가문과 노론 세력은 긴장합니다. 이들은 경복궁 중건으로 경제가
엉망이 되자 이를 핑계로 아들에게 권력을 직접 행사하라고 끝없이
주문합니다. 여기에는 여흥 민씨 세력과 손잡고 있던 노론 최익현 상
소 시리즈가 큰 역할을 했습니다.

1872년 5월 10일, 청나라에 다녀온 측근 민치상이 "황제가 직접
통치를 한다"고 보고합니다.[299] 그때 고종 나이가 만으로 20세였습니
다. 공식적으로는 1866년 3월 29일 조대비가 수렴청정을 거두면서

고종 친정親政이 시작됐습니다. 하지만 실질적 권력은 아버지 대원군이 휘두르고 있었습니다.[300] 민치상 보고를 시자으로 대원군을 1려 앉히려는 상소가 이어집니다.

그리고 1873년 11월 29일 최익현이 경복궁 공사를 중단하라고 상소를 올립니다. 보름 뒤 최익현은 "개인을 섬기는 사람을 처신을 잘한다고 한다"고 추가로 상소한 뒤 사표를 던져버립니다. 고종은 이 상소에 "이렇게 정직한 말이!"라며 최익현을 정3품 동부승지로 승진시킵니다.[301]

12월 22일 최익현은 "만동묘를 복원하고 서원들을 복원하라"고 주장합니다. 만동묘와 서원 철폐, 경복궁 중건. **장면 23** 대원군이 진행 중이던 모든 개혁을 철폐하라는 주장이었고, 이를 관철시켜주면 노론이 고종 왕권을 보장해 준다는 선언이었죠.

이 느닷없는 줄상소에 '세상 사람들은 최익현이 사주를 받았다고 생각하였다'고 매천 황현은 기록합니다.[302] 마침내 1873년 12월 23일 밤 고종은 전격적으로 친정을 선언하고 아버지에게 있던 권력을 자기 손아귀로 회수해버립니다.[303]

4개월 뒤인 1874년 3월 30일, 고종은 대원군이 부순 만동묘를 전격 복원합니다.[304] 공사 비용 1만 냥도 국고에서 지급하고[305] 공사에 공헌한 사람들 또한 상을 내립니다. 노론와 관계 또한 완벽하게 복원됩니다.

10년 동안 진행되던 개혁작업은 정지되고 조선은 또 다른 소용돌이에 빠져듭니다. 아들 고종은 이후 아무런 정견과 철학 없이 하루가 멀다 하고 아버지가 했던 개혁작업을 중단시켜나갑니다. 자기 정

1882년 미국 장교 조지 포크가 촬영한 30세 고종. /미 코넬대 디지털아카이브

치 기반을 강화하려면 기존 정책을 부정하고 자기 지지세력과 새로운 정책을 만들어야 하니까요. 그리고 하필이면 그 지지세력이 노론과 여흥 민씨들이었습니다.

1874년 9월 8일, 고종은 대원군이 군인을 임명했던 강화도 군영, 진무영 사령관을 문신으로 환원시킵니다.[306] '무력'을 가진 수도권 야전사령관 자리에 대원군이 임명한 측근을 두지 않겠다는 의지입니다. 진무영이 무슨 부대인가요. 병인양요(1866)를 겪은 대원군이 강화도를 군사도시로 만들어 국방을 강화한 그 부대, 열악한 무기 체제 속에서도 무적 미해병대를 맞아 장엄하게 싸웠던 그 부대입니다. 조선 초유의 3대 개혁조치 가운데 하나가 사라졌다는 소식을 접한 대원군이 이렇게 한탄합니다. "국가에 무슨 해를 끼쳐서 그 장성長城을 파괴하는가!"[307]

대원군의 투쟁과 참패

대원군은 곧장 입궐해 고종에게 불가하다고 극언한 뒤[308] 충남 예산에 있는 아버지 남연군묘에 참배하고서[309] 곧바로 경기도 양주 직곡산장直谷山莊으로 들어가버립니다. 누가 보더라도 고종에 대한 저항이며 자기 세력을 향해 던진 결집 신호였습니다.

두 달이 지난 11월 28일 당시 친대원군 세력이던 이휘림이라는 무관이 고종에게 상소문을 올립니다. "대원군께서 궁궐 밖으로 거처를 옮겨서 온 나라 사람들은 불안해하고 있다. 전하가 돌아오기를 청하지 않아서 그런 것인가?"[310] 한마디로 "왕이 직접 산장에 가서 아버지를 모시고 오라"는 뜻입니다. 등극 10년 만에 권력을 잡은 아들은 "온 종이에 신하로서는 감히 못 할 고약한 말이 가득하다"며 이휘림을 압록강변 평북 위원군으로 유배를 보내버립니다.

전국적으로 들고 일어난 대원군 복귀 상소에 고종은 초강경 대응으로 일관합니다. 해를 넘기고 1875년 7월 20일, 이번에는 영남 유생들이 대원군을 복귀시키라고 집단상소합니다. 분기탱천한 고종은 대표 상소자 4명 목을 베라고 명하고 감옥에 가둡니다.[311] 나흘이 지난 7월 24일 고종은 옥에 가뒀던 영남 유생들 처형을 집행하라고 명합니다.

참수령이 떨어진 그날, 대원군은 직곡산장을 출발해 빗속에 대궐로 들어가 아들 고종에게 머리를 숙입니다. 참수령은 회수되고 상소 주모자들은 유배형으로 감형됩니다.[312] 아비와 권력 투쟁에서 KO승을 거둔 고종은 이듬해 설날 운현궁으로 사람을 보내 대원군에게 문안을 올리라고 명합니다.[313]

스쳐간 전쟁

고종이 친정을 선언하기 두 달 전인 1873년 9월 13일, 세계를 일주한 일본 이와쿠라 사절단이 요코하마를 통해 귀국했습니다. 출발한 지 1년 9개월 21일 만입니다. 이들을 떠나보내던 메이지정부 태정대신(국무총리) 산조 사네토미三條實美 송별사는 이러했습니다. "앞날의 대업 성공 여부가 그대들에 달려 있다. 가라, 만 리 각지를 돌아 이름을 사방에 떨치고 무사히 귀국하기를 빈다."[314]

이들이 미래를 준비하는 사이, 본국에 남아 있던 사이고 다카모리는 조선에 자기가 가서 죽겠다고 제안합니다. 조약 체결을 주장하다가 자기가 죽으면 그 핑계로 전쟁을 해 조선을 정복하자고 하죠.

귀국한 이와쿠라 사절단은 사이고를 극구 뜯어말립니다. 서구 열강의 힘을 목격하고 '개화의 꽃을 볼 때가 아니라 씨를 뿌릴 시점'이라고 주장합니다. 천황 메이지는 이들 손을 들어줍니다. 1873년 10월 24일입니다.[315] 조선이 모르게 전쟁이 스쳐갔습니다.

34

청전 폐지와
비엔나로 간 심수관

1873년 5월 1일

[비엔나만국박람회, 일본 심수관 도자기 출품]

1874년 2월 22일

[고종, 청나라돈 유통 금지]

왕이 돈을 없앤 나라

어느 날, 돈이 사라집니다. 1873년 12월 23일, 권력을 장악한 고종은 2개월 뒤 이렇게 선언합니다.

"날이 갈수록 물건은 귀해지고 돈은 천해져 청나라 돈으로는 지탱할 수 없다. 이제부터 청나라 돈 통용을 전부 혁파하고 모든 세금은 상평통보로 거두라."

그리고 고종이 말합니다. "정월분 세금은 그냥 청전으로 하되, 2월

252

부터는 상평통보로만 징수하라."[316] 1874년 2월 22일, 음력으로 정월 6일입니다.

백성은 물론 국정 운영 지불 화폐를 그 누구와 상의도 없이 없애 버립니다. 겉으로는 '백성을 위하여' 벌인 조치지만 본질적인 이유는 대원군을 견제하려는 '적폐 청산' 욕구입니다. 이미 고종은 친정 선언 전날에도 대원군이 군사력 강화를 위해 신설했던 강화도 통행세를 없앤 적이 있습니다. 이때 내건 명분 또한 '나라에만 이롭고 백성에게 해가 되니까'였습니다.[317]

동서고금을 막론하고 '전前 정권 청소'는 정치하는 사람들 습관입니다. 그런데 하려면 똑바로 해야 하고 세련되게 해야 합니다. 9일이 지난 3월 1일 우의정 박규수가 작심발언을 합니다. "참으로 역사에 드문 성대한 일이니 부녀자와 노인 어린이 할 것 없이 모두 우레 같은 함성을 질렀습니다. 그런데 재정은 밑천이 없고 민간 물품은 유통하지 못하게 되었으니 근심이 절급하네요."

박규수가 보고합니다. "지금 보유 중인 청전은 300만 냥을 웃돕니다." 한 달 뒤 없어질 돈이 300만 냥이라는 뜻입니다. 고종이 묻습니다. "상평통보는 얼마나 있는가." 호조판서 김세균이 답합니다. "800 냥입니다."

800냥.

이게 1874년 곧 봄이 찾아올 조선왕국이 가진 돈 전부입니다. 300만 냥을 보유하고 있던 조선 왕국이 일주일 만에 800냥짜리 거지가 됐습니다.

지폐 한 장을 바꾸기 위해 몇 년 통보기간을 두는 21세기와 비교할 수는 없습니다. 하지만 국가 정책은 그래도 분야가 나뉘어 있는 각 대신들과 토론을 거쳐 변경하는 게 조선왕국 상식입니다. 더군다나 화폐 정책이라면요.

다급해진 고종은 '환곡'을 해결책으로 끄집어냅니다. 아무 힘 없는 백성이 쓰는 곡식이니 만만하기 짝이 없습니다. 아예 이자뿐 아니라 모곡母穀, 백성에게 빌려주기 위해 창고에 모아놓은 곡식까지 돈으로 바꿔서 쓰자고 제안합니다. "환곡에 대한 이자만 아니라 원금까지 다 (상평통보로) 거둬서 올리도록 하라."[318]

나흘 뒤 고종이 또 처방을 내립니다. "손댈 수 있는 것은 손을 대서 일체를 돈으로 바꿔라"[319] 백성을 위해 마련한 환곡을 몽땅 돈으로 바꿔서 정부 재정을 메꾸라는 겁니다. 아마 고종은 이 환곡 때문에 벌어졌던 수많은 민란을 기억하지 못한 게 분명합니다.

돈은 없어도 궁궐만은

징세를 독촉받는 지방 관리들이 가만히 있을 리 없습니다. 관리들은 백성으로부터는 상평통보로 세금을 걷고 중앙정부에는 청전으로 납부합니다. 중앙정부가 청전 수령을 거부하면 지방관리는 세금을 '또' 상평통보로 거둬서 정부로 보냅니다. 고종이 묻지요. "왜 상평통보로 징세를 하고 나라에는 청전으로 납부를 하는가?"[320] 이게 모두 고종 친정 선언 후 한 달 사이에 벌어진 일들입니다.

친정 선언 약 1년 전인 1873년 1월 2일 호조판서 김세균이 고종에게 이렇게 보고합니다.

"중앙과 지방 창고들이 다 차서 곡식을 저장할 데가 없습니다. 내년 봄에 경희궁 앞에 200칸짜리 곡식창고를 신축하겠습니다."[321]

창고가 모자랄 정도로 나라 재정이 튼튼했다는 이야기입니다. 대원군이 독하게 진행한 개혁 덕택에 가난했던 조선은 재정 건강성이 많이 회복돼 있었습니다.

그런데 1년 뒤 고종이 선언합니다. "경복궁 세 전각 수리 공사를 개시하라."[322] 저 공사 때문에 당백전을 찍어내고 청전을 유통시켜 백성이 고통을 받았으니까 청전을 폐지한다고 해놓고, 하루아침에 없어진 돈 때문에 온 세상이 난리법석인 마당에 그 공사를 또 하겠답니다.

영의정 이유원이 말합니다. "재정 상태가 매우 궁핍하여 경비를 어떻게 마련해야 할지 모르겠습니다." 고종이 답합니다.

"의정부에서 알아서 조치하지 않는다면 어떻게 일을 해나가겠는가. 갑자기 쓸 일이 생기면 10만 냥이라도 호조와 선혜청이 어렵지 않게 마련해 왔다. 그런데 어찌하여 지난날과 같지 않은가?"

'돈은 너네들이 알아서 해야지 왜 나한테 묻나?' 이게 돈을 사라지게 만든 장본인이 한 말입니다.

궁궐 공사는 공사대로, '대원군 적폐 청산'은 청산대로, 나라 꼴은 나라 꼴대로. 젊은 군주 고종의 정책 결정과 시행 목적이 무엇인지 잘 알 수 있는 장면입니다. 창고를 증축하던 재정이 두 달 만에 거덜

이 났고, 거덜 난 나라 왕이 자기는 궁궐 공사를 하겠으니 영의정한 테 돈을 마련해 오라고 역정을 내는 나라, 보셨습니까.

돈 벌겠다는 일본

대원군이 청전을 양성화했던 1867년, 도쿠가와 막부가 파리박람회에 참가합니다. 막부 출품 담당 실무자 마에다 마사나前田正名는 이렇게 기억합니다. '일본은 종교도 없고 야만스럽고 중국의 속국 따위 말들이 아침저녁으로 끊임없이 유럽인들 입에 오르내린다. 이것이 매우 괴롭게 생각하는 점이다.'

그리고 7년이 지나 조선에서 청전 폐지 8개월 전인 1873년 5월 1일 오스트리아 비엔나에서 만국박람회가 열립니다. 이와쿠라사절단 장면 32 도 이 박람회를 견학하지요. 이 박람회에서 조선 도공 이삼평이 활동한 아리타 지역 작품 큰 꽃병이 대상을 받습니다.(오른쪽 사진) 사쓰마번 도공 12대 심수관이 출품한 커다란 화병도 큰 호응을 받습니다. 이와쿠라사절단 일원이자 보고서 《미구회람실기》 저자인 구메구니 타케久米邦武는 이렇게 적습니다. '무역을 번성하게 하고 제작을 장려하는 중요한 회장이며 국민의 치안과 부강에 도움이 되는 곳.'[323] 일본은 돈을 벌 준비를 합니다. 강병을 위한 부국입니다.

Nr. 449. Japanische Gallerie. Perspective.

1873년 비엔나만국박람회 일본관. 왼쪽 아래 아리타 자기가 보인다.
/오스트리아 Museum of Applied Arts

무위소 설치와
사라진 군대

1874년 6월 9일
[국왕 친위대 무위소 설치]

"궐내에 근무하는 군병이 400명밖에 되지 않으니 부족하다. 몇 명쯤은 증원하는 것이 좋겠다."[324] 1874년 2월 22일 청전 철폐 선언 4개월 뒤입니다. 6월 9일 고종은 궁궐 수비대 창설을 선언합니다. 나랏돈이 사라지더니 이번에는 군대가 사라집니다. 부국富國도 사라지고 강병強兵도 사라집니다.

상평통보를 물 쓰듯

수비대 이름은 무위소武衛所, 힘으로 지키는 부대라는 뜻입니다. 궐내 근무하는 군병을 '파수군把守軍'이라고 합니다. 말 그대로 파수꾼입니다. 신임 왕으로서 위엄과 보안을 위해 파수군을 증강하겠다는 말입니다. 영의정 이유원은 "예산부터 검토하자"고 답변합니다. 고종이 말합니다. "각 부대 병사 가운데 몇 명을 차출하면 되지 않겠나? 그러면 군량미만 더 들 뿐이다. 알아보니 선혜청에 쌀 재고가 1만 석이 있다."

선혜청은 토지에 붙는 세금, 대동미를 관리하는 기관입니다. 군포와 환곡 또한 선혜청에서 관리합니다. 삼정 문란의 그 삼정을 모두 선혜청에서 관리합니다. 실질적인 나라 곳간이지요. 고종은 예산을 추가배정할 필요 없이 그 창고 쌀로 신설할 친위부대를 운영하겠다고 합니다. 이후 납득하기 힘든 조치가 이어집니다.

고종은 선혜청에 있는 쌀 1,000석, '포량미' 700석을 신설할 부대에 배정하라고 지시합니다.[325] 포량미는 대원군이 강화도 진무영에 배정한 군량미입니다. 또 병력이 구성된 신설 파수군에 7월 세 차례에 걸쳐 청전 20만 냥을 지급합니다. 군복 구입예산으로 1만 냥이 또 들어갑니다. 8월에는 상평통보 4만 냥을 지급합니다. 11월에는 곳간이 텅 빈 호조로부터 58,400냥이 이 부대로 넘어갑니다. 이듬해에는 진무영의 유일한 돈줄인 인삼세 가운데 4만 냥을 이 부대로 배정해버립니다.[326] 청전 철폐 조치로 귀한 몸이 된 상평통보가 폭포수처럼 신설부대에 들어갑니다. 그해 호조가 관리하는 조선왕국 예산이 53만 냥이니, 친위부대 창설 비용이 얼마나 되는지 짐작해 보시기 바랍니다.

하도 돈이 많이 흘러가니까 우의정 박규수가 이렇게 묻습니다. "참으로 황송하오나 주상 말씀과 달리 거창하게 벌이는 건 아니겠습니까? 밖에서도 모두 의심하고 있습니다." 고종이 답합니다. "괜한 의심이다."[327]

와해되는 국방

8월 2일 마침내 친위부대가 공식출범합니다.[328] 이게 무위소입니다. 8월 19일 훈련도감 병사 463명이 무위소로 차출됩니다. 사흘 뒤 금위영과 어영청으로부터 각각 183명과 181명을 차출 받습니다. 공식병력 827명. 지금으로 치면 2개 대대(900명)에 이르는 대부대입니다.[329] 그것도 각 부대에서 뽑은 최우수 정예 부대원만으로요. 그리고 하는 업무는 궁궐 수비, 파수군이었고요.

우의정 박규수가 우려했던 사태입니다. 파수군인데, 파수군이 아니라 정예 전투부대가 대규모로 창설됐으니까요. 박규수가 또 묻지요. "왜 이런 일을 신하들 모르게 실무자를 직접 불러서 일을 처리하시는지요. 대소경중을 막론하고 제반 명령은 승정원을 통해야 합니다."[330] 고종은 "일을 편리하게 진행하기 위함이지 다른 뜻은 없다"고 대답합니다.

그리고 9월 8일, 고종은 대원군이 군인을 임명했던 강화도 유수 겸 진무사 겸 삼도수군통어사를 다시 문신으로 교체하고 후임에는 측근인 문신 조병식을 임명합니다.[331] 진무사가 지휘하는 진무영은 1866년 프랑스와 싸운 병인양요 직후 국방 강화를 위해 대원군이 만든 부대입니다. 삼도수군통어사 지위는 진무영 아래 군영인 교동진 병마첨절제사로 격하시킵니다. 이듬해 진무영 예산으로 사용하던 강화도 인삼세 가운데 4만 냥을 무위소로 이관시켜버립니다.[332] 진무영은 껍

데기만 남았습니다. 도대체 이 젊은 국왕 고종은 무슨 생각으로 이런 조치를 내렸을까요?

"나라가 왜 이리 가난하고 약한가"

"국가에 무슨 해를 끼쳐서 그 장성長城을 파괴하는가!" 기억나십니까. 진무영 해체 소식에 대원군이 격분해 내뱉은 말입니다. 장면 33 매천 황현이 이렇게 씁니다. '이때 대원군이 설치한 것은 좋고 나쁜 것을 막론하고 모두 개혁하였다.'³³³

강화도 진무영을 비롯한 군사력 강화는 아버지 대원군이 진행해 온 부국강병책 가운데 하나입니다. 장면 23 자연히 군부는 대원군 세력이 장악했죠. 권력을 회수한 고종은 청전을 폐지해 대원군 정책이 악함을 증명하려 했습니다. 그리고 군부 핵심세력을 자기 측근으로 교체하려는 과정에서 정예군을 무력화하고 친위부대를 신설하는 기이한 결과가 나왔습니다. 청전을 철폐한 이유와 똑같습니다.

고종에게는 군부가 모두 대원군 세력으로 보인 듯합니다. 친정 선언 직후 고종은 문무신 동일한 품계를 갖도록 한 대원군 조치를 무효화합니다. 또 대장이 병조판서에 오를 자격을 박탈해버리고 가마를 탈 권리도 빼앗아버립니다. 6년이 지난 1880년에는 '오만한 습관만을 길러 조정 체모를 문란하게 한다'며 문무신을 차별하는 옛 제도로 복귀시키라고 명합니다.³³⁴ 몇 달 만에 국가 경제와 국가 안보는 만신창이가 됩니다. 실록을 비롯해 이 시기 기록을 보면 최고 권력자에게 국가와 공동체라는 정책 판단 기준은 찾아보기가 어렵습니다.

세월이 흘러 1877년 5월 16일 청나라로 떠났던 사신들이 돌아왔습니다. 사신이 보고합니다. "현지에서 보니 '러시아에서 고려 북쪽 국경에 포대를 설치하였으니 필시 깊이 쳐들어올 염려가 있다'고 적혀 있었나이다." 고종이 대답합니다. "우리나라가 가난하고 힘이 없으니 어찌하면 좋겠는가."[335] 가난한 이유 그리고 힘이 없는 이유, 고종이 더 잘 알고 있지 않았을까요?

36

열여덟 번 머리를 박은 고종과 운요호 사건

1875년 5월 16일

[청나라 사신에게 삼배구고두례]

1875년 9월 24일

[운요호, 강화도 초지진 포격]

운요호雲揚號 사건은 바로 뒷 장면에서 보실 '강화도조약' 배경이 되는 사건입니다. 학교에서는 이를 일본이 벌인 일방적 협박으로 가르칩니다. 하지만 실제 맥락은 조금 다릅니다. 병인양요, 신미양요를 치른 조선이 어떻게 군함 '한 척'에 협박을 당해 나라 문을 열게 됐을까요.

친정을 선언한 이후 고종은 대원군이 해온 개혁작업을 철폐합니다. 대원군이 장성長城이라 불렀던 강화도 부대까지 실질적으로 해체하는 '청산작업'을 진행하지요. 딱히 철학이 있어서가 아닙니다. 옛 권력 그림자를 벗겨내는 작업입니다.

일본을 볼까요. 대원군 시대인 1871년 일본은 청나라와 근대 조약

'청일수호조규상정각해관세칙'을 맺습니다. 1873년 3월 일본은 청나라에 전권대사를 보내 조선과 청나라 관계를 묻습니다. 청나라 총리 아문이 일본 외교관에게 답합니다. "조선이 전쟁을 하든 조약을 체결하든 본국은 간여하지 않는다."[336]

고종이 친정을 선언하고 대원군이 실각한 사실을 일본은 놓치지 않았습니다. 동래 난출 사건 장면32 직후 고종은 동래에 있는 대원군 측근 왜관 훈도 안정준을 참수하고 동래부사 정덕현에게 유배형을 내립니다. 모두 강력한 쇄국론자들이었지요. 이때를 일본 정부는 조선과 조약을 체결할 기회로 삼습니다.

그런데 새로 고종이 내려보낸 훈도와 부사 또한 문서에 나오는 글자를 문제 삼아 협상을 거부합니다. 1875년 4월 23일, 왜관에 있던 외교관 히로쓰 히로노부廣津弘信는 '측량을 가장해 군함 한두 척을 조선 근해에 파견해 위협해 달라'고 본국에 보고합니다.[337]

출몰하는 군함, 아무것도 모른 정부

5월 25일, 일본 군함 운요호가 부산 앞바다에 나타납니다. 당시 훈도인 현석운이 항의 방문합니다. 조선 관원이 승선하자 일본군은 해상을 향해 대포를 퍼붓습니다. 위력 시위죠. 6월 20일 부산을 출발한 운요호는 동해안으로 북상해 함경도까지 갔다가 부산을 거쳐 일본으로 돌아갑니다.

그리고 3개월 뒤 운요호가 나가사키를 출발해 남해와 서해를 거쳐 9월 20일 강화도 앞바다에 출현합니다. 조선정부에는 다음 날인 9월

21일 보고가 올라옵니다. 실록에는 이렇게 기록돼 있습니다. '영종첨사 이민덕이 "이양선異樣船이 난지도에 정박하고 있다"고 보고했다.' 22일 실록은 이렇게 기록합니다. '낯선 배가 경기 연안에 정박한 지 여러 날이 되었으나 그 배가 지나간 여러 고을에서 올라온 보고가 한 곳도 없다. 어찌 이러한 사태가 다 있는가.'[338]

군령과 시스템이 사라진 나라, 여러분은 그 나라를 지금 목격하고 있습니다. 무슨 배가 어디를 거쳐서 수도 한성 코앞까지 왔는지, 그 모든 상황을 조선정부는 전혀 몰랐다는 뜻입니다.

운요호가 포격한 강화도 초지진.

9월 24일 오전 강화도 초지진이 운요호에 포격을 합니다. 운요호는 초지진에 맹포격을 퍼붓고 퇴가합니다. 곧이어 운요호는 제물포 영종진을 포격하고 상륙전을 벌입니다. 실록에는 이렇게 기록돼 있습니다.

'전군全軍이 무너짐'
'죽거나 다친 군졸 숫자를 아직 세지 못했음'
'첨사는 관속을 이끌고 성을 버리고 피신'[339]

일본 기록은 이렇습니다.

'조선군 유기 시체 35구, 포로 16명. 대포 38문과 무수한 무기 및 총탄 획득. 아군은 부상자 2명과 함께 전리품을 싣고 나가사키로 복귀.'[340]

열여덟 번 머리를 박은 고종

병인양요 직후인 1866년 12월 6일, 대원군은 강화도 수비부대인 진무영을 대폭 강화합니다. 그런데 고종은 이 진무영 예산을 감축하고 사령관도 문신으로 대체해버리죠. 장면 35 진무영은 조금씩 쪼그라들더니 1881년 12월 현재 진무영 각 군영 경비와 병사들 봉급은 10개월 넘게 밀려 있었습니다.[341] 결국 1882년에는 군량미 부족으로 인해 진무영 병력이 절반으로 감축됩니다.

바로 그 결과입니다. 권력투쟁이 낳은 불건전한 국정운영이 원인입니다. 운요호가 강화도를 공격할 때 진무영은 사라지고 초라한 병력만 상주하고 있었습니다. 문신이 지휘하는 이 부대는 운요호를 상대할 무기도, 병력도 없었습니다. 신미양요 때 무적 미군을 상대로 처참하되 장엄하게 싸웠던 그 결기를 그들은 일본 군함 단 한 척에게 보여주지 못합니다. 부산 앞바다에 나타난 외국 군함이 서해안 강화도에 나타날 때까지 조선 정부는 군함 위치도 파악하지 못했습니다. 그뿐만 아닙니다.

1875년 1월 12일 청나라에서 동치제가 죽고 사촌동생 광서제가 등극합니다. 세 살짜리 아기입니다. 5월 16일 이를 알리는 칙사가 조선을 찾습니다. 고종은 새 황제 즉위 축하 기념 대사면령을 내리고 서대문 밖 모화관에 가서 칙사를 영접합니다. 등극 조서를 실은 가마에 고종이 엎드려 절을 하고 몸을 펴더니 다시 세 번 절을 하고 아홉 번 머리를 박습니다. 칙사가 조서를 낭독하자 또 세 번 절을 하고 아홉 번 머리를 박습니다. 그리고 "만세"를 두 번, "만만세"를 한 번 외칩니다.[342]

칙사 앞에서 황제를 향해 만세를 부르고 한 달 뒤 운요호가 부산 앞바다에서 무력시위를 벌입니다. 또 한 달 뒤 고종은 상소문을 올린 유생들 참수형을 집행하라고 명합니다. 장면 33 대원군이 양주에서 서울로 올라와 빗속에서 아들에게 고개를 숙입니다. 일본이 청과 협상해 놓은 사실도 알지 못한 채 국가지도자 고종은 수교를 원하는 일본에게 무례하다고 거부합니다. 사대 본국에 절을 하고 옛 권력자인 아버지와 권력투쟁을 벌입니다.

1874년 영의정 이유원이 한 말을 기억하시는지요. "詩시를 지어 오

랑캐를 물리치겠는가."[343] 대한민국 국사편찬위원회가 만든 '한국사'
는 이렇게 기록합니다.

'이로써 민씨정권 하 조선왕조는 메이지유신 후 근대화 과정을 밟고
제국주의화한 일본의 무력 앞에 비참하리만큼 무력하다는 것이 더욱
폭로되었다.'[344]

37

도끼 들고 나타난 최익현

1876년 2월 17일

[최익현, 위정척사 상소문]

병인양요가 터진 다음 날인 1866년 10월 19일, 동부승지라는 벼슬을 가진 이항로가 상소를 올립니다. 이항로는 경기도 양평에 살던 존경받는 선비입니다.

"양적洋賊을 치자는 것은 나라 입장에 선 사람이다. 양적과 화친하자고 하는 것은 적의 입장에 선 사람들이다. 앞의 주장을 따르면 나라 안의 오랜 전통의 문물제도를 보전할 수 있고, 뒤의 주장을 따르면 사람들을 짐승의 땅에 밀어 넣게 된다."

다음 날 고종은 이항로를 직접 만납니다. 이항로가 충고하지요.

"어려운 때나 태평스러운 때를 막론하고 경건하게 수양하여 마음의 체體를 세우고, 학문을 강론하고 이치를 밝혀 마음의 용用을 통달通達하시라."[345]

11월 10일 프랑스함대가 강화도에서 퇴각합니다. 그러자 나흘 뒤 이항로가 엉뚱한 요청을 고종에게 올립니다. 흥선대원군이 철폐한 만동묘 제사를 다시 올리게 해달라는 겁니다. 이 요청은 거부됩니다.[346] 전쟁과 만동묘 부활. 무슨 상관이 있는 걸까요.

이항로는 대표적인 위정척사파 학자입니다. 성리학적 세계관을 벗어난 이념은 모두 악惡이니 서양에서 유입되는 모든 학문은 멀리해야 한다고 주장합니다. 이항로가 주장한 만동묘 부활은 1874년 고종 친정 4개월 뒤 실현됩니다. 장면 33

'금수를 주륙하시라'

세월이 흘러 1875년 프랑스군이 공격했던 강화도를 일본 군함이 공격했습니다. 그때 고종 정부는 쇄국이라는 대원군 정책을 폐기하고 개방으로 방향을 전환하고 있었습니다. 앞 장에서 말씀드렸듯 고종이 딱히 개혁과 개방이 관심이 있어서는 아닙니다. 아버지 대원군이 진행하던 역사 방향을 정반대로 돌리는 작업일 뿐입니다.

해가 바뀌고 1876년 2월 17일 고종이 살고 있던 창덕궁 앞에 의관을 정제한 사십 대 사내가 나타납니다. 등에는 커다란 도끼를 짊어지고 있습니다. 사내 이름은 최익현. 10년 전 쇄국과 전쟁을 주장한 이항로의 제자이자 1873년 대원군을 끌어내리고 젊은 군주에게 권력을 돌려준 킹메이커입니다.

'도끼를 짊어지고 대궐 문 앞에 엎드려 올리는 상소'를 '지부복궐소持斧伏闕疏'라고 합니다. 주장이 안 먹히면 이 도끼로 내 목을 자르라는 뜻입니다. 실제로 목이 잘린 경우는 조선왕조 내내 한 번도 없긴 합니다.

최익현이 올린 상소를 '지부복궐척화의소持斧伏闕斥和議疏'라고 부릅니다. 최익현은 '서양 옷을 입고 서양 배를 타고 서양 대포를 쐈으니 왜놈도 양놈'이라며 '순조와 헌종 때를 본받아 저들을 모두 주륙하라'고 주장하지요.[347]

최익현이 내건 조약 체결 반대 이유 가운데 '통상을 하면 조선이 훨씬 불리하다'는 항목이 있습니다. 일리가 있는 말입니다. 이미 근대

최익현 초상. /국립중앙박물관

화에 뛰어들어 세계와 교역 중인 일본 상품 경쟁력이 크니까요. 나머지는 이러합니다.

'첫째, 천주교가 유입돼 백성은 금수禽獸로 변한다. 둘째, 금수들이 우리 재산과 여자를 약탈한다. 셋째, 일본은 사람이 아니라 금수이므로 사람과 동물이 조약을 체결할 수 없다.'

10년 전 스승 이항로가 내건 척화 이유에서 한 걸음도 벗어나지 못한 세계관입니다. 이항로가 만동묘 제사 부활을 요구했던 이유도 여기에 있습니다. 중국을 정점으로 한 천하天下 질서를 회복하고 제후국으로서 조선 지위를 재확인하게 해달라는 주장이지요.

최익현도 마찬가지입니다. 최익현은 고종 정부에 의해 흑산도로 유배됩니다. 그곳에서 최익현이 이런 글을 바위에 새겨넣습니다. '箕封江山 洪武日月(기봉강산 홍무일월)'. '기자箕子가 봉한 땅이요 명나라 첫 황제 주원장의 세월'이라는 뜻입니다. 바위에는 '지장指掌'이라는 이름을 붙입니다. 주자가 쓴 시에 나오는 단어입니다.[348]

도끼를 든 큰 뜻

도끼를 든 최익현이 창덕궁 앞에 나타난 바로 그달입니다. 최익현과 함께 이항로를 스승으로 모셨던 김평묵이라는 노론이 글을 써서 공개합니다. 글 제목은 '척양대의斥洋大意', '양놈을 배척하는 큰 뜻'입니다. 그 뜻을 보겠습니다.

'조약이 성립되고 민암, 목내선, 이인좌, 정희량 후예들이 창을 들고 대궐을 침범하면 그들과 더불어 하는 자가 있을 것이다.'

김평묵이 말하는 '민암~정희량'은 모두 남인南人을 가리킵니다. 서인 특히 노론에 의해 '박멸됐던' 정적들입니다. 본심이 다음에 적혀 있습니다.

'그러면 틀림없이 찬탈의 변이 조정을 뒤집어 서인西人은 일망타진되고, 서인이 섬멸되면 우리 정신적 지주인 이이와 노론의 영수 송시열은 문묘에서 쫓겨날 것이다. 주자의 말씀을 외우는 자도 사라지리라. 이항로 선생이 말하지 않았는가. 나라의 존망은 오히려 작은 일이라고.'[349]

오랑캐에게 잘못 대항하면 '우리 서인이' '남인에게' 다시 권력을 빼앗기는 비극이 벌어진다는 우려가 가득합니다. 이게 위정척사파들이 스스로 공개한 '개방을 반대하는 큰 뜻'입니다. 당시 권력자였던 여흥 민씨들 또한 노론이지만, 김평묵은 이들이 개방을 추진했다는 이유로 무지몽매하다고 비난합니다.

여흥 민씨와 노론은 고종 권력을 유지시켜주는 큰 두 축입니다. 그 가운데 노론이라는 축이 개방을 반대합니다. 고종이 젊은 시절 시도했던 개방 정책은 타격을 받을 수밖에 없습니다. 물론 애국심도 큰 동기였다고 믿습니다. 하지만 교류와 개방이라는 근대정신은 국내정치와 권력투쟁에 의해 또 한 번 거칠게 흔들리고 말지요.

38

당돌한 모리 아리노리와
껄껄 웃은 신헌

1876년 1월 24일
[이홍장-모리 아리노리 담판]

1876년 2월 27일
[조선-일본 강화도조약]

최익현이 도끼를 들고 창덕궁 앞에 나타난 다음 날, 일본 외교관 모리 아리노리森有禮가 청나라 천진에 나타납니다. 1876년 1월 24일입니다. 주청 일본공사인 모리는 이날 청나라 실세인 북양대신 이홍장李鴻章을 만나 담판을 벌입니다. 모리가 묻습니다.

"조선이 자기네가 청나라 속국이라 일본과 외교관계를 맺을 수 없다고 한다. 사실인가?"

이홍장은 "전통적으로 우리에게 조공을 하는 제후국이지만 그 나라 국내문제에는 간섭하지 않는다"고 대답합니다. 이 말을 모리 아리노리와 일본 정부는 조선은 청나라와 상관없이 일본과 조약을 체결할 수 있다고 해석합니다. 그렇게 일본은 조선과 조약 체결에 가장 큰 걸림돌, '사대 속방' 문제를 일방적이고 순식간에 해결해버립니다.

한 달 조금 지난 2월 27일 조선은 강화도 진무영 연병장에 있는 연무당에서 수교 조약을 체결합니다.[350] 흔히 강화도조약이라 부르는 조일수호통상조약입니다. 미국 흉내를 낸 일본 함포 외교와 대원군 쇄국정책을 청산하려는 고종 정권 의지가 만든 최초의 근대 조약입니다.

1조는 이렇게 규정합니다. '조선국은 자주 국가로서 일본국과 평등한 권리를 보유한다.' 다른 조항에는 '조선 항구 개방', '개방 지역 내 일본인 재판권은 일본 영사 관할' 같은 내용이 있습니다.

국사 교과서는 이를 들어 불평등조약이라고 주장합니다. 하지만 일본에 유리한 조약인지는 몰라도 '제국주의가 강요한 불평등'이라

1876년 2월 강화도 앞바다에 정박 중인 일본 군함. /국립중앙박물관 유리건판

고 하기에는 큰 무리가 있습니다. 조선은 이 조약 목적이 조선에 진출하려는 일본 규제였지 조선인의 일본 진출은 염두에 두지 않은 조약이었습니다.

젊은 모리, 늙은 이홍장

어찌 됐건, 젊은 모리와 늙은 이홍장은 이틀간 벌어진 협상과정에서 많은 이야기를 나눕니다. 이홍장은 청나라 고위 관리 가운데 그나마 개혁파에 속하는 인물입니다. 이홍장이 묻습니다. "몇 살인가요?" "스물아홉 살입니다." 영국 유학파인 모리는 29세, 이홍장은 53세입니다. 노인과 젊은이 대화라 반말과 경어체로 바꿔보겠습니다.

이홍장: "중국 개화 상황은 어떻게 보는가."
모리: "멀었습니다. 이홍장이 서른 명은 있어야 합니다."

이홍장이 껄껄 웃습니다.

이홍장: "하하, 우리에게 이홍장이 백 명은 있네. 중국과 서양학문을 비교하면 어떤가."
모리: "서양 학문은 100% 유용하지만 중국 학문은 30%밖에 쓸모가 없습니다. 일본 학문은 한 50% 정도?"

대화 속에 서로 급소를 찾는 칼들이 숨어 있습니다. 늙은 이홍장이

건방진 모리에게 또 시비를 겁니다.

이홍장: "왜 귀국은 서양 옷을 입는가."

모리가 대답합니다.

"옛날 옷은 놀기에 좋았지만 열심히 일하는 데는 절대 맞지 않습니다. 우리는 가난하고 싶지 않습니다. 부자가 되기 위해 옛것을 버리고 새것을 취했지요."

옳거니. 이홍장이 꼬투리를 잡습니다.

"의복 제도는 조상에 대한 존중 표시다. 만세 후대에 이어야 한다."

1909년 청나라 5원 지폐에 실린 이홍장 초상. /위키피디아(좌)
일본 《근세명사사진2》(1935)에 실린 모리 아리노리. /일본국회도서관(우)

모리가 지지 않습니다.

"우리 조상이 살아 있어도 똑같이 했을 겁니다. 천 년 전 우리 조상들은 중국옷이 당시 일본 옷보다 우월해서 중국옷으로 갈아입었습니다. 남의 나라 장점이 보이면 일본은 어떻게든 배워서 따라 합니다. 그게 일본의 미풍양속이지요."

부국과 강병에 대한 철학적 차이가 느껴지는지요. 두 나라 실세가 '미풍양속' '전통'을 바라보는 시각이 이렇게 다릅니다. 이홍장은 변발을 하고 있었고, 모리는 양복을 입고 있었습니다.

18년 뒤인 1895년 청나라와 일본이 맞붙은 청일전쟁 종전협상이 일본 시모노세키에서 벌어졌습니다. 청일전쟁은 청나라가 일본에 참패한 전쟁입니다. 그때 일본 대표는 이토 히로부미였고 청나라 대표는 이홍장이었습니다. 풍경은 동일합니다. 이토는 양식 복장을, 이홍장은 변발에 청나라식 장옷을 입고 있었습니다.

깊은 산 속 큰 웃음

강화도조약 체결 후 일본 협상단은 조선에 분당 400발을 발사하는 개틀링Gatling 기관포 1문과 탄약 2,000발을 선물합니다. 선물이며, 위협이기도 했습니다. 자기네가 성취하고 있는 근대화 성과에 대한 자랑이기도 했습니다. 1840년 아편전쟁 때 일본을 덮쳤던, 13년 뒤 중무장한 미국 페리 함대가 도쿄만에 나타났을 때 일본사회가 미지의 세계에 대해 느꼈던, 그 공포를 극복하고 있는 일본에 대한 자랑과 우월감이죠.

그리고 이사관에 해당하는 외무대승外務大丞 미야모토 고이치宮本小一가 조선 대표 신헌에게 이렇게 말합니다.

"귀국은 마치 깊은 산 속에 있는 것과 같아서 국외의 일은 돌아보지 않았습니다. 이제 각성한 이후 후회할 만한 부분이 있을 겁니다."

이 말을 들은 신헌이 자기 일기에 이렇게 기록합니다.

'나는 수염이 크게 흔들릴 정도로 크게 웃었다.'[351]

세계에 문을 닫았던 조선은 이렇게 이웃 일본을 통해 거칠게 근대를 향해 항해하고 있었습니다.

39

수신사 김기수,
증기기관에 당황하다

1876년 4월 27일
[1차수신사 김기수 방일]

한 공동체가 변화하려면 새로운 지성과 정보를 외부에서 수혈받아야 합니다. 정보 유입은 교류 없이는 불가능합니다. 누적된 지적·물적·인적 교류는 이질적 혈액이 줄 부작용을 완화시킵니다. 예방주사가 병균에 대한 면역력을 키우고 자동차 범퍼가 충격을 완화하는 원리와 동일합니다. 교류는 근대라는 시대가 줄 충격을 흡수할 자산입니다. 완화장치는 수용장치이기도 합니다. 외부에 대한 거부감이 적은 상태에서 영양가 높은 새 시스템을 받아들일 수 있습니다.

강화도조약 체결 후 일본은 조선 정부에 사신을 초청합니다. 일본 대표 구로다 기요타카黒田清隆는 조선 대표 신헌에게 이렇게 요청합니다. "품계에 얽매이지 말고 일을 이해할 수 있는 사람을 보내시라."[352]

근대로 진입하던 김기수의 자세

1876년 3월 17일, 예조참의 김기수가 수신사로 임명됩니다. 3월 26일 조선정부는 청나라 예부에 일본에 수신사를 파견한다는 문서를 보냅니다.[353] 4월 27일 서울을 떠난 수신사 일행은 5월 22일 부산포에서 일본이 보내준 배를 타고 출항합니다.

수신사는 화려하고 웅장했습니다. 아래 그림은 1876년 8월 26일자 영국 〈일러스트레이티드 런던 뉴스〉에 실린 삽화입니다. 1876년 5월 29일 요코하마에 도착한 수신사 일행입니다.

모두 76명 가운데 30명이 악공, 기수 가마꾼입니다. 도쿄에 막 도착했을 때 모습은 '행렬 선두에 예복을 입고 총포를 소지한 근위 기

1876년 영국 잡지에 실린 수신사 김기수 행렬 삽화. /국사편찬위원회

281

병이 18명이 있었고 피리, 북, 나팔, 징이 뒤를 따르며 그 뒤로 어린 동자가 두 명, 걷는 사람 뒤에 차양을 드리운 가마를 탄 정사가 있었다'고 합니다. 구경하던 일본인들은 '심하게 비웃었다'고 당시 일본 신문은 보도합니다.[354]

마지막 통신사 이후 첫 사절단이니 겉모습과 의전에 관한 한 비난만 할 수는 없겠지요. 하지만 구로다 기요타카가 요청했던 '일을 알만한 사람들'과는 거리가 있음은 분명합니다. 김기수는 요코하마에 닿기 전 배 위에서 서양인을 목격합니다. 김기수는 호송관에게 "어찌 우리 배에 서양인을 태울 수 있는가"라며 서양인 하선 조치를 요구합니다. 이 서양인은 배를 조정하는 항해사였지만, 일본 측은 요코하마에서 항해사를 하선시킬 수밖에 없었습니다.[355]

근대를 목격한 김기수의 충격

일본 외무성은 수신사 일행이 도쿄에 묵는 여관에 직원을 파견합니다. 여관에는 "이들이 요청하면 극장이든 유락가든 불문하고 동행에 응하라"고 요청합니다. 또 문은 오전 6시에 열고 오후 9시에 닫되, 이들이 요구하면 언제든지 출입시키라고 합니다.[356]

일본 정부는 이들이 일본에 있는 32일 동안 이들에게 보여줄 각종 견학 목적지 132군데를 선정해 놓은 상태였습니다. 이 가운데에는 의사당과 박물관, 식물원, 감옥, 제철소, 화학공장과 병원, 도서관, 학교, 외국공관은 물론 육군과 해군 무기공장 같은 기밀사항도 포함돼 있었습니다. 아래는 김기수가 쓴 《일동기유》 2권 '문답'편에 기록된 일본 관리들과 대화를 정리한 내용입니다.

'숙소에 틀어박혀 있는 나에게 강화도조약 실무자였던 모리야마 시게루森山茂가 함께 돌아다니자고 권했다. 내가 "나는 성품이 고요함을 좋아해 놀고 구경 다니는 데 흥미가 없다"고 답했다. 모리야마가 격하게 말했다. "답답하게도 내 고심을 알지 못하십니까. 누가 구경만 시키겠습니까. 군제軍制를 살펴 조선도 개혁하는 것이 한 가지요, 기계를 자세히 보아서 편리한 것을 모방함이 두 가지요, 풍속을 살펴 채용할 것은 채용함이 세 가지 일입니다."

이어 강화도조약 부대표 이노우에 가오루井上馨가 찾아왔다. 이런저런 얘기를 나눈 끝에 내가 말했다. "선왕(先王: 공자와 주자) 말이 아니면 말하지 않고 선왕 의복이 아니면 입지 아니한 지 500년이 되었습니다. 죽고 망하는 한이 있더라도 기이하고 과도한 기교를 부려 남과 경쟁하기를 원하지 않으리라는 것은 공도 알 것입니다." 그러자 이노우에가 단호하게 말했다. "그렇지 않습니다[不然, 부연]." 가오루가 말을 쏟아냈다. "귀국이 계획을 세워 뒷날 후회가 없기를 바라서이외다. 선생은 돌아가거든 반드시 조정에 거듭 말씀드려 성의를 저버리지 마십시오. 우리 소망입니다."'[357]

일본 관리들에 이끌려 견학에 나선 김기수가 육군 무기공장에서 증기기관을 목격합니다. 김기수가 탄식합니다.

"화륜 한 대로 천하 능사能事를 만드니 어찌 이럴 수가 있는가! 공자께

서 말씀하시지 않은 괴이한 일이니, 나는 이를 보고 싶지 않다. 내 유람
은 내가 나선 게 아니라 저들이 권고한 것이니 두리에 위반되지는 않
았다."[358]

범퍼 없이 초대형사고를 당한 충격 속에 귀국한 김기수는 황해도
내륙 땅 곡산부사로 발령 납니다. 황해도 내지입니다. 김기수는 지방
관으로 일하다가 성균관 관장인 대사성으로 은퇴합니다. '공식적인
첫 근대 외교관'이라는 경력은 쓰임이 없었습니다.

수신사 김기수, 수행원 이용숙, 수행원 현제순, 수행원 고영희(왼쪽 위부터 시계방향으로).
/국립중앙박물관

대한민국 시대, 비뚤어진 몇몇 역사가들 평가가 눈에 띕니다.

'수신사는 대일인식이 부족한 조선정부의 대일정책을 그르치게 한 중대한 사건이었다. 수신사는 악한 사신惡使라고 해도 과언이 아니다.'[359]

'공식적으로 김기수는 친일파 제1호다.'[360]

예나 지금이나 아무 데나 친일파 딱지를 갖다 붙이는 사람들이 있습니다. 교류 부재의 책임 소재를 따지지 않으려는 사람들 특징입니다.

40

조선 생명이 구원받은 날

1879년 10월
[지석영, 종두법 습득]

그 무렵 조선 지식인은 대부분 근대에 무지했고 그래서 근대를 거부했습니다. 21세기 눈으로 보면 근대라는 시대가 100% 정답은 아닙니다. 하지만 150년 전 가난하고 억압적인 공동체 변혁을 위해서는 근대정신 수용은 필수였습니다. 그 가운데 의학이 있습니다.

조선왕조 500년 전반기 가장 많은 생명을 구한 사람은 최명길입니다. 천하 최강 청나라를 상대로 화친을 끌어냄으로써 만백성이 전쟁에 죽을 위기를 넘겼습니다. 충무공 이순신은 논외로 하겠습니다. 후반기 가장 많은 생명을 살린 사람은 누굴까요. 지석영입니다. 종두법을 도입해 천연두로부터 조선 백성을 구해낸 사람입니다.

세상에서 가장 기뻤던 날

1879년 10월 어느 날, 지석영은 우두법을 배웁니다. 배운 병원 이름은 부산 제생의원이고 원장은 마쓰마에 유즈루松前讓. 제생의원은 1877년에 조선에 처음 문을 연 서양식 병원입니다. 1885년 미국 의사 호러스 알렌이 서울에 세운 제중원은 '두 번째' 병원입니다. 일본인이 세웠다는 민족적 반감으로 제생의원은 교과서에 숨겨져 있지요. 다음은 1935년 지석영이 그때를 회고한 기록입니다.

"기묘년(1879년)에 내 조카딸이 역질로 죽은 때문이었소. 마침 일본에 다녀온 친구가 하는 말이 일본에는 우두 넣는 법이 있어서 어린 아해들이 죽지 않음은 물론 얼굴 얽는 일도 절대 없다고 하더이다. 조카 죽은 게 한이라 배울 결심을 한 것이지요. 일본 사람이 많이 살고 있던 동래로 가기로 하고 엽전 닷 냥을 들고 길을 떠났구려. 돈을 거지처럼 쓰며 동래에 도착하니까 석 냥이 남았소."

"토츠카 세키사이戶塚積齋라는 의사한테서 우두 넣는 법을 배우고 우두약까지 얻어서 만 석 달 만에 내 처가인 충주로 돌아왔소. 그해 섣달 스무닷새에 처가에 도착했지요. 나에게는 자식이 없었던 터라 망상거리는데 나이 어린 처남이 생각납디다. 장인한테 물은즉 외국인이 조선인 죽이려고 만든 건데 아들에게 넣는다고 나를 미친 사람으로 돌리는구려. 포기하기 직전에 그럼 해보라고 어린 아들을 내밉디다. 물실호기라고 즉시 우두를 하였더니 꼭 나흘 만에 팔뚝에 완연한 우두자국이 나타나지 않겠소?"

그리고 지석영이 말합니다.

"과거 급제 때와 귀양살이에서 풀려온 때와 같은 크나큰 기쁨이 없었
던 것은 아니지만, 그때의 기쁨에 비한다면 아무것도 아니었소."[361]

지석영이 언급한 '일본에 다녀온 친구'는 수신사 김기수와 함께 일
본에 갔던 박영선이라는 사람입니다. 박영선은 일행을 치료해 준 일
본 의사 권유로 병원으로 동행해 몇 시간 동안 종두법을 배우고《종
두귀감》이라는 책을 얻습니다. 박영선은 "조선에서는 실행하기 어렵
다"고 탄식하며 귀국 후 책을 지석영에게 줍니다.[362]

지석영은 천연두 퇴치와 우두법 보급
에 평생을 바친 인물입니다. 지석영은
1880년 2차 수신사 일행으로 일본에 파
견돼 종두 제조법까지 배워왔습니다. 귀
국 후 지석영은 서울 일본공사관 부속의
원 '경성의원'에서 해군 군의관 마에다
기요노리前田淸則에게서 서양의학을 배
워 본격적으로 종두법을 조선에 보급합
니다.[363]

1935년 1월 21일 〈매일신보〉.

안타까운 근대인들

───────────

지석영, 김옥균처럼 각성한 근대인들이 있습니다. 지석영에 따르면 '당시 고관대작들은 우두법에 크나큰 이해가 없어서 대개 비아냥 댔지만 김옥균만은 비상히 동정을 하여 우두법을 배우는 데 그치지 않고 제조법까지 배우라고 쉼 없이 독려했다'고 합니다. 그를 2차 수신사에 포함시킨 사람도 김옥균이었고 일본에서는 외무경 이노우에 가오루가 제조법 교습을 알선했다고 합니다.[364] 조선 근대사는 이 근대인들을 중심으로 다시 기록돼야 합니다.

근대에 대한 이해 부족과 거부감 그리고 고질적인 정치 투쟁은 근대로 진입하려는 조선 뒷목을 쉼 없이 붙잡습니다. 다음은 종두법을 전파하려는 근대인들 노력 그리고 이를 정치적으로 억압하려 한 태클들입니다.

1882년 7월 임오군란 장면 43 이 터집니다. 지석영이 운영하던 종두장은 밥그릇을 빼앗긴다고 생각한 무당들에 의해 불탑니다.[365] 군란이 무마된 뒤 10월 23일 지석영은 외국 서적을 수집해 연구하자고 상소문을 올립니다.[366] 전라도 암행어사 박영교, 충청도 암행어사 이용호가 그를 초빙해 두 도에 종두법을 전파합니다. 수구세력에 의해 지석영은 개화파로 낙인찍힙니다.

1884년 개방과 대청 독립을 주장하는 갑신정변이 터집니다. 정변은 실패하고 3년이 지납니다. 1887년 4월 16일 지석영이 사헌부 장령에 임명됩니다.[367] 5월 18일 서행보라는 수구파가 "박영효에게 계책을 주고 우두법을 핑계로 박영교를 도와 당을 모은 자"라며 지석영

서울대병원 의학박물관(옛 대한의원) 지석영 동상.

을 처벌하라고 요구합니다. 5월 23일 고종은 지석영을 전남 신지도로 유배형을 내립니다.[368]

　1894년 갑오개혁정부는 지석영을 형조참의로 복귀시킵니다. 그러자 지석영은 당시 민비와 고종을 농락하던 무당 진령군을 참수하라고 상소합니다. 장면 45 10월 23일 고종은 지석영을 경상도 동학 토벌 대장으로 내보냅니다. 그리고 1898년 지석영이 독립협회에서 활동하자 고종은 그를 황해도 외딴섬 초도로 유배 보냅니다.[369]

　항상 어디에선가 붙잡히는 발목. 그 발목을 잡은 손은 수구세력과 고종이었고 그 어느 때에도 지석영은 종두법 보급 사업을 멈춘 적이 없습니다.

1899년 3월 24일, 대한제국에 서양의학 교육기관인 의학교醫學校가 설치됩니다. 지석영은 유배에서 풀려나 초대 교장으로 임명됩니다. 1902년 12월 20일 고종은 천연두 퇴치 공로로 지석영에게 훈장을 수여합니다. 1905년 7월 8일 지석영은 "한글을 쉽게 개량해 지식을 보급하자"고 주장합니다. 대한제국 정부는 그달 19일 지석영이 개량한 '신정국문'이라는 한글 철자법을 공포합니다.[370]

최명길과 함께 조선 백성을 구원한 인물, 지석영이 말합니다. "내 작은 노력이 조선 민족을 위해 다소라도 공헌이 되었다 하면 그 이상 더 기쁜 일은 없다고 생각하오."[371] 1909년 12월 12일, 이토 히로부미 추도회가 있었습니다. 지석영이 추도문을 낭독했습니다.[372] 2003년 대한민국 정부는 '과학기술인 명예의 전당' 15인에서 이토를 추모한 지석영을 제외했습니다.

41

조사시찰단과
역전된 가르침

1881년 5월 5일
['조사시찰단' 일본으로 출발]

1881년 5월 5일, 부산포에서 일본 선박 한 척이 일본으로 떠납니다.[373] 배에는 조선 고위 관료와 수행원 24명이 타고 있었습니다. 관료들은 그해 초 고종에 의해 동래 암행어사로 임명된 사람들입니다. 이들은 근대화를 진행 중인 일본 문물을 파악하기 위한 시찰단입니다. 암행어사는 노론과 위정척사파 반대를 피하려는 위장 신분입니다.

본인들조차 몰랐던 자기 임무에 모든 사람들이 깜짝 놀랍니다. 이헌영이라는 사람이 기록합니다. "숭례문 밖 고요하고 깊숙한 곳에 이르러 봉투를 뜯어보니 열 줄 봉서封書와 마패가 있었으니 신을 동래 암행어사로 삼은 것이었습니다. 글을 엎드려 읽으니 일본 배에 섞여 타고 일본으로 건너가 세관 사무 및 기타를 보고 듣고 탐색하여 오라고 하신 것이온바 심신이 떨려 몸 둘 바를 몰랐습니다."[374] 옛날에는 이들을 '신사유람단'이라고 불렀고 지금은 '조사시찰단朝士視察團'이라고 부릅니다. '조사'는 관료라는 뜻입니다.

역전된 지위

조사시찰단 전에 수신사, 수신사 전에 통신사가 있었습니다. 통신사는 1811년에 12회를 끝으로 더 이상 파견되지 않습니다. 그나마 막부가 있는 에도까지 가지 않고 대마도에서 끝났습니다. 장소를 바꿔 예를 갖춘다는 '역지빙례易地聘禮'라고 합니다.

우리가 수업시간에 들었던 통신사는 '식전부터 왜놈이 무수히 와서 글을 써주면 또 그만큼 와서 기다릴 정도로' 환대를 받았고, '이놈들을 교화하기 위해 근력이 쇠진할 정도로 노력했던' 집단이었습니다.[375] 그만큼 조선이 일본에 비해 선진 문명국이었다는 뜻이었고 그만큼 일본인들은 그 문명을 수용하기 위해 애썼다는 뜻입니다.

그런데 어느 날부터 통신사를 맞이하는 비용에 비해 얻어내는 정보와 지식이 적게 됩니다. 교류를 통해 서구 문명과 사상을 수용하던 일본은 조선으로부터 더 얻어낼 가치가 없자 역지빙례로 통신사를 끝내버립니다. 그 사이에 무슨 일이 벌어졌는지는 장면 39 에서 보신 바와 같습니다.

조사시찰단은 근대화된 일본을 '시찰'하고 '탐색'하기 위해 조선이 보낸 첫 사절단입니다. 유사 이래 처음으로 조선인이 일본 지식과 문물을 파악하기 위해 바다를 건넌 대사건입니다.[376] 이미 조선 정부와

293

일본 정부 사이에 일본이 준비했던 모든 것을 견학하도록 조치가 돼 있었습니다. 지금으로 말하자면 수업 시간에 열심히 듣고 편히 자고 운동하는 그런 공부가 아니라 벼락치기 핵심 체크 공부였지요.

벼락공부하는 학생들

경험이 누구에게나 각성을 주지는 않습니다. 누적된 지성과 교류가 없으면 새로운 문물은 대부분 충격을 동반한 거부감을 주기 마련입니다. 일본으로 떠나기 전 개화파 어윤중이 "눈병이 났다"는 수구파 심상학에게 이렇게 쏘아붙입니다.

"이제 개화를 목격해 가슴에 갇혀 있는 수구 사상을 씻어내면 장님이라도 근심할 필요 없다."

이 개화파와 저 수구파는 대판 싸움을 벌였습니다.[377] 일본에 도착해서도 충격과 거부감은 이어집니다. 일본은 물론 유럽과 아시아 다른 나라도 가서 견학하라는 일본 지식인에게 월남 이상재는 이렇게 대답합니다.

"우리나라는 애초 외교를 할 수가 없으며, 섬기는 것은 오직 청국淸國이고 교유하는 것은 오직 귀국뿐이기에 산 넘고 물 건너는 어려움을 꺼리지 않고 온 것입니다."[378]

294

1876년 근대조약을 맺은 관계이지만 조사시찰단은 아직 중국을 사대 본국으로 한 '천하질서'에 갇혀 있습니다.

각종 제도에 관한 한문 서적을 달라는 시찰단 요구에 스에마츠 지로末松二郎가 이렇게 대답합니다. "우리나라는 예로부터 우리나라 문자와 언어가 있는즉, 이른바 '왜문자倭文字'라는 것입니다. 지금 사람들은 번다한 것을 싫어하고 간단한 것을 좋아합니다. 그리하여 바야흐로 지금의 정체政體와 사정事情을 말하거나 기재한 글은 왜문자로 한 것이 많습니다. 한문漢文으로 두루 자세함을 다한 책은 없습니다."[379]

한문을 쓰고, 중국을 중심으로 움직이던 세상이 바다 바깥에서는 사라지고 없었습니다. 조선은 더 이상 명나라를 이어받은 존경받는 소중화 국가가 아니었지요. 조사시찰단은 오랑캐 나라 일본에서 이런 사실을 뼈가 아프도록 경험합니다. 한 병원에서 송헌무라는 조사가 이렇게 기록합니다.

'좌우에 긴 복도가 있었고 병을 고치고자 하는 사람이 무려 수백 명이었고 의사 역시 같았다. 많은 치료 도구는 껍질을 벗기고 째고 막힌 것을 뚫는 것이었다. 체증은 장락으로 입부터 아래로 뚫었으며 대변이 막히면 작은 통을 항문 안으로 집어넣었다. 피부가 벗겨진 인형, 베어진 장부와 폐들을 보니 몹시 이상하고 놀랍다. 병 걸려 죽은 자는 병원인을 입증하기 위해 시체를 해부한다. 기술이 매우 정교하지만 그 마음 씀은 잔인하기 짝이 없다. 어찌 어진 사람이 할 수 있는 짓인가. 괴이하고도 놀랄 일이다.'[380]

침과 뜸 맥박으로 병을 파악하고 치유하던 조선 의학으로는 이해할 수 없는 일이 벌어져 있었던 거지요. 지석영이 종두법을 도입했을 때 조선 지식인들이 어떤 두려움과 비웃음으로 대했는지 이해가 되리라 믿습니다. 수행원으로 따라갔던 유길준은 이렇게 기록합니다.

"'차마 있을 수 없는 잔인한 짓'이라고 할 사람도 있지만 한 사람의 시신에 잔인한 일을 행해 후세 천만 생령에게 커다란 복을 주는 일이다.'[381]

1881년 8월 22일 조사시찰단이 부산으로 귀국합니다. 여러 차례 나눠 고종에게 보고가 올라갔는데, 1882년 2월 2일 어윤중이 이렇게 보고합니다.

"이웃 나라의 강함은 우리나라에 복이 아니다."[382]

그 강함은 어디에서 왔을까요.

이보다 10년 전 1871년 12월, 일본 이와쿠라 사절단이 근대 미국과 유럽에서 받은 충격 원인은 서양 기술만이 아니었습니다. 시스템이었습니다. 서구 근대가 하루아침 성과가 아님을 깨닫고 전 분야에 개혁을 해야 한다는 각성을 얻습니다. 이들은 귀국 후 100권짜리 보고서 《미구회람실기》를 대중용으로 출판합니다. 장면 32

조선이 조사시찰단 보고를 토대로 착실하게 시스템 개혁작업을 수행했다면 역사는 달라지지 않았을까 합니다. 조선이 가진 모순은 바로 이 시스템, '동도東道'에 있었으니까요. 아쉽게도 고종은 이 보고서들을 토대로 근대화 방향을 이렇게 정합니다.

'동도서기東道西器'

옛 제도는 그대로 두고 서양 기술만 수용한다는 정책입니다. 아쉬운 점이 하나 더 있습니다. 실록에는 '문견기聞見記를 올린 것이 있으나 번다하므로 다 기록할 수 없다'라고 적혀 있습니다.[383] 그 방대한 보고서들이 지금 서울대학교 규장각한국학연구원에 보관돼 있는데, '새 책처럼' 깨끗합니다. 고종이 깔끔한 독서인이었는지, 읽지를 않았는지는 모르겠습니다.

42

아주 전근대적으로 진행된 근대 조미조약

1882년 5월 22일

[조선, 미국과 수교]

청나라가 마련한 조약 초안

1882년 5월 22일, 조선은 서구 열강 가운데 미국과 첫 조약을 맺고 문호를 개방합니다. 1871년 신미양요라는 격렬한 전투를 치른 적국끼리 마침내 손을 잡았습니다. 어윤중이 일본을 시찰한 조사 가운데 마지막으로 고종에게 귀국보고를 올리고 3개월 뒤입니다. 이보다 1년 전인 1881년 1월, 조선정부는 통리기무아문統理機務衙門이라는 개혁 전담기구를 설치합니다. 이 시기가 고종-여흥 민씨 시대 중 가장 활발하게 개방을 추구하던 때였습니다.

이 무렵 청나라는 러시아를 견제하기 위해 조선을 속방으로 묶어

두고 조선을 미국과 연합하도록 권고하고 있었죠. 조선을 청으로부터 떼어놓겠다는 미국, 붙잡겠다는 청나라 의도가 혼합된 것이 이 조미조약입니다. 그 결과 조약 초안은 천진과 북경에서 이홍장과 미국 대표 슈펠트 사이 협상 과정에서 마련됐습니다.

조선 측은 1881년 11월 17일, 김윤식을 청나라 무기 기술을 배울 영선사 책임자로 파견합니다.[384] 김윤식이 받은 임무에는 조미조약 교섭도 있었습니다. 그런데 그 과정에서 조선정부는 청나라가 요구했던 조약 체결 전권대사를 파견하지 않았습니다. 결국 김윤식은 조약문 초안을 열람만 했을 뿐, 조약문은 청나라 북양대신 이홍장과 미국 대표 슈펠트 합의로 작성됩니다.[385]

청나라는 이 조약 1조에 '조선은 청나라 속국'이라고 명기하려고 합니다. 슈펠트는 단호하게 거부합니다. 미국으로서는 청나라 속국과 맺는 외교관계보다 독립국인 조선과 외교를 맺는 게 유리하니까요. 대신 두 나라는 조선이 속방임을 확인하는 별도 문서를 조선정부가 미국에 보내기로 합의하지요.

이 모든 실무는 청나라 관리 마건충이 진행했습니다. 마건충은 프랑스 유학파 법학자입니다. 이홍장은 조선 대표 김윤식에게 "조선정부는 조약 초안을 수정할 수 없고 체결 현장에는 청나라 관리가 참관한다"고 '통고'합니다.[386] 처음부터 끝까지, 청나라 땅에서 청나라 손과 붓에 의해 조약이 마련됩니다. 이제 이 조미조약 체결 당일 풍경을 구경해보겠습니다. 관점은 '근대를 맞는 자세'입니다.

청나라 관리에게 아홉 번 머리 조아린 조선 대표

1882년 5월 8일 위원威遠, 양위揚威, 진해鎭海 3척 군함에 분승한 청나라 관리 마건충과 제독 정여창이 인천부 호도虎島에 도착합니다. 소식을 들은 조선 정부는 서둘러 청나라 사람들이 묵을 객관을 국비로 마련해주죠.[387]

12일 미국 전권위원 해군대장 슈펠트가 군함 스와타라를 이끌고 인천부 호도에 도착합니다.[388] 마건충과 정여창은 장면 44 에 또 등장합니다.

조선 전권대신은 신헌, 부관은 김굉집金宏集입니다. 본명은 김홍집金弘集입니다. 5월 13일 조선 선발대가 마건충이 탄 배를 방문합니다. 마건충이 말합니다 "조선은 하국下國이니 대신大臣이라 하지 말고 대관大官이라고 하라."[389]

다음 날, 근대 조약을 맺는 현장에서 황제국 사절단에 대한 '진알(알현)'이 있었습니다. 승선 후 조선 대표들은 세 번 무릎을 꿇고 아홉 번 머리를 조아리는 삼궤구고두례를 치르며 국왕을 대신해 공손히 황태후와 황상 안부를 물었습니다. 마건충과 정여창은 의식이 끝날 때까지 기다리고 있다가 그제야 이들과 상견례를 치렀습니다.

기이하게도 신헌은 석희奭熙와 덕균德均이라는 아들과 손자를 대동하고 나타났습니다.[390] 청나라 혹은 그 이전 명나라에 사신을 보낼 때 아들이나 친척 가운데 공식적으로 동행했던 관행을 답습한 행동입니다. 연암 박지원을 비롯해 많은 사람들이 청나라 사신단에 동행해 많은 문물을 경험했지요. 하지만 근대조약을 맺는 협상장에 가족을 데

1882년 조미수호통상조약 체결지(인천).

리고 왔다는 사실은 어딘가 모순적입니다. 역사적 시차가 매우 심합니다.[391] 신헌이 쓴 기록에는 본인과 김홍집을 '대신大臣'이 아닌 '대관大官'으로 기록합니다. 삼궤구고두례를 치른 사실, 아들과 손자를 대동한 사실은 적혀 있지 않습니다.[392] 조선 대표들은 이어 슈펠트와 상견례를 가집니다. 미 군함 스와타라호는 이들을 환영하는 예포 3발을 쐈습니다.

5월 17일 중국 측이 마련한 조약 초안을 조선 부사 김홍집이 최종 검토합니다. '쌀 수출은 금지한다'라는 조항만 삽입하고 모든 문안이 청나라안대로 통과됩니다. 5월 22일 오전 10시 45분, 바다가 보이는 제물포 언덕에 설치된 화려한 천막 속에서 대조선국과 대미국의 수호통상조약 조인식이 열립니다. 마건충은 천막 옆에서 대기하고 있다가 체결 후 체결장에 들어옵니다.[393] 때를 맞춰서 조선 대표 신헌과 김홍집은 '조선은 중국 속국'이라는 내용을 담은 국왕 조회문을 슈펠트에게 전달합니다.

11년 전인 1871년 청 정부는 일본과 '청일수호조규'를 맺은 적이 있습니다. 청나라 요청에 따라 조약 1조에는 '소속방토所屬邦土 상호 불가침'이 규정됐습니다. 조선을 염두에 둔 조항입니다.

1872년 일본은 청나라에 조공하던 류큐를 자기네 번이라고 선언하고 1879년에는 이를 가고시마현으로 편입시킵니다. 안남(安南, 베트남)은 프랑스가 무력으로 자기네 땅이라고 점령한 상태였습니다. 이제 저 조약 1조에 규정된 '속방'은 조선만 남았습니다.

6개월이 지난 11월 27일 조선은 청나라와 '조청상민수륙무역장정 朝淸商民水陸貿易章程'을 체결합니다. 전문은 이렇게 시작합니다.

'조선이 오래도록 제후국임은 다시 의논할 여지가 없다.'[394]

청나라는 기어이 한을 풀었습니다. 조선왕국이 근대로 항해하는 바다는 이처럼 거칠고 난폭했습니다.

43

왕십리 군인들
반란을 일으키다

1882년 7월 23일
[임오군란 발생]

진살제민盡殺諸閔, 민씨는 다 죽인다

조미조약 체결 두 달 뒤 임오군란이 터집니다. 1882년 7월 23일입니다.[395] 임오군란은 그때까지 조선 시스템이 가지고 있던 모든 모순이 한꺼번에 폭발한 사건입니다. 모순이 뭘까요. 재정 파탄과 부패와 가난 그리고 군사력 붕괴입니다.

기억나십니까, 대원군이 실시했던 청전유통이 불법화되고 하루아침에 거덜 난 나라 살림을? 조선 재정은 파탄 난 상태였습니다. 그런데 고종은 경복궁 공사를 재개하고 친위 부대 무위소를 창설해 재정을 더 갉아먹지요.

임오군란은 하급 군사들, 더 정확하게는 구식 군사들이 13개월 동안 받지 못한 월급을 달라며 벌인 민란입니다. 군인 월급을 담당하던 부서는 선혜청입니다. 선혜청 청장은 민겸호입니다. 민비 친척 오빠입니다. 선혜청이 내놓은 한 달 치 월급, 그러니까 월미 봉투를 열어 보니 모래거나 썩은 쌀이었습니다. 당연히 거칠게 항의하지요.

폭동 소식을 들은 왕비 민씨가 말합니다.

"무위소 포군을 불러 진륙殄戮시키면 뭐가 어렵겠는가."[396]

군인들이 외칩니다.

"구처일인연후 진살제민區處一人然後 盡殺諸閔."[397]

"오직 한 사람은 꼭 처단한 뒤 민씨들을 다 죽인다"는 뜻입니다. 여흥 민씨가 장악한 권력이 만악의 근원이고, 그 근원의 끝에 민비가 있다는 뜻이지요.

1881년 7월 15일 고종은 무위소에 이어 일본군 교관 호리모토 레이조堀本禮造를 초빙해 신식군대인 '별기군'을 창설합니다.[398] 이들은 군복부터 월급까지 특혜를 받습니다. 구식군대에 대한 대우는 형편 없이 낮아집니다. 폭동을 일으킨 사람들은 대폭 축소된 훈련도감 소속 군인들이었습니다.

'늙은이 어린이 할 것 없이 모두 입성한 왕십리 군인가족에게'[399] 선혜청장 민겸호는 "주동자를 잡아 포도청에 가둔 뒤 곧 죽이겠다"

고 선언합니다. 별기군 창설 책임자 또한 민겸호입니다. 군중들은 칼로 땅을 치며 "굶어 죽으나 법으로 죽으나 마찬가지니 죽일 사람이나 하나 죽여서 원을 씻겠다"고 고함을 질렀지요.[400]

7월 23일, 수천으로 불어난 난군이 민겸호 집을 부수고 평지로 만듭니다. 비단과 구슬이 타서 불빛은 오색을 띠고 인삼과 녹용과 사향 따위 냄새가 몇 리 밖까지 풍겼습니다.[401] 또 다른 민씨 실력자 민태호를 비롯해 수많은 민씨들 집이 불에 탑니다.

난군은 은거하고 있던 대원군을 앞세워 창덕궁으로 들어갑니다. 숨어 있던 민겸호가 이들에 의해 살해당합니다. 위기를 느낀 민비는 궁을 떠나 종적을 감춥니다. 7월 24일 대원군은 고종 명의로 왕비 사망을 선고합니다.[402]

청나라 군사를 부르다

조미조약을 마무리하기 위해 청나라에 있던 김윤식과 어윤중이 이 소식을 듣습니다. 이들은 "대원군이 일으킨 반란"이라며 이홍장에게 파병을 요구합니다.[403] 천하를 잃고 근대 세계 속에서 방황하던 청나라는 즉각 군대를 군함에 태워 조선으로 보냅니다. 지휘관은 장면 42에 나왔던 오삼경과 정여창, 그리고 마건충입니다.

8월 28일 조선정부는 둔지미(현 용산가족공원)에 주둔해 있는 청나라군사에 '난군을 진압해 달라'는 요청서를 보냅니다. 그날 밤 청군은 왕십리와 이태원을 포위하고 군인 신분증을 가진 자는 모조리 죽이거나 체포합니다. 조선 군인들은 '힘에 부쳐 기진맥진할 때까지 싸

1884년 퍼시벌 로웰이 찍은 남별궁 청나라 관리들. /미국 보스턴미술관

우다 잡힐 지경에 이를 때마다 칼로써 배를 갈라 창자가 드러났으나 죽음을 두려워하지 않았다'고 합니다.[404]

석 달 뒤인 11월 27일 조선과 청은 조선을 속방으로 규정하는 '조중상민수륙무역장정'을 체결합니다 장면 42. 청나라 군사는 그대로 눌러앉았습니다. 이후 조선은 1894년 청일전쟁 때까지 실질적인 식민지로 변합니다.

청나라에게 임오군란은 5개월 전 미국에게 굴욕적으로 내준 '독립국' 조선을 되찾게 해준 고마운 사건이었습니다. 진압군 장교였던 원세개(위안스카이)는 1884년 갑신정변 장면 48 이후 주차조선총리교섭통상사의駐箚朝鮮總理交涉通商事宜라는 직책으로 고종 옆에서 결재서류에 도장을 찍습니다. 총독입니다.

가난하고 탐욕한 왕국

도대체 왜 조선정부는 외국군을 불렀을까요?

반란을 진압할 군사가 없었기 때문입니다. 부패와 가난과 재정 파탄은 한 나라 하급군인들을 진압할 무력이 없는 나라로 만들어버렸습니다. 이보다 2년 전 실록에 이런 기록이 있습니다.

"병영에 저축해둔 무기와 화약과 탄환이 이름만 있고 실상은 없다. 제조한 것은 거의 모두 엉성하고 무디며 수량은 허위로 기록되지 않은 것이 없다. 혹은 썩고 상하게 내버려 두고서 고치거나 보충할 생각을 하지 않고, 도둑맞거나 잃어버린 것을 알면서도 보충하는 데 뜻이 없다."[405]

난을 진압하고 청나라 군사가 이홍장에게 이렇게 보고합니다.

'조선 국고에는 1개월 치 비축분도 없다.'[406]

가난하고 탐욕한 조선 정부는 또 옛 버릇을 드러냅니다. 난이 진압되고 6개월이 지난 1883년 3월 26일, 조선 정부는 '재정이 극도로 어려워졌다'는 이유로 당오전 발행을 결정합니다.[407] 이름 그대로 명목 가치가 실질가치의 다섯 배인 나쁜 돈입니다. 고종이 철폐한 청전과 가치가 똑같습니다. 사흘 뒤 여흥 민씨 민태호가 책임자로 결정되고 6월 9일 당오전 7만 냥 유통이 시작됩니다.[408] 임오군란에서 정확하게 1년 하루 뒤입니다. 김윤식이 말합니다.

"엄금해야 마땅하거늘 어찌 나라를 다스리면서 이런 일을 한다는 말인가? 심장의 살을 도려내 눈병을 치료하려는 것과 다름이 없다."[409]

부패와 가난이라는 관점에서, 세상은 원점으로 돌아갑니다. 대원 군은 다시 실각합니다. 다름 아닌 청나라 군사에 의해서.

44

납치된 대원군과
지옥도가 펼쳐진 귀국길

1882년 8월 27일
[대원군 청나라로 피랍]

"황명을 거스른 죄인이다"

8월 20일, 경기도 남양만에 상륙한 청나라 군사는 8월 28일 밤 난군을 무차별하게 진압하는 데 성공합니다. 그런데 그 전날인 8월 27일 '고종실록'에는 이런 기록이 나옵니다.

'대원군이 천진天津으로 행차하였다.'[410]

짤막한 문장입니다. 그런데 이 문장에는 한 시대를 종언하는 무서운 사건이 숨어 있습니다. '대원군 납치'. 바로 황제국 청나라 군대가 제후 조선국 국왕 친아버지를 납치해 간 사건입니다.

8월 27일 청나라군 지휘관 정여창과 마건충이 운현궁에서 대원군을 알현합니다. 운현궁 바깥에는 오장경이 이끄는 군사들이 대기 중이었습니다. 정여창과 마건충은 대원군을 둔지미(현 용산공원)에 있는 자기네 병영으로 초대하지요.

오후 4시, 가랑비가 내렸습니다. 병영을 찾은 대원군이 의자에 앉은 순간, 마건충이 속사포처럼 묻습니다.

"그대는 조선왕이 황제가 책봉한다는 사실을 아는가?"
"안다."

마건충이 연이어 어퍼컷을 날립니다.

"일체의 정령은 왕에게서 나온다. 그대는 왕권을 가로채 정적을 죽이고 사람들을 끌어들여 황제가 책봉한 왕을 뒷전에 물러나게 하였다. 왕을 속였으니 실로 황제를 업신여긴 죄, 용서 못 한다!"[411]

대원군이 고함을 칩니다.

"무슨 꿈속에서 뜬구름 잡는 소리냐(將作雲夢之遊耶, 장작운몽지유야)!"[412]

청나라는 이미 김윤식과 어윤중으로부터 대원군이 군란 주모자라는 말을 들은 터였습니다. 여기에 조선을 단순한 제후국 차원을 넘어 속국으로 만들겠다는 청 황실 의지가 더해져 벌어진 일입니다. 황실이 임명한 국왕에 저항했으니 황제가 심판하겠다는 이야깁니다. 말을 잇지 못하고 있는 대원군을 사령관 보좌관이 겨드랑이에 손을 넣어 일으켜 세운 뒤 끌고 나갑니다. 이 보좌관이 바로 3년 뒤 실질적인 조선 총독으로 부임하는 원세개입니다. 대원군은 천진으로 압송됐습니다.[413]

9월 11일 천진에서 대원군을 세 살 연하 이홍장이 다그칩니다.

"각하가 난의 괴수다."

대원군이 말하지요.

"기름 가마솥이 앞에 있어도 나는 결백하다."[414]

청 정부는 대원군에게 '영구 귀국 금지' 처분을 내립니다. 9월 23일 대원군은 '감사안치(減死安置·사형을 대신한 유폐형)'를 선고받고 사흘 뒤 천진 옆 보정부성 치안지서에 연금됩니다. 출발 전 대원군은 황실 전문 사진관인 '양시태 조상관'에서 천진성 영무처 공식 사진을 찍습니다. 타국에 납치된 정치가의 모습. 예사롭지 않습니다.

12월 15일 그는 보정부성에서 관리 오여륜과 필담을 가집니다. 대원군은 예순셋이고 오여륜은 마흔넷이었습니다.

오: "잘못을 사죄하라."

대: "불량소녀을 만나 곤욕을 치르는구나."

오: "무슨 책을 읽는가."

대: "강목 9권을 보았다."

오: "그런 책은 좋은 곳에 쓰지 않으면 사람 죽이는 책이다. 덮어라."

대: "글을 써내려가는 형세가 또 욕설이구나."

오: "악한 짓을 하고도 남의 욕설을 막으려 하는가."

대: "내가 이미 악에 처했는데 당신 입도 악하고 날씨까지 악하니 세 가지 악이 한데 모였구나."

보정부 유폐 직전 대원군. /서울역사박물관

그리고 대원군이 말합니다.

"양왜 배척이 오늘날 정세에는 옳지 않다. 천하의 대세이니, 좋은 것은 인정해야 한다."

그러자 오여륜이 이렇게 쏘아붙입니다.

"천하라니, 당신은 그저 일국—國 얘기나 하라."[415]

그렇게 대원군이 무너집니다.

귀국길에 펼쳐진 지옥도地獄圖

1885년, 고종 정권이 러시아와 밀약을 맺은 사실이 폭로됩니다. 장면50 청 정부는 러시아에 접근하려는 고종 정권 견제를 위해 대원군을 귀국시킵니다. 납치된 지 만 3년이 지난 1885년 10월 5일 대원군이 인천에 도착합니다. 수십만 군중이 몰려 있었고, 정박해 있던 각국 군함이 예포를 쐈습니다.[416] 아들 고종이 남대문까지 나가서 아비를 맞이합니다.[417] 대원군은 청나라 군사 40명 호위 속에 운현궁으로 들어갑니다. 아들이 대신들에게 신신당부합니다. "각별한 분이니 예조에서 의정부와 상의하여 예절 절차를 마련하라"고.

바로 다음 날 고종 정권은 임오군란을 주도했던 김춘영과 이영식을 능지처사형에 처합니다. 찢어 죽였다는 뜻입니다. 두 사람은 지금 서울시청 자리에 있던 군기시에서 토막 나 죽었습니다.[418] 이들은 3년째 감옥에 갇혀 고문당하며 공범 이류을 자백해 왔던 사람들입니다. 토막들은 며칠 동안 길가에 버려져 있었습니다. 당시 미국 공사 포크Foulk가 본국에 보낸 편지에는 형 집행 날짜가 양력 10월 5일, 그러니까 대원군이 돌아온 음력 8월 27일로 돼 있습니다.[419]

남대문에서 아들을 만나고 운현궁으로 돌아간 대원군 코에 그 시체 썩은 내가 진동했다는 뜻입니다. 원세개는 "충효를 모두 저버리는 소행"이라고 비난했습니다. 대원군을 수행했던 사람들 10여 명은 공포 속에 순식간에 달아나버렸습니다.[420]

10월 17일 예조에서 '각별한 예우' 규정을 발표합니다.

첫째, 대문 밖에 하마비(下馬碑·신분 고하를 막론하고 말에서 내리라는 표지)를 설치할 것.

둘째, 대문에 가로잠금목[橫杠木·횡강목]을 설치할 것.

셋째, 대문은 습독관이 윤번으로 입직할 것.

넷째, 조정 신하들은 사적으로 감히 대원군을 만나지 말 것.[421]

아들에 의해 아비가 다시 유폐당했다는 뜻입니다. 조선왕국 500년 모순을 개혁하려던, 그 사내가 거기에서 멈춥니다.

45

환궁한 왕비와
무당에 농락당한 조선

1882년 9월 12일
[민비 환궁]

9월 12일, 실종됐던 왕비 민씨가 극적으로 창덕궁으로 돌아옵니다.[422] 이미 왕비에서 서인으로 강등당하고 장례까지 치른 왕비였으니 반길 사람도 저주를 퍼부을 사람도 깜짝 놀랍니다. 민비는 충북 장호원에 있는 자기 친척 민응식 집에 숨어 있었습니다. 궁궐에 들어가는 왕비 곁에는 예쁘게 생긴 여자가 함께 있었습니다. 왕비가 그녀를 부릅니다. "언니!"[423]

'언니'는 장호원에서 만난 무당입니다. 그때 마을에 살던 예쁘고 예절 바른 무당이 집에 찾아옵니다. 말동무를 하면서 아픈 몸을 만져 주면 금세 병이 낫습니다. 그런 무당이 그녀에게 말합니다. "팔월 보름 전에 입궐하겠나이다."

충북 장호원 민비 피난 기념비와 짓다 만 행궁터(좌).
서울 혜화동 북묘 터. 원래는 송시열 집터였다(우).

음력 7월 13일, 정적인 흥선대원군이 청나라로 끌려가고 세상이
바뀝니다. 정말 음력 팔월 초하루, 양력 9월 12일 왕비가 대궐로 돌아
옵니다. 왕비는 그녀에게 진령군 군호를 내려주고 언니라 부르며 함
께 살았습니다.

'어젯밤 무당이 한 말이 아침에 어명으로 내려온다'는 말이 퍼집니
다. 얼마 뒤 무당은 성북동 옛 송시열 집터에 관운장 귀신을 모시는
북묘를 짓고 삽니다. 고종은 무당집에 수시로 가서 무릎을 꿇고 제사
를 지내죠.[424] 무속인이 붙으면서 나라가 망가집니다.

낭비와 부패

먼저, 낭비입니다. 왕실 식재료 담당 부서는 명례궁明禮宮입니다.
1854년 명례궁 수입은 3만 2,954냥입니다. 1893년 수입은 291만
6,290냥입니다. 그 1893년 명례궁 지출액은 444만 6,912냥이었고

이 가운데 식재료비가 354만 2,335냥이었습니다.[425] 그 1893년 왕실에서 지낸 제사는 29회, 연회는 37회였습니다. 1894년 2월에는 220만 냥을 들여 왕 생일 축하파티를 벌입니다. 명례궁 수지收支는 1884년 이후 적자로 돌아서 1893년에는 적자가 150만 냥까지 치솟았습니다.

이 1884년부터 1893년까지가 무당 진령군이 나라를 가지고 놀던 시기입니다. 가뜩이나 건강이 안 좋은 아들 척(坧: 순종) 때문에 무속에 집착했던 민비였습니다. 민비 부부는 '금강산 일만이천봉에 쌀 한 섬과 돈 열 냥씩 바치면 나라가 평안하다'는 말에 나랏돈을 바칩니다. 누가 먹었을까요? 입도 주머니도 없는 산이 그 돈을 먹었을 리 만무합니다. 그리고 부패입니다.

'진령군 한마디에 화와 복이 걸려 있어서 벼슬이 그 손에서 나오기도 했다. 염치없는 자들이 간혹 양아들을 맺자고도 했다. 조병식, 윤영신, 정태호 등이 더욱 심하게 보챘다. 아들 김창렬은 대관들의 서열에서 행세하였다.'[426]

말 그대로 국정 농단입니다.

도무지 처벌되지 않는 이 무당

1893년 전 사간원 정언 안효제가 '요망한 북묘 계집 목을 베라'고 상소합니다. "괴이한 귀신이 여우 같은 생각을 품고 관운장 딸이라고 거짓말을 하고 다닌다. 왜 못 깨달으시나." 진령군에게 넘어간 사헌부와 사간원 현직 간부들이 안효제를 죽이라고 아우성을 칩니다. 다음 날 안효제는 추자도로 유배됩니다.[427]

청일전쟁 직후 갑오개혁정부 장면 57 에 의해 개혁작업이 개시된 1894년, 종두법을 도입했던 지석영도 상소를 올립니다.

"사람들이 요사스러운 계집 살점을 씹어 먹으려고 한다."[428]

지석영은 진령군을 참수하라고 요구합니다. 군국기무처 또한 두 차례에 걸쳐 처형을 고종에게 요구합니다. 그러나 그 어디에도 처형했다는 기록은 보이지 않습니다.[429] 진령군과 농단을 함께 했던 양아들 김창렬이 '석방됐다'는 기록만 있습니다.[430]

그런데 진령군은 1년이 넘게 무사히 있다가 풀려났습니다. 1896년 《윤치호일기》에 이렇게 적혀 있습니다. '김노완이 자기가 학부대신 서광범을 미국으로 보내고 그 자리에 이도재를 앉힌 뒤, 이도재로 하여금 진령군 처형을 면하게 했다고 자랑했다.'[431] 서광범이 전권공사, 이도재가 학부대신에 임명된 때는 1895년 12월 11일입니다.[432] 김노완이라는 '빽'이 장관 자리를 바꿔치기해 가며 진령군 목숨을 부지시켰다는 뜻입니다.

길어도 너무 길었던 부패의 꼬리

그런데 더한 빽이 있었습니다. 이유인이라는 사람입니다. 진령군에 붙어서 갖은 부패행각을 저질렀던 사람입니다. 경북 예천 사람 이유인이 하루는 진령군을 찾아갑니다.

"나는 귀신을 부리는 귀인이다." 며칠 뒤 깊은 밤, 이유인은 무당과 함께 북한산 심산유곡에 들어가 귀신을 부릅니다. "동방청제장군 나와라."

푸른 옷을 걸친 귀신이 튀어나옵니다. 놀란 무당 옆에서 또 귀신을 부릅니다. "남방적제장군 나와라."

네모진 눈에 붉은 눈동자가 툭 튀어나온 10척 장신 귀신이 피를 뿜으며 튀어나옵니다. 무당이 신통력이 출중한 사내를 고종 부부에게 소개하죠. 이유인은 1년 만에 양주목사가 됩니다.[433]

충북 충주 국망봉에 있는 이유인 묘비문에 따르면 이유인은 파주목사(1888), 양주목사(1889), 한성부판윤(1890), 함남병마절도사(1894), 대한제국 법부대신(1898)과 평리원(대법원) 원장서리, 경무사(검찰총장), 시종원경(비서실장) 따위 벼슬을 두루 지냅니다. "잡된 술수로 대궐 안을 어지럽힌 창귀倀鬼"[434]라고 비난해도 고종은 귀를 닫습니다. 권세가 하늘을 찌르고도 남아서, 그가 살던 예천 금당실은 지금도 '반¥ 서울'이라는 별명이 붙어 있습니다.

그러니 그 수양모 진령군이 쉽게 처형되겠습니까. 이유인은 1907년 6월 20일, 권한 남용 혐의로 김해에서 검거돼 서울로 압송될 때 밀양에서 잠자다 죽었습니다.[435] 무당 진령군은 글을 읽고 계시는 이 시간 현재까지 행방불명입니다.

46

빛과 광명이 던진 충격, 보빙사

1883년 7월 16일

[조선 사절단 보빙사, 美 군함으로 향미]

큰절을 한 조선 사신단

1882년 5월 22일, 조선과 조약을 맺은 미국은 1년 뒤인 1883년 5월 19일 조선에 공사관을 개설합니다. 공사 푸트Foote는 공사관 개설 기념으로 조선 정부에 사절단 파견을 제의합니다. 7월 9일 전권대신에 민영익閔泳翊, 부대신에 홍영식洪英植, 종사관에 서광범徐光範을 임명하고 사절단을 구성하지요.[436] 수행원 유길준과 변수, 무관 최경석과 현흥택, 역관 고영철. 그리고 중국어 통역관 오례당吳禮堂, 미국인 고문 퍼시벌 로웰Lowell과 로웰의 일본어 통역관 미야오카 쓰네지로宮岡恒次郎. 미국 현지에서는 조선과 일본 체류 경험이 있는 미해군 소위

보빙사 일행. 앞줄 홍영식, 민영익, 서광범, 퍼시벌 로웰. 뒷줄 현흥택, 최경석, 유길준, 고영철, 변수(왼쪽부터). /미의회도서관

조지 포크Foulk가 안내를 맡았습니다.

7월 16일, 이들은 1871년 신미양요 때 강화도를 공격했던 미 해군 함정 모노카시Monocacy 호를 타고 제물포에서 일본 요코하마로 떠납니다. 8월 15일 이들은 2년 전 영국 리버풀에서 진수한 증기 여객선 아라빅Arabic 호로 갈아타고 동쪽 망망대해 태평양을 향해 출발합니다. 500년 동안 숨어 살던 조선인이 태평양을 건너는 엄청난 일이 벌어지고 있었습니다.

9월 2일, 500년 먹은 나라에서 온 사절단이 독립한 지 100년이 갓 넘은 나라 아메리카에 도착합니다. 그리고 그달 18일 뉴욕 5번가 호텔(The Fifth Avenue Hotel) 대접견실에서 당시 미국 대통령 아서Arthur를 만납니다. 비단 관복을 입은 일행은 접견실 복도에서 조선식 큰절

321

로 예를 표한 뒤 방으로 들어가 다시 한번 절을 합니다.[437]

그리고 근대를 봅니다. 수신사 김기수가 목격한 근대 일본과 또 다른 근대를 봅니다. 동부 산업단지와 뉴욕 공장, 신문사, 육군사관학교, 우체국을 견학합니다. 유길준이 "악마(devil)의 힘으로 불이 켜진다고 생각했던" 전깃불도 그때 처음 목격합니다.[438] 홍영식은 우체국에, 최경석은 농장에 큰 관심을 보입니다. 그해 말 부사 홍영식을 포함한 1진이 귀국합니다. 홍영식이 동행한 미국 장교 포크에게 말합니다.

"나는 어지러울 정도로 눈부신 빛 속에 있었다."[439]

미국 대통령에게 절하는 조선 보빙사.
/Frank Leslie's Illustrated Weekly

　민영익과 종사관 서광범, 수행원 변수는 아서 대통령 제안으로 미해군 함정 트랜튼호를 타고 세계를 일주합니다. 포르투갈령 대서양 아조레스Azores에서 로마와 런던, 파리, 카이로와 뭄바이, 싱가포르에 이르는 대장정입니다. 모든 경비는 미 해군부 예산으로 지출했습니다. 이들은 장장 6개월 동안 세계를 주유하고 이듬해 5월 31일 제물포로 귀국합니다. 민영익이 미국공사관을 찾아가 이렇게 말합니다.

　"나는 암흑세계에서 태어나 광명세계로 들어갔다. 그리고 이제 다시 암흑세계로 돌아왔다."[440]

　부사 홍영식 아버지는 영의정 홍순목입니다. 잘 나가는 노론 가문 권력가입니다. 왕비 민씨 친족인 정사 민영익은 실세 가운데 실세입니다. 그들이 찬란한 근대의 세례를 받고 충격 속에 귀국합니다. 근대를 광명이라고 했고 조선을 암흑세계라고 했습니다. 이제 조선의 개화와 근대화는 시간문제입니다.

불길한 징조

　아니, 시간문제였어야 합니다. 세계일주를 한 민영익 팀을 보겠습니다. 12월 1일 뉴욕을 떠난 트랜든 호는 대서양에서 풍랑을 만납니다. 이들을 수행했던 포크에 따르면 '민영익은 극도로 공포에 질려 자거나 먹거나 누우려 하지 않'았습니다. 민영익은 '프랑스 마르세유에 도착하면 배를 갈아타고 속히 조선으로 돌아가게 해달라고 포크에게 부탁합니다.'[441] 포크는 "친구에게서 받았던 담배를 던져버리는 행위"라며 대통령 호의를 저버리려 한다고 비난합니다.

유럽 대륙에 상륙한 민영익 일행은 파리와 런던, 로마를 둘러보고 1884년 2월 29일 이집트 수에즈에 도착합니다. 카이로에서 피라미드를 보았습니다.

미국인 포크가 가족에게 보낸 편지에 따르면 이들은 고대인이 그런 거대한 구조물을 만들었다는 사실에 놀라워했지만 '직접 올라가거나 들어가 구경하는 것은 거부하는 소심함'을 보였습니다. 성리학적 세계관으로는 설명할 수 없는 초거대 구조물을 대면하고도 너무나도 성리학적인 예법으로 호기심을 누르고 애써 외면한 거지요. 〈뉴욕타임스〉는 "마치 놀라운 일을 당연하다고 여기는 듯 무엇을 보든 놀라는 기색을 보이지 않는다"고 보도합니다.[442]

기이하게도 이들은 세계여행에 대해 단 한 글자도 기록을 남겨놓지 않았습니다. 8개월 동안 이들을 밀착해서 관찰한 포크는 이렇게 기록합니다.

'지난 8개월 동안 나는 이 세 사람과 절친하게 지냈다. 민영익은 자기 나라를 위해 최선을 다하겠다고 진지하게 말했다. 하지만 오래 관찰한 바에 따르면 그는 소심하고 변덕이 심하다. 슬프게도 그는 견문과 각성이라는 가치를 따질 수 없는 기회를 외면하고 여행 내내 조선에서 가져온 유교 책들을 붙잡고 읽고 있었다. 반면 서광범과 변수는 세계 주요 국가 정치사와 진보에 대해 어마어마한 정보들을 수집하고 노트하는 데 지칠 줄 모르도록 열심이었다.'[443]

1884년 5월 31일 마침내 민영익과 서광범, 변수가 조선 제물포에 도착합니다. 한성으로 올라가면서 서광범이 포크에게 이렇게 말합니다.

"나는 이번 여행에서 민영익이 무엇을 했고 무슨 대접을 받았든 정확하게 그 반대로 행동하리라고 본다. 유교적 교육과 가문의 신분적 본능(hereditary instinct)이 가르쳐준 바대로, 그는 틀림없이 중국 방식을 좇아 반反 서구 근대화로 나아가리라."[444]

예언은 실현됩니다. 장면 48

47

금속활자의 기이한 부활과
이노우에 가쿠고로

1883년 10월 31일
[최초의 신문 〈한성순보〉 창간]

최초의 신문 〈한성순보〉

1883년 1월 5일 오후 2시 넉 달 전 일본으로 갔던 수신사 박영효가 제물포로 귀국합니다. 박영효는 1882년 임오군란 때 일본인 피해자에 대한 사과를 겸한 방문단 단장이었습니다. 동행한 일본인이 일곱 명 있었는데 그 가운데 이노우에 가쿠고로井上角五郎라는 사람도 끼어 있었습니다.[445] 한 달 뒤 박영효는 서울시장 격인 한성판윤으로 임명됩니다.

박영효가 한 첫 번째 작업은 박문국博文局 설립이었습니다. 박문국은 납활자 인쇄기를 이용한 출판기관입니다. 이노우에 가쿠고로는 박문국 설립을 책임질 사람이었습니다. 이노우에는 조선 개화파와 교류하던 일본 지식인 후쿠자와 유키치 제자였습니다.

1883년 4월 23일, 박영효가 한성판윤에서 경기도 광주유수로 좌천됩니다.[446] 개화파를 견제하려는 민씨 세력이 행한 조치입니다. 징조가 불길합니다. 두 달 반 뒤 미국으로 떠난 보빙사 정사가 그 여흥 민씨 실세 민영익입니다.

그 사이 8월 17일 조선 정부 내에 박문국이 설립됐습니다.[447] 두 달 뒤인 10월 31일 〈한성순보漢城旬報〉가 발간됩니다. 열흘에 한 번 발행되는 공식적인 첫 번째 근대 신문입니다. 이노우에가 이렇게 회상합니다. "나는 신문 경영과 기획을 수행하기 위해 내가 사는 곳을 사무실로 정하고 '박문국'이라 불렀다. 이 신문이 조선에서 신문의 시작이었다."[448] 이노우에 집 겸 박문국 사무실은 서울 중구 저동苧洞에 있었습니다. 인쇄기도 이 집에 있었습니다. 신문 발행에는 개화파 지식인 강위와 박영선(장면 40 에서 지석영에게 종두법 서적을 전해준 스승입니다)이 간여했습니다.[449]

조선 첫 신문은 그렇게 일본인 집에서, 일본인 손으로 발행됐습니다. 우리는 이런 사실을 알지 못합니다. 학교에서 가르쳐주지 않았으니까요.

일본에서 우편으로 신문을 받아본 후쿠자와가 제자에게 편지를 씁니다.

이노우에 가쿠고로. /위키피디아

327

최초의 신문 〈한성순보〉 창간호. /대한민국역사박물관

'조선의 가나문자(한글)로 쉬운 이학(理學: 과학), 의학의 도리를 알리면 좋다. 아무튼 빨리 한글을 쓰게 되기 바란다.'[450]

답장을 받은 이노우에는 개화파 지식인 강위姜瑋를 개인 교사로 모시고 언문을 연구합니다.

1884년 12월 갑신정변이 터집니다. 이에 간여했던 이노우에는 일본으로 돌아갑니다. 후쿠자와 유키치에게 제자가 말합니다.

"조선 상류사회의 중국 숭배사상을 타파하지 않는 한 언문을 보급할 수 없습니다. 저는 이를 타파하는 것이 제 사명이라고 생각합니다."[451]

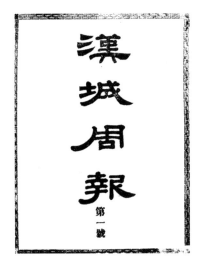

〈한성주보〉 1호 표지와 국한문혼용체와 순한글체가 섞인 본문. / 국립중앙도서관

그리고 1885년 조선에 복귀한 이노우에는 박문국을 관리하던 김 윤식에게 편지를 씁니다.

'혼용체를 써서 오늘날 국가 영원의 토대를 세우고 세종대왕이 정음을 제정한 성의를 받들게 되기를 바랍니다.'[452]

1886년 1월 25일 이노우에 손에 의해 〈한성주보〉가 탄생합니다. 〈한성주보〉는 '한언복합문체漢諺複合文體', 국한문혼용체로 인쇄된 신문 입니다. 창간호에는 '순한글' 기사도 3페이지가 실렸습니다. 한글 활자 는 이노우에 주문에 의해 일본에서 제작했습니다.

이후 박문국에서 출간된 서적들은 모두 국한문혼용체였습니다. 이

국한문혼용체는 1894년 갑오개혁정부에 의해 공문서 공식 형식으로 채택됩니다. 세종이 훈민정음을 만들고(1443) 451년 만입니다.

한글을 부활시킨 사람들

당시 외국 지식인 눈에 조선은 문맹국이었습니다. 문맹인 원인은 간단합니다. 문자였죠. 훈민정음과 금속활자의 나라 백성이 문자를 몰랐으니까요. 훈민정음은 언문諺文이라고 불렸습니다. 상놈 말이라는 뜻입니다. 조선은 '교묘함이 서양 알파벳을 능가하는 문자의 편리함을 모르는' 문맹률 90%짜리 나라로 변해 있었습니다.[453] 과학적이고 쉬운 문자, 훈민정음은 세상을 변혁시킬 그 어떤 고급 정보도 백성에게 유통하지 못했습니다.

1886년 조선에 온 미국인 선교사 호머 헐버트는 입국 5년 만에 순한글 세계지리서 《사민필지士民必知》를 출간합니다. 서문에는 이렇게 적혀 있습니다.

'언문이 중국 글자에 비해 훨씬 편리하지만 언문을 업신여기니 안타깝다. 이에 언문으로 세계 각국 지리와 풍속을 기록하려 한다.'[454]

헐버트가 책임을 맡은 잡지 〈코리안 리포지터리〉에는 이런 글이 나옵니다.

'신분제와 특권의식을 고착시키고 게으름을 낳게 하는 중국 글자를 내

던지고 이 새로운 표음문자를 받아들였더라면 조선인에게는 무한한 축복이 있었으리라.'[455]

헐버트는 이 잡지에 수시로 조선어 문자와 문법에 대해 논문을 실으며 한글 보급과 이를 통한 대중의 각성을 유도합니다. 이 미국인 한글학자는 "웨스트민스터사원 대신 한국에 묻어달라"는 유언에 따라 서울 양화진 외국인묘지에 묻혀 있습니다.

1896년 4월 7일 〈독립신문〉이 창간됩니다. 1884년 갑신정변 때 미국으로 망명했던 서재필이 귀국해 만든 신문입니다. 서재필은 신문 체제를 명확하게 규정했습니다. '순한글'과 '띄어쓰기'입니다.

'모두 언문으로 쓰는 것은 남녀상하귀천이 모두 보게 함이요 또 구절을 떼어 쓰기는 알아보기 쉽도록 함이라.'

'한문으로 보낸 투고는 당초에 취급하지 않음.'

한문으로 쓴 글은 아예 기고도 받지 않겠다는 뜻입니다. 목적은 단순명쾌합니다. 그래야 '새 지각과 새 학문'이 생기니까요.[456] 새로운 각성과 학문, 곧 근대를 뜻합니다. 이 책에서 일관되게 주장하는 역사의 동력, '지성'이 안내하는 목적지가 근대입니다. 한글 근대화에 간여한 이 선각자들 없이 21세기 대한민국은 설명될 수 없습니다.

여담이지만, 대한민국 '신문의 날'이 바로 〈독립신문〉 창간일인 4월

7일입니다. 그런데 만약 최초의 신문이 발행된 날을 신문의 날로 기념하려면 저는 10월 31일이어야 한다고 생각합니다. 이노우에 가쿠고로가 주도했던 〈한성순보〉 발행일입니다. 만일 최초의 순한글 신문을 기념해야 한다면 저는 1월 25일이어야 한다고 생각합니다. 〈한성주보〉가 나온 날입니다.

48

북촌 5걸이 빼든 칼, 갑신정변

1884년 12월 4일

[갑신정변]

1884년 11월 6일, 보빙사 정사였던 민영익이 미국공사관에서 윤치호에게 와서 이렇게 묻습니다. "가까운 시일 내에 독립할 가망이 있겠는가?"

20일 전인 10월 16일, 민영익은 통리교섭통상사무아문 협판에 임명됐습니다. 청나라식 '동도서기'형 근대화를 추진하는 핵심 기구 책임자입니다. 민영익은 인사권을 맡은 이조참판, 수도방위사령부에 ▩▩하는 금위영 대장, 청나라식 신식부대 우위영 대장을 맡고 있었습니다. 실세 가운데 실세였죠. 윤치호가 일기에 씁니다.

"아아, 그 뜻을 가히 알 수 있다. 개화당은 새로운 것을 일으키고 옛것을 고쳐 항구한 독립을 도모하는 데 뜻을 두고 있으나 민영익은 좋아하지 않는 까닭이다. 독립은 공 公을 위함이고 국가에 유익하니, 민씨가 마땅히 도모해야 하지 않겠는가? 세계를 일주하고서도 완고하고 어리석어 자강의 영광틛을 알지 못하는구나."

윤치호가 민영익에게 말합니다. "여러 나라와 조약 맺은 날부터 독립국이 됐으니 독립 여부를 따질 필요가 없다. 부강한 나라 건설에 주의함이 옳다."457

민영익은 대꾸 없이 집으로 가버립니다. 그리고 13일 뒤인 11월 19일 고종은 민영익을 기기국 총판에 임명합니다.458 청나라식 무기 제조 기구 핵심입니다. 보빙사로 미국을 보고, 또 세계를 경험한 인사와 군부 실세가 고종과 함께 서구식 개화를 폐기하고 청나라를 모방한 개혁을 택했다는 뜻입니다.

민영익이 다녀가고 사흘 뒤 이번에는 박영효와 홍영식이 미국공사관을 방문합니다. 늦은 밤, 윤치호와 푸트, 홍영식 세 사람이 대화를 나눕니다. 민영익과 함께 근대를 봤던 전 보빙사 부사 홍영식이 말합니다.

"지금 여기에 초롱불 하나 있어서 불빛이 매우 밝다. 허나 바깥 물건에 가려져 안쪽 빛이 능히 밖을 비추지 못하고 바깥 물건은 능히 빛을 받지 못한다. 어떤 사람이 그 가려진 것을 걷어서 빛을 내보내려 하는데 가린 물건이 너무 뜨겁고 단단하여 쉽게 걷을 수가 없다."

홍영식이 정색하고 푸트에게 묻습니다.

"그 가려진 것을 깨뜨려 빛을 전하려 한다. 쾌한 일인가 망령된 일인가."

푸트가 대답합니다.

"그 물건은 바람에 날려 깨질 수도 있고 불이 붙어 깨질 수 있고 뜨거워져서 깨질 수도 있다. 왜 손으로 때려 깨려 하는가."[459]

빛을 위하여

그리고 12월 4일 갑신정변이 터집니다.

'이날 밤 우정국에서 낙성식 연회를 가졌는데 총판 홍영식이 주관하였다. 연회가 끝나갈 무렵 밖에 불길이 일어나는 것이 보였다. 민영익이 문밖으로 나갔는데 흉도들이 칼을 휘두르자 맞받아치다가 칼을 맞고 대청 위에 돌아와서 쓰러졌다.'[460]

갑신정변은 대청 자주독립과 부패 민씨 정권 타도를 통해 근대화를 시도한 사건입니다. 조선에 주둔한 청나라군사, 조선 정치를 주물러대는 청나라 관료, 조선을 속국이라고 주장하며 대원군을 끌고 간 전근대적 천하질서에 반기를 들고, 곪아 터진 조선을 개혁하려 한 일

대 사건입니다. 12월 4일 저녁 9시 우정국 개국파티에서 시작된 정변은 6일 오후 7시 30분 북묘 앞에서 끝났습니다.

46시간 천하. 1883년 한성판윤에서 광주유수로 좌천됐을 때 박영효가 이를 위해 남한산성에서 일본식 군사 500명으로 '교련소' 부대를 양성합니다. 그런데 그해 11월 6일 유수직에서 해임됩니다.[461] 교련소는 즉각 친군영 전영에 강제 배속됐고 군사력을 수구파에 송두리째 빼앗깁니다. 훗날 박영효가 말합니다. '민비 말 한마디에 나는 파면되고 군병은 수구파에 돌아가고 말았다.'[462]

부족한 군사력을 궁궐 무기고에 있는 무기로 보충하려 했지만 무기고를 열어보니 모두 녹이 슬어 있었습니다.[463] 이들을 지원했던 일본군은 청나라군과 전투과정에서 그냥 퇴각해버립니다. 이들이 없애려 했던 대청 종속과 부패는 이들 예상보다 더 심각했습니다.

고종은 여흥 민씨들이 도륙당하는 모습을 보고 변심해 무당 진령군 장면 45 이 사는 북묘로 가고, 그곳에서 청나라 군사가 쿠데타 세력을 진압시킵니다. 홍영식은 북묘까지 고종을 수행했다가 피살됩니다.

북촌 5걸

김옥균, 박영효, 홍영식, 서광범과 서재필. 중인, 평민들이 가세한 갑신정변 주역은 북촌 5걸입니다. 박규수로부터 근대를 배우고 장면 20 일본과 미국에서 근대를 경험한 사람들입니다. 홍영식, 서광범은 보빙사 일원이었고 김옥균, 박영효는 일본 수신사, 서재필을 비롯한 다른 가담자들도 유학생 신분으로 일본에서 근대를 경험한 사람들입니다. 훗날 신채호는 박규수 사랑방 풍경을 이렇게 묘사합니다.

'박규수가 지구의를 한 번 돌리더니 김옥균에게 가로되 "저리 돌리면 미국이 중국이 되며 이리 돌리면 조선이 중국이 된다. 오늘에 어디 정한 중국이 있느냐?" 그 말에 크게 깨닫고 김옥균이 무릎을 치고 일어섰더라. 이 끝에 갑신정변이 폭발되었더라.'[464]

함께 근대를 봤던 민영익은 자기 권력 기반과 자기 혈족에 대한 이해관계를 극복하지 못했습니다. 제물포에서 서광범이 예언했던 대로 장면 46 민영익은 국가 공동체 대신 자기 가족을 포함한 구체제 이익을 택했습니다.

일본 망명 직후 박영효, 서광범, 서재필, 김옥균(왼쪽부터). /위키피디아

'구체제 타도'라는 정변 목적을 달성하려면 구체제 실세 누군가가 죽어야 했습니다. 그 누군가가 민영익이었습니다. 민영익은 몇 달 전 조선에 온 미국 의사 호러스 알렌에 의해 기적적으로 살아납니다. 오른쪽 귀부터 가슴까지 칼로 잘리는 바람에 민영익 사진은 항상 오른쪽을 보고 있습니다.

남은 자는 모두 죽고, 산 자들은 모두 외국으로 망명합니다. 제물포까지 달아난 주역들이 일본 배 치센마루에 오르려 하자 외교 마찰을 우려한 다케조에 일본 공사가 막습니다. 이노우에 가쿠고로가 선장 쓰지가쿠 사부로辻覺三郎에게 이들을 승선시키라고 설득합니다.[465] 선장이 말하지요. "공들이 내 배에 탄 이상 타고 내리는 것은 내 손에 있다. 공사의 명이 있지만 나는 따르지 않겠다." 정변파들은 화물 아래에 은신해 바다를 건넙니다.[466]

갑신정변 개명 대소동과
탈아론脫亞論

1884년 12월 23일
[집단 개명 신청 시작]

역적의 이름으로

모든 실패한 혁명은 역모가 되고 주동자는 역적이 됩니다. 김옥균, 홍영식, 박영효, 서광범, 서재필은 거리에서 살해되거나 망명합니다. 가족도 자살하거나 처형됩니다.

김옥균, 홍영식, 박영효, 서광범, 서재필 등 정변 주역 다섯 명 외에 갑신정변에 참여해 재판을 받은 사람은 23명입니다. 이 가운데 21명이 능지처사형과 참수형으로 죽었습니다. 이들 이름은 이희정, 김봉균, 신중모, 이창규, 이윤상, 오창모, 서재창, 차홍식, 남홍철, 고흥종, 이점돌, 최영식, 윤경순, 이응호, 전흥룡, 윤계완, 김창기, 민창수, 최성욱, 이상록, 신흥모, 낭창관, 신기선입니다.[467] 본인은 물론 가족들도 잔인한 방식으로 사형당하거나 유배형을 받았습니다. 복수는 냉혹하고 잔인했습니다.

정변 종료 후 한 달이 채 안 된 1884년 그해 12월 23일부터 자기 이름을 바꾸겠다는 벼슬아치들 개명改名 신청이 숱하게 올라옵니다. 개명 담당 부서인 예문관은 왕명으로 이들을 남김없이 허가해 줍니다. 1885년 2월까지 정부에 개명 신청을 한 사람은 60명입니다. 공인된 신분 세탁, '역적 이름 개명 사태'입니다.

재판이 시작되기도 전인 12월 23일, 첫 개명 신청이 접수됐습니다. 한성 하급 관리 서광두徐光斗가 병두丙斗로, 병조 인사 담당인 정랑 서재후徐載厚가 정후廷厚로, 세조릉인 광릉 담당 관리 서재완徐載琬이 정완廷琬으로 개명을 신청하지요. 정변 후 망명한 서광범徐光範과 서재필徐載弼을 의식한 개명 신청입니다. 정부는 이를 허가합니다.[468] 이날 사복시 하급 관리 김영식金英植도 형식亨植으로 개명을 허가받습니다. 북묘에서 길거리 처형당한 홍영식洪英植과 이름이 같았습니다. 12월 28일에도 서광범과 같은 '광光' 자 항렬 관리 4명이 개명을 허가받았습니다.

해를 넘기고 1885년 1월 4일 김옥균과 비슷한 이름을 가진 관리들이 일제히 개명을 신청합니다. 인조 아버지 능인 장릉 참봉 김문균金文均은 문규文圭로, 김흥균金興均은 흥규興圭로, 김승균金昇均은 승규昇圭, 김정균金貞均은 정규貞圭, 김용균金用均은 용규用圭, 김호균金澔均은 철규澈圭, 김계균金桂均과 김가균金可均은 각각 태규泰圭와 석규錫圭로 개명을 신청했고, 허가받습니다. 안동 김씨 문중에서는 이 균均 자 항럴을 모조리 규圭로 고쳐버립니다.

서재필과 한 글자가 겹치는 서재두徐載斗는 정두廷斗로, 박영효와 이름이 겹친 박영풍朴泳豐은 승현勝鉉으로 바꿨습니다. 이희정李喜貞과 한 글자 '발음'이 같은 이호정李鎬鼎은 호겸鎬謙으로 바꿨습니다.

성이 달라도 이름에 한 글자라도 이 역적들과 같은 한자가 있으면 어김없이 바꿨습니다. 서재필과 이름이 같은 김재필金在弼은 재원在訊으로 개명했고 오창모吳昌模와 같은 김창모金昌模는 흥모興模로 개명했습니다. 박영효와 한 글자가 같은 방효함方孝涵은 두형斗衡으로 바꿨습니다. 이희정과 이름이 같은 차희정車喜貞은 우정禹鼎으로 바꿨습니다.

청산 못한 사대事大 그리고 탈아론

그런데 정변을 일으킨 이유도 개명과 관계가 깊습니다.

1866년 10월 23일입니다. 프랑스 극동 함대가 강화도를 침략한 '병인양요'가 한창인 그때, 청나라 칙사가 압록강을 넘어 한성으로 오고 있었습니다. 칙사를 맞는 '영접도감'이 고종에게 이렇게 보고합니다.

"칙사 일행 경로에 있는 지명 가운데 경기도 홍제참弘濟站은 홍제참洪濟站, 삭녕朔寧은 삭안朔安, 황해도 재령載寧은 안릉安陵, 평안도 영변寧邊은 연변延邊, 영원寧遠은 영원永遠으로, 구영진仇寧鎭은 구영진仇永鎭, 숙영관肅寧館은 숙영관肅永館으로 개명했나이다."[469]

이 칙사들은 동치제가 고종에게 보내는 '고명誥命'을 들고 오는 사신단입니다. 고명은 청나라 황제가 조선 국왕을 책봉한다는 임명장입니다. 이게 없으면 조선 왕은 정식 왕이 되지 못하지요. 그리고 영접도감이 개명했다는 '홍弘'과 '녕寧'과 '재載'는 각각 청나라 황제 건륭제(弘曆, 홍력), 도광제(旻寧, 민녕)와 동치제(載淳, 재순) 이름에 들어 있는 한자입니다.

왕위에 오른 지 3년 만에 받는 임명장입니다. 그런데 감히 황실 이름을 조선 지명에? 아니 될 말씀입니다. 영접도감이 이렇게 덧붙입니다. "사신들 이름 가운데 피해야 할 글자가 있으면 이 또한 바꾸라고 했나이다."

9월 24일 고종은 무악재에 있는 모화관에서 황제를 대리한 이들에게 임명장을 받았습니다. 병인양요는 그저 서양 오랑캐가 벌인 '소동', 양요洋擾일 뿐.

그 사대事大에 반발해 엘리트들이 일으킨 사건이 갑신정변입니다. 정변은 실패했고 사대는 청산되지 못했습니다. 오히려 가족까지 연좌돼 처형되고 이름마저 청산당하는 참극으로 끝나버렸지요.

아무 상관 없는 사람 이름까지 바꿔야 했던 그 풍경을, 한글을 쓰라고 조언했던 일본 지식인 후쿠자와 유키치가 봅니다. 그가 자기가 운영하는 신문 〈시사신보〉에 이렇게 씁니다.

'우리는 이 나라를 야만이라기보다는 요마악귀妖魔惡鬼의 지옥국이라 말하고자 한다. 일본은 아시아 대오를 벗어나 서양 문명국과 진퇴를 같이해야 한다. 악한 친구와 친해지려 하는 자는 모두 악명을 면할 수

없다.'[470]

후쿠자와 유키치는 이후 조선에 대한 기대를 버리고 조선을 정복해 일본의 이익을 취하자는 정한론자征韓論者로 변신합니다. 도대체 어디서부터 무엇이 어긋났을까요.

50

고종의 러시아 보호국 요청과
거문도 사건

1885년 4월 15일
[영국 군함, 거문도 점령]

그레이트 게임

갑신정변은 열강에게도 눈을 조선으로 돌리게 만듭니다. 1884년 12월 14일 주청 영국공사 파크스는 본국에 갑신정변 및 청일 양군 충돌 사실을 보고하고 거문도 순시를 건의합니다.[471] 혼돈에 빠진 조선에 러시아 개입을 막고 영국 상업적 이익을 확보하려면 조선에 교두보가 필요하다는 건의입니다. 이미 파크스는 4년 전인 1880년 10월 '상업적 이익을 위해 일-청-러에 전략적 위치에 있는 거문도를 주목해야 한다'고 판단했지요.

1885년 3월 30일, 아프가니스탄 소도시 펜제가 러시아군에 점령

당합니다. 영국이 육성한 아프가니스탄 군대가 전멸합니다. 당시 영국과 러시아는 세계 시장에서 영향력 확대를 위해 전쟁을 벌이고 있었습니다. 이를 '그레이트 게임'이라고 부릅니다. 흥선대원군이 프랑스를 끌어들이려고 했던 이유도 바로 이 러시아 세력 견제를 위해서였습니다. 장면 25

러시아 기세를 꺾으려면 영국에게 다른 선택지는 없었습니다. 4월 15일 영국 군함 아가멤논Agamemnon, 페가수스Pegasus, 파이어브랜드 Firebrand 호가 조선 남해안 거문도를 전격 점령합니다.[472]

갈아타려 한 사대事大, 청에서 러시아로

갑신정변 직후인 1884년 12월 어느 날, 고종은 측근 4명을 블라디보스토크에 파견합니다. 이들은 고종 밀서를 연해주 총독에게 전달하고 귀국합니다. 1885년 4월 외무를 담당하던 친청파 김윤식이 밀서를 청과 일본에 공개합니다. 내용은 이렇습니다.

'조선을 업신여기는 외세로부터 러시아의 보호를 요청하고, 신속한 조약 체결을 위해 사신 파견을 요청하고, 러시아 함대가 조선 바다를 순찰해 보호를 요청하고, 육로통상을 요청한다.'[473]

러시아 '보호국' 요청. 임오군란과 갑신정변을 청나라 군사를 빌려 진압한 고종이 이번에는 러시아를 찾습니다. 12월 17일, 러시아 외무장관 기르스가 해군장관 셰스타코프에게 보낸 기밀 전문에는 이렇게 적혀 있습니다.

'현 국왕 고문 담당 독일인 묄렌도르프는 나가사키 주재 러시아 영사에게 서둘러 특사를 파견하여 가능한 한 이른 시일 내에 제물포로 러시아 전함 수 척과 수병 200명을 파병하여 왕 자신을 보호해 주고, 동시에 조선을 **러시아의 보호국(протекторат России)으로 허락**해 달라는 조선 국왕 요청을 러시아제국 정부에 전달해 달라고 부탁했다.'[474]

'протекторат'는 보호국(protectorate)을 뜻합니다. '조선을 국가 주권을 러시아에게 위임한 피보호국으로 허가해 달라'는 뜻입니다. 고종이 자기 측근과 고문인 묄렌도르프를 각각 연해주와 일본으로 파견해 조선을 러시아 보호국으로 만들어달라고 요청했다는 내용입니다. 이게 1차, 2차에 걸쳐 폭로된 조-러 밀약 사태입니다.

정작 러시아는 '주변국과 충돌해서 득보다 실이 더 크다'며 신중론을 펴는데, 이 조선이라는 나라 국왕 고종은 자발적으로 식민지가 되겠다는 어처구니없는 제안을 거듭 내놓습니다.

영국이 거문도를 점령하고 4개월이 지난 1885년 8월, 북경에 파견된 묄렌도르프는 보호국화에 대해 구체적인 조건을 제시합니다.

'러시아 허가 없는 조약 체결 불가'
'러시아는 외국 침략으로부터 조선 보호 의무'
'조선에 러시아 차관 및 군사 교관 제공'.[475]

많은 사람들은 고종 지시 없이 묄렌도르프가 독자적으로 내놓은 조건이라고 추정합니다. 밀약이 폭로됐을 때 고종은 이런 밀약 논의 자체를 부인했습니다. 묄렌도르프를 파면하기까지 하지요. 당시 조선공사 베베르는 이렇게 본국에 보고합니다. '고종은 자신의 생명까지는 아니라도 왕좌가 흔들릴 수 있는 중요한 사안에 대해 과감한 결정을 내릴 수 없었다.'[476]

그러나 고종은 언제나 그랬습니다. 지운영이 자기가 보낸 자객임을 거듭 부정했었고 청전을 폐지한 뒤 야기된 경제 혼란 책임을 유령 화법으로 남에게 전가하는 지도자였습니다. 이 황당한 요청은 뒤에 또 반복됩니다. 장면 71

철군한 영국, 또 청에게 안긴 고종

이후 러시아는 영국과 직접 충돌을 피하고 연해주와 시베리아로 눈을 돌립니다. 조선 자체에 대해서는 관심이 없던 영국은 1887년 2월 27일 1년 10개월 동안 자기들이 해밀턴 섬이라고 불렀던 거문도에서 철군합니다.

1886년 일본에 망명 중이던 김옥균에게 고종이 자객을 보냅니다. 이름은 지운영입니다. 종두법을 들여온 지석영 형입니다. 발각된 지운영이 조선으로 돌아가고, 7월 9일 김옥균이 고종에게 경고합니다.

'천하 형세가 하루하루 변하고 바뀌는데 거문도는 이미 영국에 약탈당했나이다. 그럼에도 조선에서 영국 이름을 아는 자가 과연 몇이나 되

겠나이까. 전하는 이에 대해 어찌할 것이오.'[477]

홋날 그 영국은 대對 러시아 전선 아시아 파트너로 일본을 선택합니다. 청-일과 함께 러시아를 견제하려던 정책에서 '강력한 군사국가로 떠오른' 일본을 단일 파트너로 택하지요.[478] 이제 정글이 펼쳐집니다. 정글 속에서 조선은 살아남아야 합니다.

그런데 러시아를 놓쳐버린 고종은 또 변심합니다. 김옥균 상소문 한 달 뒤인 8월 28일 주차조선총리교섭통상사의駐箚朝鮮總理交涉通商事宜라는 직책으로 조선국을 통치하던 원세개에게 고종이 편지를 보냅니다.

"머리끝부터 발끝까지 황은皇恩을 입지 않는 것이 없었나이다. 근래 외교 관계가 넓어져가나 이 나라는 문을 닫고 아무 말도 듣지 못한 것처럼 홀로 지냈나이다. 천조에서 이끌어주고 일깨워주며 친목을 도모하고 협약을 토의 체결하여 서로 의지하게 했으니, 천지가 만물을 덮어주듯 지공무사至公無私한 마음을 알 수 있었나이다."[479]

부국과 강병, 그리고 정글. 조선은 어디로 가는 걸까요.

1   1726년 10월 13일 『영조실록』

2   William Stukeley, 『Memoir of Sir Isaac Newton's Life』, 1752

3   1733년 12월 21일 『비변사등록』

4   1756년 1월 16일 『영조실록』

5   1763년 11월 9일 『영조실록』

6   1754년 7월 17일 『영조실록』

7   1755년 9월 8일 『영조실록』

8   성대중, 『청성잡기』4, 「성언(醒言)」, '초관 홍건의 기개와 영조'

9   1744년 2월 27일 『영조실록』

10 1744년 3월 28일 『영조실록』

11 디드로, 『Pensées sur l'interprétation de la nature(자연의 해석에 대한 생각)』(1753)

12 1745년 5월 12일 『영조실록』

13 1869년 7월 1일 『고종실록』

14 1882년 9월 20일 『고종실록』

15 주희, 『주자어류』 天地 下

16 1704년 1월 10일 『숙종실록』

17 1704년 3월 19일 『숙종실록』

18 1749년 3월 1일 『승정원일기』

19 1749년 3월 23일 『영조실록』

20 1776년 10월 27일 『정조실록』

21 정약용, 『다산시문집』 2권, 「임금이 대보단 제사 때 지은 시에 차운하다」

22 정조, 『홍재전서』 7권, 「황단 제삿날 숙종, 영조 두 임금 시에 차운하다」

23 1894년 5월 10일 『고종실록』, 『승정원일기』

24 1771년 6월 2일 『영조실록』

25 1771년 6월 1일 『영조실록』

26 1771년 5월 20일 『승정원일기』

27 1771년 5월 27일 『승정원일기』

28 1529년 5월 25일, 26일 『중종실록』

29 1551년 5월 26일 『명종실록』

30 신유한, 『해유록』 1719년 11월 4일

31 1777년 2월 24일 『정조실록』

32 유득공, 『고운당필기』, 김윤조 등 역, 한국고전번역원, 2020, p15

33 이덕무, 『청장권전서』 57, 「앙엽기」 4, '도서집성'

34 정약용, 『다산시문집』 10, 「설」, '성설'

35 박제가, 『북학의』 내편 「골동품과 서화」, 안대회 역, 돌베개, 2013, p179

36 홍한주, 『지수염필(智水拈筆)』

37 박제가, 『북학의(北學議)』 「자서(自序)」

38 1778년 6월 1일 『정조실록』

39 박제가, 앞 책, 「자서(自序)」

40 1767년 5월 14일 『영조실록』

41 박제가, 앞 책, 「병오소회」

42 안대회 역주 『완역 정본 북학의』(돌베개, 2013)을 강력 추천합니다.

43 Ben Russell, 『James Watt: Making the World Anew』, Reaktion Books, 2014, p109, 재인용

44 Kathryn Sutherland, 「Note on the Text」, 『An Inquiry into the Nature and Causes of the Wealth of Nations: A Selected Edition, By Smith, Adam』, Oxford University Press, 2008

45 1779년 3월 27일 『정조실록』

46 이덕무, 『청장관전서』 12, 「희시료우(戲示寮友)」

47 이덕무, 앞 책, 「간본 아정유고」 8, '선고부군(先考府君)의 유사(遺事)'

48 『일성록』 1786년 1월 22일

49 박제가, 『북학의』 외편, 「병오소회」

50 『일성록』 앞 날짜

51 『일성록』, 앞 날짜

52 1786년 1월 21일 『정조실록』

53 1786년 2월 9일, 3월 24일 『정조실록』

54 이희필, 『벽위편(闢衛編)』(1931), 김시준 역, 삼경당, 1985, p95

55 성희엽, 『日本의 近代國家形成에 관한 學際的 연구』, 부경대 국제지역학과 박사논문, 2012

56 서정문, 「'임원경제지' 저술의 時代的 意味에 대한 小考」, 『풍석 서유구 탄생 250주년 기념학술대회 발표자료집』, 임원경제연구소, 2014

57 1788년 10월 3일 『정조실록』

58 1657년 1월 10일 『효종실록』

59 1442년 9월 25일 『세종실록』

60 『경국대전』 「예조」 '의장'

61 1791년 4월 18일 『정조실록』

62 1788년 10월 5일 『일성록』

63 이상 Simon Schama, 『Citizens: A Chronicle of the French Revolution』, Viking, 1989

64 행진을 벌인 죄수가 누구인지는 여러 가지 설이 있습니다.

65 Victor Duruy, 『Petite Histoire de France depuis les temps les plus reculés jusqu'à nos jours』, Librairie Hachette et Cie., 1883, p137

66 1789년 7월 11일 『정조실록』

67 1789년 7월 11일 『정조실록』

68 1776년 2월 5일 『영조실록』

69 1762년 윤5월 21일 『영조실록』

70 1764년 2월 20일 『영조실록』

71 1775년 11월 20일 『영조실록』

72 1775년 11월 30일 『영조실록』

73 1776년 3월 10일 『정조실록』

74 1776년 3월 19일, 3월 20일 『정조실록』

75 1776년 4월 7일, 7월 5일 『정조실록』

76 1789년 7월 11일 『정조실록』

77 1789년 10월 16일 『정조실록』

78 1899년 9월 1일, 12월 7일 『고종실록』

79 1790년 2월 1일 『일성록』

80 1789년 10월 7일 『정조실록』

81 정해득, 『정조시대 현륭원 조성과 수원』, 신구문화사, 2009, pp.130, 161

82 정약용, 『여유당전서』 「문집」 14 '발(跋)' 발식목연표(跋植木年表)

83 1470년 9월 26일 『성종실록』

84 전영우, 『조선의 숲은 왜 사라졌는가』, 조계종출판사, 2022, pp.106, 107

85 이상 전영우, 앞 책, pp.107, 113

86 전영우, 앞 책, pp.8, 13

87 김동인, 『붉은 산』, 정음사, 1973, p331

88 1686년 8월 25일 『숙종실록』

89 1727년 11월 9일 『승정원일기』

90 1789년 10월 7일 『정조실록』

91 『老開拓士が贈る半島裏面史』, 大阪每日新聞社-東京日日新聞社 京城支局, 1940

92 고태우, 「개발과 이윤 추구에 갇힌 산림보호 - 식민지 임업가 사이토 오토사쿠를 중심으로」, 『역사와 현실』103, 한국역사연구회, 2017

93 한국천문연구원 홈페이지

94 1791년 11월 7일 『정조실록』

95 1791년 11월 7일 『정조실록』

96 1791년 11월 8일 『정조실록』

97 1791년 10월 24일 『정조실록』

98 1791년 10월 24일 『정조실록』

99 1791년 11월 12일 『정조실록』

100 채제공, 『번암선생집』 57, 「도산시사단비명」

101 1792년 10월 19일 『정조실록』

102 1792년 10월 19일 『정조실록』

103 박제가, 『정유각문집』1, 「백탑청연집서」

104 박제가, 앞글

105 이덕무, 『청장관전서』, 「아정유고」6. '이서구에게 주는 편지'

106 정약용, 『다산시문집』20, 「정약전에게 보내는 편지」

107 박지원, 『연암집』2, 「연상각선본」, '남공철에게 답하는 편지'

108 박종채, 역주 『과정록』, 김윤조 역, 태학사, 1997, pp.132, 133

109 박지원, 『연암집』2, 「연상각선본」, '이재성에게 답함'

110 정조, 『홍재전서』, 「일득록」5, '문학'5

111 1791년 11월 6일 『일성록』

112 『청장관전서』 간본, 「아정유고」8, '선고부군(先考府君)의 유사(遺事)'

113 박종채, 역주 『과정록』, p265

114 S. 플랫, 『Imperial Twilight』, 알프레드 노프 출판, 2018, p43

115 G 매카트니, 『Some account of the public life, and a selection from the unpublished writings of the earl of Macartney』 vol2, T. Cadell&W. Davies, 1807, pp.398~399

116 1789년 7월 11일 『정조실록』

117 1789년 7월 15일 『정조실록』

118 1796년 9월 10일 『정조실록』 '화성(華城)을 쌓는 데 공로가 있는 자에 대한 시상이 있었다'

119 1793년 5월 25일 『정조실록』

120 1793년 5월 28일 『정조실록』

121 1793년 12월 8일 『정조실록』

122 1793년 5월 28일, 5월 30일 『정조실록』

123 1793년 8월 8일 『정조실록』

124 1794년 1월 13일 『정조실록』

125 1795년 4월 28일 『정조실록』

126 1797년 9월 28일 『정조실록』

127 조영준, 『19세기 왕실재정의 운영실태와 변화 양상』, 서울대 경제학과 박사논문, 2008, p20

128 1796년 10월 22일 『정조실록』

129 『화성성역의궤』, 『일성록』, 『정조실록』. 이달호, 『18세기 상품화폐경제의 발달과 화성건설』, 혜안, 2008, pp.218, 219, 재인용

130 이달호, 앞 책, p319

131 『화성성역의궤』. 김동욱, 「18세기 수원성 축성에 사용된 자재 운반기구에 대해서」, 『대한건축학회논문집』73권11호, 대한건축학회, 1994, 재인용

132 『경국대전』 「공전(工典)」 '주거(舟車)'

133 이용욱, 「고려~조선시대의 도로 및 수레 연구」, 『한국상고사학보』 vol 116, no 116, 한국상고사학회, 2022

134 박지원, 『열하일기』(1780), 「일신수필」, '수레 제도'

135 1734년 11월 10일 『승정원일기』

136 1775년 12월 17일 『승정원일기』

137 『Britanica』, 「George Stephenson」 등

138 1797년 6월 24일 『정조실록』

139 1438년 12월 19일 『세종실록』

140 1406년 7월 16일 『태종실록』

141 1797년 6월 24일 『정조실록』

142 『국조보감』75, 정조조7 1799년 12월

143 김조순, 『영춘옥음기(迎春玉音記)』. 김동욱, 「정조와 김조순의 밀담, '영춘옥음기'」, 『문헌과 해석』49, 태학사, 2009, 재인용

144 김동욱, 앞 논문

145 1795년 3월 10일 『정조실록』

146 이경구, 「정조의 거울 김조순, 외척 세도를 열다」, 『규장각 이야기 - 규장각칼럼』, 규장

각한국학연구원

147 1802년 6월 26, 28일 『정조실록』

148 1802년 10월 13일 『순소실록』

149 1792년 11월 8일 『정조실록』

150 김조순, 『영춘옥음기(迎春玉音記)』

151 1800년 2월 26일 『정조실록』

152 1800년 2월 27일 『정조실록』

153 김태희, 「김조순 집권의 정치사적 조명」, 『대동한문학』 43, 대동한문학회, 2015

154 1802년 10월 13, 16일 『순조실록』

155 Rita Steblin, 「Who Died? The Funeral March in Beethoven's "Eroica" Symphony」, 『The Musical Quarterly』 Vol.89, No.1, Oxford University Press, 2006

156 1807년 11월 21일 『순조실록』

157 『논어』, 「안연」12

158 주희, 『주자집주』 안연편

159 홍길주, 『수여난필(睡餘瀾筆)』. 정민, 『비슷한 것은 가짜다』, 태학사, 2020, p305, 재인용

160 임유린, 『탑동연첩』 서문

161 1809년 6월 26일 『순조실록』

162 1807년 8월 10일 『순조실록』

163 1809년 6월 26일 『순조실록』

164 이상 여정은 『문순득 표류 연구 - 조선후기 문순득의 표류와 세계 인식』(최성환, 민속원, 2012)을 정리했다. 목포대 사학과 교수 최성환은 이 문순득 연구에 독보적인 성과를 내고 있다.

165 정약용 제자 이강회, 「雲谷船說」, 『柳菴叢書』, 신안문화원, 2005. 최성환, 「19세기 초 문순득의 표류경험과 그 영향」, 『지방사와 지방문화』 vol 13, no 1, 역사문화학회, 2010, 재인용

166 이강회, 앞 책. 최성환, 앞 논문, 재인용

167 최성환, 앞 책, pp.247~263

168 1809년 6월 26일 『순조실록』

169 『표해시말』. 최성환, 앞 책, p292

170 『표해시말』

171 한국고전번역원, 국역 『연행록선집』, 「계산기정」3

172 바실 홀, 『Voyage To Loo-choo, And Other Places In The Eastern Seas In The Year 1816』, Whittaker, Treacher&Co, 에든버러, 1826, pp.302~322

173 바실 홀, 『Account of A Voyage of Discovery to the West Coast of Corea, and the Great Loo-Choo Island』, John Murray, 런던, 1818, p3

174 1816년 7월 19일 『순조실록』

175 바실 홀(1818), pp.36~38

176 1816년 7월 19일 『일성록』

177 1832년 7월 21일 『순조실록』

178 Huyh Lindsay, 『Report of Proceedings A Voyage to The Northern Ports of China, In The Ship Lord Amherst』, B. Fellowes, 런던, 1833, p246

179 1832년 12월 25일 『순조실록』

180 바실 홀(1826), pp.316, 317

181 1827년 2월 9일 『순조실록』

182 이상 앞 날짜 『순조실록』

183 『환재집』 서, 「환재 선생 행장 초」. 김명호, 『환재 박규수 연구』, 창비, 2008, pp.71, 72, 재인용

184 박종채, 역주 『과정록』, 김윤조 역주, 태학사, 1997, p303

185 박종채, 앞 책, p303

186 1830년 5월 6일 『순조실록』

187 『환재집』 권3, 「효명세자 만장 3수」 中

188 『환재집』 서, 「환재 선생 행장 초」

189 「安娘伊自賣文記」, 규장각한국학연구원, 문서번호 221788

190 「朴生員宅奴李長生奴婢文記」, 규장각한국학연구원, 문서번호 167796-2

191 「金尙埏奴婢文記」, 규장각한국학연구원, 문서번호 207769

192 한국학중앙연구원 『조선왕조실록 전문사전』, 「自賣奴婢」

193 『속대전(續大典)』 「호전(戶典)」, '징채(徵債)'

194 이황 아들 이준 분재기(分財記). 김건태, 「李滉의 家産經營과 治産理財」, 『퇴계학보』 130, 퇴계학연구원, 2011, 재인용

195 정진영, 「조선시대 향촌 양반들의 경제생활」, 『고문서연구』 50, 한국고문서학회, 2017

196 『도산전서』(한국정신문화연구원) 권4, p93, 「아들 준에게 보낸 편지」. 김건태, 앞 논문, 재인용

197 『도산전서』 권1, p287. 정진영, 앞 논문, 재인용

198 1484년 8월 3일 『성종실록』. 궁궐이 소유한 노비 '내수사노비'도 있었는데, 이 궁궐 노비들은 1801년 순조 때 폐지된다.

199 중국은 기술서적인 『천공개물(天工開物)』(1637)에 채광 기술이, 일본은 네덜란드동인도

회사 데지마상관 주치의 엔겔베르트 켐퍼(Engelbert Kaempfer)가 쓴『일본지(日本誌)』
(1727)에 석탄을 연료로 쓴다는 기록이 있다.

200 『경국대전』, 「형전(刑典)」 '사전(私賤)'

201 전경목, 「조선후기에 한양에서 활약했던 자매 알선자들」, 『문헌과 해석』60, 태학사, 2012

202 1727년(영조3년) 10월 30일『승정원일기』

203 정약용, 『다산시문집』4권, 「哀絶陽(애절양)」

204 1800년 9월 23일『순조실록』

205 1811년 윤3월 16일『순조실록』

206 『壬戌錄(嶺湖民變日記)』, 「嶺南」

207 1862년 5월 22일『철종실록』

208 이상 1862년 5월 26일, 6월 12일, 윤8월 19일, 10월 29일『철종실록』

209 1863년 12월 8일, 12월 13일『고종실록』

210 「데지마상관장 에뒤아르트 흐란디손이 네덜란드령 동인도 총독 페터르 메르퀴스에게
보낸 보고서」(1842년 11월 20일). 마쓰카타 후유코, 『네덜란드 풍설서』, 이새봄 역, 빈서
재, 2023, p172

211 1845년 3월 28일『승정원일기』

212 1873년 12월 13일『고종실록』

213 『열성어휘(列聖御諱)』, 한국학연구원 장서각, 문서번호 K2-356

214 황현, 국역『梅泉野錄』1 上 ③ 11. 대원군의 위세, 국사편찬위

215 1819년 4월 8일『순조실록』

216 1864년 1월 10일『고종실록』

217 1864년 1월 13일『승정원일기』

218 1864년 6월 26일『고종실록』

219 1865년 3월 28일『고종실록』

220 1865년 5월 26일『고종실록』

221 1871년 3월 25일『고종실록』

222 1872년 12월 4일『고종실록』

223 이현희, 「흥선대원군의 정치개혁과 결과」, 『인문과학연구』14, 성신여자대학교 인문과
학연구소, 1995

224 糟谷憲一, 「大院君政權の權力構造: 政權上層部の構成に關する分析」, 『東洋史研究』49(2),
교토대학교, 1990

225 1865년 3월 29일『고종실록』

226 국역『경복궁영건일기』, 「경복궁영건기」, 서울역사편찬원, 2019, p40

227 1865년 4월 2일『고종실록』

228 1865년 4월 3일『고종실록』

229 1865년 5월 4일『고종실록』

230 1866년 1월 11일『고종실록』

231 1865년 11월 19일 베르뇌가 외방전교회 신학교장에 보낸 편지. 샤를르 달레,『韓國天主教會史(1874)』하권, 안응열 등 역, 분도출판사, 1980, p374

232 달레, 앞 책, p361

233 1864년 8월 18일 베르뇌 편지. 샤를르 달레, 앞 책, p360

234 이상 샤를르 달레, 앞 책 pp.387, 388

235 이상 1866년 1월 11~24일『고종실록』

236 강상규,「대원군의 천주교 탄압에 대한 정치학적 고찰」,『정신문화연구』30권1호, 한국학중앙연구원, 2007, 재인용

237 1866년 9월 11일『고종실록』

238 1866년 9월 9일『승정원일기』

239 연갑수,『고종대 정치변동 연구』, 일지사, 2008, p210

240 박은식,『한국통사』, 김태웅 역, 아카넷, 2012, p57

241 1866년 3월 21일『고종실록』

242 『열성황후왕비세보(列聖皇后王妃世譜)』, 한국학연구원 장서각, 문서번호 K2-1700

243 1857년 11월 28일, 1858년 9월 29일『승정원일기』

244 박제형,『근세조선정감』(1886), 이익성 역, 탐구당, 1975, p71

245 박제형, 앞 책, p71

246 황현, 국역『매천야록』1권 上 ⑧ 17. 어의동 본궁과 대안동 신궁

247 김숙연,「1880년대 민씨척족정권의 정치적 성격」, 이화여대 사학과 석사논문, 1990

248 장영숙,「고종의 정권운영과 민씨척족의 정치적 역할」,『정신문화연구』31, 한국학중앙연구원, 2008

249 황현,『오동나무 아래에서 역사를 기록하다』(『오하기문』) 首筆 甲申, 김종익 역, 역사비평사, 2016, pp.55, 93

250 1866년 3월 6일『고종실록』

251 1866년 9월 24일『고종실록』

252 1866년 12월 1일『고종실록』

253 1867년 5월 4일『고종실록』

254 1867년 6월 3일『고종실록』

255 寺本敬子,「1867 年パリ万国博覧会における'日本'」,『日仏歴史学会会報』28巻, 日仏歴史

学会, 2013

256 阿久津マリ子,「19世紀後半の伊万里焼生産におけるヨ―ロッパの影響」,『明治'報告書』, アルザス日欧知的交流事業 日本研究セミナ―(2014)

257 이미은,「19세기 일본의 대외문화 홍보 연구-자포니즘(Japonism)과 만국박람회(万国博覧会)를 중심으로」, 부경대 일어일문학과 석사논문, 2023

258 1868년 4월 23일『고종실록』

259 E.오페르트,『금단의 나라 조선』(1880), 신복룡 등 역주, 집문당, 2000, p246

260 연갑수,『대원군 집권기 부국강병정책 연구』, 서울대학교 출판부, 2001, p166

261 德川慶喜,『大政奉還の上表文』(1867년 11월 9일)

262 박훈,『메이지유신을 설계한 최후의 사무라이들』, 21세기북스, 2020, p207

263 박훈, 앞 책, p211

264 미타니 히로시,「메이지유신의 해부-비교사적 관점에서」,『일본역사연구』43집, 일본 사학회, 2016

265 2018년 10월 28일『중앙일보』, 전 도쿄대 명예교수 미타니 히로시 인터뷰「조선보다 일본을 부수기 쉬웠다…그래서 메이지유신 성공」

266 졸저『대한민국 징비록』(와이즈맵, 2019) 참조

267 박훈, 앞 책, p185

268 E.오페르트, 앞 책, p144

269 박제형,『근세조선정감』(1886), 이익성 역, 탐구당, 1975, p99

270 1871년 3월 20일『고종실록』

271 1864년 8월 17일『고종실록』

272 박제형, 앞 책, 같은 페이지

273 Raffaele de Cesare,『The last days of Papal Rome, 1850-1870』, Constable, 런던, 1909, p444

274 Winfield Schley, 'Forty-five Years Under The Flag', D Appleton & Company, 뉴욕, 1904, p82

275 Elliot Griffis,『Corea The Hermit Nation』, Charles Scribner's Sons, 1882, pp.410, 411

276 「Rear Admiral John Rodgers orders to Commander H.C. Blake, 9 June 1871」, 『Annual Report of the Secretary of the Navy on the Operations of the Department for the Year 1871』(Washington: GPO, 1871), Hathi Trust

277 Elliot Griffis, 앞 책, p416

278 「미 해병대 대위 매클레인 틸턴이 아내에게 보낸 편지(1871년 6월 27일)」. Carolyn

Tyson, 『Marine Amphibious Landing in Korea 1871』, 미해병대사령부, 1966, p14

279 Winfield Schley, 앞 책, p88

280 Winfield Schley, 앞 책, p95

281 1871년 4월 25일 『고종실록』

282 1871년 5월 12일 『일성록』

283 로우, '조선 원정 결과 보고', 「신미양요」, 『근대한국외교문서』, 동북아역사넷

284 1871년 5월 25일 『고종실록』

285 『사료 고종시대사』 5 1871년 5월 14일, 「조 · 미 교전의 전황 탐색 보고」

286 1874년 3월 20일 『승정원일기』

287 『육전조례』 6, 「예전」 '내의원(內醫院)', 봉용(捧用)

288 『육전조례』 6, 「예전」 '내의원(內醫院)', 수가(隨駕)

289 1871년 8월 20일, 25일 『승정원일기』

290 1872년 3월 1일, 2일 『승정원일기』

291 『화한창화부록(和韓唱和附錄)』. 김형태, 「통신사 의원필담에 구현된 조일 의원의 성향 연구」, 『열상고전연구』 35, 열상고전연구회, 2012, 재인용

292 현명철, 「개항전 한일 관계의 변화에 대한 고찰」, 『국사관논총』 72, 국사편찬위, 1996

293 『사료 고종시대사』 6, 1872년 5월 27일, '경상 좌수사 윤영하, 외무성 서계의 접수를 요구하며 왜관을 난출한 상황을 보고함'

294 1872년 6월 8일 『승정원일기』

295 기도 다카요시, '1871년 음력 12월 17일 杉山에게 보내는 편지'. 福地惇, 「明治政府と木戸孝允」, 『高知大學学 學術研究報告 人文科学編』 44, 高知大学, 1995, 재인용

296 기도 다카요시, '1873년 음력 3월 9일 槙村正直에게 보내는 편지'. 福地惇, 앞 논문

297 다나카 아키라, 『메이지유신과 서양 문명』(2003), 현명철 역, 소와, 2013, p74

298 최명길, 「포저 조익에게 보내는 글」 6, 『지천선생집 속집』 권1, 최병직 등 역주, 도서출판 선비, 2008, p665

299 1872년 4월 4일 『승정원일기』

300 1866년 2월 13일 『고종실록』

301 1872년 10월 10일, 25일 『고종실록』

302 황현, 국역 『매천야록』 1 上 ③ 12. '최익현의 투옥과 출옥'

303 1873년 11월 5일 『고종실록』

304 1874년 고종 11년 2월 13일 『고종실록』

305 1874년 고종 11년 5월 5일 『고종실록』

306 1874년 7월 28일 『고종실록』

307 황현, 앞 책, 上 ④ 12. '강화도 무위영의 철폐'(무위영은 진무영의 잘못이다)

308 박주대, 『나암수록』 2권, 국사편찬위, pp.129, 130

309 1874년 8월 5일 『승정원일기』

310 1874년 10월 20일 『고종실록』

311 1875년 6월 18일 『고종실록』

312 박주대, 『나암수록』 2권, 국사편찬위, p153

313 1876년 1월 1일 『승정원일기』

314 허동현, 「19세기 한일 양국의 근대 서구 문물 수용 양태 비교연구」, 『동양고전연구』24, 동양고전학회, 2006

315 1873년 10월 24일 『메이지천황기』. 신명호, '동래부사의 문서로 촉발된 정한론', 「근대 동북아 삼국지」(7), 『월간중앙』 2017년 7월호, 재인용

316 1874년 1월 6일 『고종실록』

317 1873년 11월 3일 『고종실록』

318 이상 1874년 1월 13일 『승정원일기』

319 1874년 1월 17일 『승정원일기』

320 1874년 2월 5일 『승정원일기』

321 1872년 고종 9년 12월 4일 『고종실록』

322 1875년 3월 25일 『승정원일기』

323 久米邦武 編 『特命全権大使米欧回覧実記』 第5篇, 博聞社, 1878, p3. 한경자, 「일영박람회 에서 전시된 일본 역사와 예능」, 『일본학연구』 54, 단국대학교 일본연구소, 2018, 재인용

324 1874년 4월 25일 『고종실록』

325 1874년 5월 25일 『승정원일기』

326 1874년 5월 19일, 5월 25일, 6월 9일 『승정원일기』. 최병옥, 「조선조 말의 무위소 연구」, 『軍史』21, 국방부전사편찬위원회, 1990, 재인용

327 1874년 5월 25일 『승정원일기』

328 1874년 6월 20일 『고종실록』

329 최병옥, 「조선조 말의 무위소 연구」, 『軍史』21, 국방부전사편찬위원회, 1990

330 1874년 7월 15일 『승정원일기』

331 1874년 7월 28일 『승정원일기』

332 1874년 8월 20일 『승정원일기』

333 황현, 국역 『매천야록』, 上 ④ 12. '강화도 무위영의 철폐'

334 1880년 5월 25일 『승정원일기』

335 1877년 고종 14년 4월 4일 『승정원일기』

336 『한국사』16 「근대」 '강화도조약의 체결과 그 영향', 국사편찬위, p112

337 『근대한국외교문서』 「조일수호조규」, '조선 근해 군함 파견 및 무력 시위 요청', 동북아 역사넷

338 1875년 8월 22일, 23일 『고종실록』

339 1875년 8월 25일 『고종실록』

340 다보하시 기요시, 『근대 일선관계의 연구』(1940) 상, 김종학 역, 일조각, 2013, p403

341 배항섭, 「갑오개혁 전후 군사제도의 변화」, 『한국문화』 28, 서울대학교 규장각 한국학 연구원, 2001

342 1875년 4월 12일 『승정원일기』

343 1874년 3월 20일 『승정원일기』

344 『한국사』16, p117

345 1866년 9월 12일, 13일 『고종실록』

346 1866년 10월 8일 『고종실록』

347 1876년 1월 23일 『고종실록』

348 최익현, 『면암선생문집』20 「지장암기(指掌嵓記)」

349 김평묵, 『중암선생문집』 권38 잡저 「척양대의(斥洋大意)」 1876년 정월

350 1876년 2월 3일 『고종실록』

351 신헌, 『심행일기(沁行日記)』, 김종학 역, 푸른역사, 2010, p300

352 1876년 2월 6일 『승정원일기』

353 1876년 2월 22일, 3월 1일 『고종실록』

354 1876년 5월 30일, 6월 2일 『마이니치신문』. 김선영, 「제1차 수신사 사행의 성격」, 서울 대 국사학과 석사논문, 2017, 재인용

355 김기수, 『일동기유(日東記游)』 1, 「정박」

356 『來聘書』 권2, 「朝鮮修信使旅館諮心得書」(일본외무성외교사료관). 김선영, 앞 논문, 재인용

357 『일동기유』 2, 「문답(問答)」

358 『일동기유』 4, 「육군성 정조국을 관람한 기록을 부록함」

359 신국주, 『근대 조선 외교사』, 통문관, 1965, p99

360 전 독립기념관장 김삼웅, 『친일정치 100년사』, 동풍, 1995, p36

361 1935년 1월 21일 『매일신보』

362 하세가와 사오리, 최규진, 「1876년 제1차 수신사를 통한 한일 의학교류」, 『일본문화연 구』 82, 동아시아일본학회, 2022; 1928년 9월 22일 『조선신문』. 『조선신문』에는 지석 영이 첫 접종을 한 날이 12월 5일로 돼 있는데, 이는 훗날 위 회고와 차이가 난다.

363 김두종, 『한국의학사』, 탐구당, 1966, pp.476, 477

364 『매일신보』 앞 날짜

365 황상익, 「7월 19일, 성난 조선 군인은 왜 지석영을 공격했나?」, 『프레시안』 2010년 7월 19일

366 1882년 8월 23일 『고종실록』

367 1887년 3월 23일 『승정원일기』

368 1887년 4월 26일, 윤4월 1일 『고종실록』

369 1894년 6월 25일, 9월 25일, 1898년 3월 20일 『고종실록』

370 이상 해당 날짜 『고종실록』

371 『매일신보』 앞 날짜

372 1909년 12월 14일 『황성신문』

373 어윤중, 『종정연표』 2 1881년 4월 8일

374 이헌영, 『일사집략』 天, 「별단」

375 1763년 통신사 김인겸, 『일동장유가』 1월 23일

376 이효정, 「19세기 후반 조사시찰단을 통한 지식·문화 교류의 한 양상」, 『한국문학논총』 78, 한국문학회, 2018

377 1881년 5월 20일 『朝野新聞』. 허동현, 「조사시찰단의 일본 경험에 보이는 근대의 특성」, 『한국사상사학』 19, 한국사상사학회, 2002, 재인용

378 『스에마츠 지로 필담록(末松二郎筆談錄)』 「筆談問答 與朝鮮紳士 筆談問答錄」, 6월 7일. 이효정, 앞 논문, 재인용

379 이효정, 앞 논문

380 송헌무, 『동경일기』 1881년 4월 19일. 신동원, 「공립의원 제중원, 1885~1894)」, 『한국문화』 16, 규장각한국학연구원, 1995, 재인용

381 유길준, 『서유견문』, 허경진 역, 한양출판, 1995, p304

382 어윤중, 『종정연표』 2, 1881년 12월 14일

383 1881년 12월 14일 『고종실록』

384 1881년 9월 26일 『고종실록』

385 한승훈, 「조미수호통상조약 체결의 역사적 의미와 기념 방식」, 『조미수호통상조약 체결의 역사적 의미와 기념방식』, 인천민주화운동센터 등, 2019

386 한승훈, 앞 논문

387 1882년 3월 15일 『고종실록』

388 『고종시대사』 1882년 3월 21, 25일

389 마건충, 「동행초록」, 『소방호재여지총초 조선편』, 인하대학교 한국학연구소, 2010, p202

390 마건충, 앞 책, p203

391 자제군관(子弟軍官), 자벽군관(自辟軍官), 타각자제(打角子弟)라고 한다.

392 신헌, 『미국통상실기(美國通商實記)』

393 마건충, 앞 책, p207

394 1882년 10월 17일 『고종실록』

395 1882년 6월 9일 『고종실록』

396 박주대, 『나암수록(羅巖隨錄)』3, 162. 「선혜청분요(宣惠廳紛擾)」, 국사편찬위, p279

397 박주대, 앞 책, 같은 단락

398 1881년 6월 20일 『고종실록』

399 김종원, 「임오군란연구」, 『국사관논총』 44집, 국사편찬위, 1993

400 황현, 국역 『매천야록』1 ⑨ 1.임오군란의 발발

401 황현, 앞 책, 같은 단락

402 1882년 6월 10일 『고종실록』

403 김윤식, 『음청사(陰晴史)』(한국사료총서 제6집), p180, 국사편찬위

404 마건충, 「동행삼록(東行三錄)」 1882년 7월 15일, 16일, 『소방호재여지총초 조선편』, 인하대한국학연구소, 2010, pp.251, 254

405 1880년 5월 25일 『고종실록』

406 『청계중일한관계사료 제3권』, 문서번호 554, 중앙연구원 근대사연구소 편, 1990. 김종학, 「국=가와 국/가:왕권을 둘러싼 정치투쟁과 대한제국」, 『개념과 소통』20, 한림과학원, 2017, 재인용

407 1883년 2월 18일 『고종실록』

408 1883년 2월 21일 『승정원일기』, 1883년 5월 5일 『고종실록』

409 김윤식, 『운양집』 권7 議 十六私議 第二. 錢幣

410 1882년 7월 13일 『고종실록』

411 마건충, 「동행삼록(東行三錄)」 1882년 7월 13일, 『소방호재여지총초 조선편』, 인하대학교 한국학연구소, 2010, p.245

412 沈志遠, 「용암제자기(容庵弟子記)」, 『袁世凱與張謇』2, 古今 52, 古今出版社, 上海, 1944, p1911

413 沈志遠, 앞글

414 『흥선대원군 사료휘편』 4권 「대원군 체진 비망록」, 현암사, 2005, p271

415 대원군, 「보정부담초(保定府談草)」. 성대경, 「대원군의 보정부담초」, 『향토서울』40, 서울역사편찬원, 1982, 재인용

416 『흥선대원군 사료휘편』1, p684, 「청광서조중일교섭사료」 407-4. '원세개가 김윤식에게 보낸 편지'

417 1885년 8월 27일 『고종실록』

418 1885년 8월 28일 『일성록』 등

419 1885년 10월 14일 「조지 포크가 국무장관에게 보낸 편지」, 『Korean-American Relations』 vol 1, no.237, p237. 함재봉, 『한국사람 만들기』3, 에이치프레스, 2020, p710, 재인용

420 『흥선대원군 사료휘편』1, pp.680, 683, 「청광서조중일교섭사료」 407-2 '원세개가 이홍장에게 보내는 편지'

421 1885년 9월 10일 『고종실록』

422 1882년 8월 1일 『고종실록』

423 황현, 『오동나무 아래에서 역사를 기록하다』(『오하기문』), 김종익 역, 역사비평사, 2016, p87

424 1883년 10월 21일 『고종실록』 등

425 이영훈, 「대한제국기 황실재정의 기초와 성격」, 『경제사학』51, 경제사학회, 2011

426 황현, 국역 『매천야록』1 上 ⑩ 26.중궁과 무녀 진령군

427 1893년 8월 21일 『고종실록』

428 1894년 7월 5일 『고종실록』

429 1894년 7월 15일, 16일 『고종실록』. 이용묵이라는 사람이 쓴 『백석서독(白石書牘)』에는 진령군이 거열형을 선고받았다고 돼 있지만 이는 불확실한 전언(傳言)입니다.

430 1894년 8월 1일 『승정원일기』

431 1896년 2월 5일 『윤치호일기』

432 1895년 10월 25일 『고종실록』

433 황현, 앞 책, 27. 「이유인과 진령군」

434 1904년 7월 25일 『고종실록』

435 1907년 6월 24일 『황성신문』

436 1883년 6월 5일, 6일 『승정원일기』

437 1883년 9월 29일 『Frank Leslie's Illustrated Weekly』

438 1883년 10월 15일 『뉴욕타임스』. 김원모, 『개화기 한미 교섭관계사』, 단국대학교 출판부, 2003, p528, 재인용

439 포크, 1884년 12월 17일 「푸트 공사가 프렐링휘센 국무장관에게 보낸 편지에 동봉된 포크 소위의 편지」, 미 국무성 Office of The Historian No. 231.

440 1884년 6월 17일 「푸트 공사가 프렐링휘센 국무장관에게 보낸 편지」

441 손정숙, 「한국 최초 미국외교사절 보빙사의 견문과 그 영향」 No. 83., 『한국사상사학』29, 한국사상사학회, 2007

442 1883년 11월 8일 『뉴욕타임스』. 홍사중, 『상투 틀고 미국에 가다』, 홍익사, 1983, p169

443 포크, 1884년 12월 17일 앞「푸트 공사 편지」

444 포크, 앞 편지

445 박영효,『사화기략』, 1882년 11월 27일

446 1883년 3월 17일『고종실록』

447 1883년 7월 15일『승정원일기』

448 이노우에 가쿠고로,「漢城之殘夢」,『서울에 남겨둔 꿈』, 한상일 역, 건국대학교 출판부, 1993, p34

449 황태욱,「조선 민간신문계 총평」,『개벽』신간 제4호, 1935년 3월 1일

450 1883년 12월 15일 후쿠자와의 편지. 박천홍,『활자와 근대』, 너머북스, 2018, p262, 재인용

451 박천홍, 앞 책, p339

452 박천홍, 앞 책, p340

453 혼마 규스케,『조선잡기』, 최혜주 역, 김영사, 2008, p19

454 헐버트,『사민필지』서문, 1891

455 헐버트,「조선 문자(Korean Alphabet)」,『코리안 리포지터리』1896년 6월호

456 이상 1896년 4월 7일『독립신문』창간호 사설

457 1884년 양력 11월 6일『윤치호일기』

458 1884년 8월 28일, 10월 2일『고종실록』

459 1884년 양력 11월 19일『윤치호일기』

460 1884년 10월 17일『고종실록』

461 1883년 10월 7일『승정원일기』

462 박영효, 1926년 6월『신민』14,「갑신정변」. 국사편찬위,『신편한국사』갑신정변, 재인용

463 김옥균,『갑신일록』(1885), 건국대학교 출판부, 1979, p100

464 신채호,「지동설의 효력」,『룡과 룡의 대격전』, 기별미디어, 2016

465 이노우에 가쿠고로,「漢城之殘夢」,『서울에 남겨둔 꿈』(1891), 한상일 역, 건국대학교 출판부, 1993, p56

466 구스 겐타쿠,『김옥균』(1916), 윤상현 역, 인문사, 2014, pp.192, 193

467『갑신정변 관련자 심문, 진술 기록』, 박은숙 역, 아세아문화사, 2009

468 1884년 11월 7일『승정원일기』

469 1866년 9월 15일『승정원일기』

470 1885년 2월 26일, 3월 16일『시사신보』사설「朝鮮獨立黨의 處刑」,「탈아론(脫亞論)」

471 Parkes to Granville, December 14, 1884, Telegram, No.320, FO 27/2719. 한승훈(1),「영국의 거문도 점령 과정에 대한 재검토」,『영국연구』36, 영국사학회, 2016, 재인용

472 Macgregor to Currie, July 2, 1885, No.68, FO 405/35. 한승훈(1), 앞 논문

473 中央硏究院近代史硏究所編, 1972, 『淸季中日韓關係史料』 卷4, #999-1, p1834b. 한동훈(2), 「조러밀약(朝露密約)을 통한 고종의 대러관계 강화 시도와 의미」, 『역사와 현실』 126, 한국역사연구회, 2022

474 「외무장관 기르스가 해군장관 쉐스타코프에게 보낸 보고」, 1884년 (러시아력) 12월 5일, 러시아국립해군성문서, 한동훈(2), 앞 논문

475 고려대학교 독일어권문화연구소 편, 『독일외교문서 한국편3』, 보고사, 2019, pp.68~69, 한동훈(2), 앞 논문

476 한동훈(2), 앞 논문

477 김옥균, 「지운영사건 규탄상소문」(1886년 7월 9일 『東京日日新聞』). 『김옥균전집』, 아세아문화사, 1979, p144

478 최문형, 『러시아의 남하와 일본의 한국 침략』, 지식산업사, 2007, p247

479 1886년 7월 29일 『고종실록』

사라진 근대사 100장면
①몰락의 시대

초판 1쇄 발행 2024년 9월 15일
초판 2쇄 발행 2024년 10월 25일

지은이 | 박종인

발행인 | 유영준
편집팀 | 한주희, 권민지, 임찬규
마케팅 | 이운섭
디자인 | 김윤남
인쇄 | 두성P&L
발행처 | 와이즈맵
출판신고 | 제2017-000130호(2017년 1월 11일)

주소 | 서울 강남구 봉은사로16길 14, 나우빌딩 4층 쉐어원오피스(우편번호 06124)
전화 | (02)554-2948
팩스 | (02)554-2949
홈페이지 | www.wisemap.co.kr

ISBN 979-11-89328-87-0 (03910)